イスラーム・ジェンダー・スタディーズ

長沢栄治 監修
森田豊子／小野仁美 編著

1 *Marriage and Divorce*

結婚と離婚

明石書店

「イスラーム・ジェンダー・スタディーズ」シリーズ刊行にあたって

本シリーズは、「イスラーム・ジェンダー学」プロジェクトの研究成果を分かりやすく具体的な内容で紹介することを目的にしています。

さて、イスラームという言葉を聞くと、興味を覚える方、あるいは思わず身構えてしまう方もおられるかもしれません。そのような警戒心が生まれるのは、おそらくテロや暴力、さらには女性の抑圧と結びつけてイスラームが語られることと関係しています。

ここで少し考えていただきたいのは、こうしたイスラームのネガティブな印象は、たとえば福島の放射能汚染をめぐる風評被害のケースとよく似ているということです。いずれの場合も、眼前にある問題に対し、漠然と不安や嫌悪感を感ずるだけで、自身の眼で現実を客観的に見て、事実を確かめようとはしない。その結果、根本となる問題を棚上げにするばかりか、平気で人を傷つける言葉を放ってしまう。フェイクニュースが横行する昨今、そうした心ない言葉を放つ人の仲間にならないようにするには、よほどの注意が必要です。

「イスラーム・ジェンダー学」は、こうしたフェイクニュースの雨や無関心の風にも負けず、世界のムスリム（イスラーム教徒）の人たちの実際の姿を伝えたいと思います。ムスリムの彼女たち、彼らが日々、私たちと同じ生活や社会の問題に向きあい、悩みながらも、解決の道筋を探る姿を明らかにしたいと考えています。また、そうした姿から自分自身が何かを学び取るという態度も大切にしたいと考えています。本シリーズが、そうした開かれた関心を持つ読者の方々に刺激を与え、参考になる内容を示すことができればと願っています。

また同時に、こうしたイスラームをめぐる歪んだ見方や風評がどうして生まれるのか、その背景を考えることも大切です。とくに私たちが注目するのは、「イスラームが女性を抑圧する宗教だ」という風評です。もちろん、テロや内戦、難民問題の背景を議論することも重要です。しかし、私たちの身近な暮らしと社会に直結する「ジェンダー」の問題を取り上げることによって、イスラームにさまざまな汚名が着せられる根本的な理由がはっきりと分かってくるように思うのです。さらには「イスラーム」と「ジェンダー」という二つの視角を組み合わせることによって、現代世界が抱える基本的な諸問題を新たな枠組みのなかでとらえなおすことができるのではないか、とも考えているのです。

「イスラーム・ジェンダー学」科研・研究代表者

長沢栄治（東京外国語大学アジア・アフリカ言語文化研究所フェロー／東京大学名誉教授）

※本シリーズの各巻は、日本学術振興会科学研究費補助金・基盤研究（A）課題番号16H01899「イスラーム・ジェンダー学構築のための基礎的総合的研究」の成果の一部です。同科研については、「イスラーム・ジェンダー学」プロジェクトのウェブサイト http://islam-gender.jp を参照してください。

序――「変わるもの」と「変わらないもの」

編者

どんな社会においても何らかの形で家族が形成される。家族の形成には、文化、宗教、歴史などを色濃く反映した法律、社会制度、儀礼、しきたりなどが存在する。それらの法や制度は、社会や家族の中で女性が置かれている法的地位、男女間の権力関係を規定することになる。また、逆に社会や家族の変化が法や制度を変えていくきっかけになることもある。それは相互に作用しながら変化していくものである。本書で取り上げるのは、ムスリム社会の結婚と離婚である。ムスリムの結婚はどのような法や制度によって規定されているのか、そこからムスリム女性の置かれているどのような立場が透けて見えるのだろうか。本書では、特にムスリム社会における「結婚」と「離婚」を通して見えてくる、ムスリム社会の時間的・空間的な多様性およびムスリム社会の「変わるもの」と「変わらないもの」を描こうとしている。

歴史的にイスラーム法をベースにして治世が行われてきた地域では、今でも似通った結婚や離婚の制度や儀礼が見られる。他方、近代以降になって、世界が国家に分かれるにしたがい、結婚や離婚をめぐる法律や規則が国家ごとに制定されるようになると、それらをめぐる制度や法律の形も地域や国家によって多様化していった。近代以降、「公的領域」と「私的領域」とが分割され、家族の問題は「私的領域」のこととされたが、選挙権など公的領域での権利獲得を目ざす第一波フェミニズムに続いてあらわれた第二波フェミニズムでは、「個人的なことは政治的なこと」として、「公」と「私」が簡単に分離できないことであるとされてきた。さらに、世界のグローバル化が進むと、国境を超えた人やモノ、情報がこれまでにないスピードで行き交うことによって家族の形成の仕方もそれをとりまく社会的な状況も刻一刻と変化している。

人類は相変わらず家族を形成しようとしており、伝統的な儀礼やしきたりを守りながら家族形成を続けている。しかし、他方で家族のあり方や家族を形成するにあたっての文化的・社会的な状況はどんどん変化している。本書の読者が、結婚と離婚をめぐるムスリム社会の時間的・空間的に「変わるもの」と「変わらないもの」に触れることで、ムスリム社会がいかに多様なものであるのか、世界の中でムスリム社会だけが特殊なものなのではなく、読者たちと同様の問題を抱えて、生の現実を生きているのだということを理解する一助としていただければと思う。

本書の出版のきっかけは、公開セミナー「イスラーム世界の結婚最前線」（２０１7年10月22日、北九州市立男女共同参画センター）の開催だった。同セミナーは、文部科学省科研「イスラーム・ジェンダー学の構築のための基礎的総合的研究」（代表：長沢栄治）と北九州市の「アジア女性交流・研究フォーラム（Kitakyushu Forum on Asian Women：ＫＦＡＷ）」との共催で行われた。この場を借りて、ＫＦＡＷ理事長の堀内光子氏、当日司会をして下さった北九州市立大学の田村慶子氏他、ご協力下さったスタッフの方々にお礼申し上げたい。セミナー報告者の方々は、自らの豊富なフィールド体験やこれまでの研究成果をもとにして、ムスリム社会の結婚や離婚について活き活きと語られた。その日は台風が日本列島に接近し、直前まで開催が危ぶまれ、終了後も各種交通機関の乱れが続いた。それにもかかわらず、約40人の参加者たちとの活発な質疑応答が行われた。それぞれの地域の結婚と離婚の中に浮かび上がるムスリム女性たちの問題を、遠い世界の話ではなく「自分ごと」としてとらえることができたのではないだろうか。

本書はセミナーでの発表者に加えて、広く時間的・空間的に多様な地域や時代を研究している方々に執筆をお願いした。（森田豊子）

本書の構成

本書は、以下の三部で構成されている。

第Ⅰ部「結婚・離婚をめぐる法と手続き、慣習」では、ムスリムの暮らす国々での結婚と離婚について、法のあり方と具体的な手続きを紹介する。竹村はエジプトを例に、結婚のプロセスについて、現地の活気あふれる様子を交えて報告している（第1章）。次に、嶺崎は離婚のプロセスについて、まるでそこに夫婦喧嘩中の二人がいるかのようなビビッドな情景を描き（第2章）、コラムでは、エジプトで観察された離婚の事例について報告する。市岡は、ムスリムが多数派ではない多民族国家シンガポールを対象とし、ムスリムと非ムスリムの結婚について興味深い調査結果を示している（第3章）。小林のコラムでは、同じく東南アジアの国であるインドネシアの結婚契約の場で、花婿が離婚の条件について宣言するユニークな慣習が紹介される。次に和崎は、旧ソ連圏ウズベキスタンにおけるムスリムの結婚について、ソ連時代からの歴史から現在の変化までを論じる（第4章）。これに加えて、グローバルに展開する結婚のあり方を示すコラムとして、嶺崎が、パキスタン移民の結婚ネットワークについて、浦野が日本におけるイラン人とコロンビア人夫婦間の親権をめぐる裁判例について、それぞれが含む現代ならではの問題を考える。

第Ⅱ部「歴史の中の婚姻とイスラーム法」は、歴史を振り返って、イスラームの教えに基づく結婚の規範とその実践の様子を見ていく。小野は、ムスリムの結婚・離婚を定める法の基礎となる古典イスラーム法について紹介し（第5章）、その理解を助けるためのコラム「シャリーアとイスラーム法」を付す。特論1では、ムスリム社会の歴史において、イスラーム法がいかに実践されていたのかを知るために、大河原が20世紀初頭のシリアを、阿部が19世紀のイランを、磯貝が19から20世紀のロシアのムスリムを例にして、それぞれ文書史料を用いた論考を提示している。さらに小野が、チュニジアの少し変わった一夫一婦制の慣習を伝えるコラムを提供する。続いて特論2では、20世紀初頭以降の家族法の近代化について、村上がトルコの家族法を、後藤がエジプトの家族法を、森田がイランの家族法を例にして、そのダイナミックな変化を描いていく。ここでは、宇野がトルコの初代大統領アタテュルクの離婚、田中がリビアのカッザーフィー大佐の女性観や結婚観についてのコラムで、それぞれの時代の統治者について語る。

ここまで読み進めていくと、イスラーム法の独特な結婚制度についての理解が深まり、またそれが異なる地域において少しずつ違った面を見せることも知ることができるだろう。ただし、中世の時代に確立したイスラーム法が、あらゆる時代や地域にそのまま適用されているとは言えない。とりわけ現代においては、様々な変化がムスリムの日常の中に起こっている。結婚や離婚におけるイスラーム法の位置づけも、地域により、あるいは世代によって異なる様相を見せるようになっているのである。

そこで第Ⅲ部「現代社会の変化と多様な結婚の形」では、現代社会の変化に応じてムスリムの結婚がいかに多様に展開しているのかを、大形がインドネシアの一夫多妻婚、秘密婚、異教徒間の婚姻を例に（第6章）、後藤がエジプトでの婚活事情について（第7章）、山﨑がイランの女性たちの晩婚化と若者たちに流行する「同棲」を例に描いていく（第8章）。コラムにおいても、多彩なムスリム社会の現在が披露される。鳥山は、エジプトにおけるウルフィー婚の現実を、森田が、イランをはじめとする各地の一時婚の現状について伝えてくれる。最後に細谷が、ムスリム社会に依然として多いイトコ婚について、その理由と遺伝病との関連について考察し、「イスラーム教徒は近親婚を好むので中東には障害者が多い」というイメージについて、これを一つ一つ検証して、そこに潜む先入観がいかに表面的なものであるのかを明らかにする（第9章）。

執筆者はいずれも、現地での滞在を長く経験した研究者たちである。それぞれが、ムスリムの暮らす土地での様々な出会いを通じて研究を続けている。また、イスラーム・ジェンダー科研プロジェクトにおいて、共同研究を通じて互いに意見交換をし合っている。本書の編集過程においても、半年以上にわたって会議を重ねたり、メールの交換をしたりして、内容を練り上げていった。

本書の巻末には、ムスリム社会の結婚・離婚を理解するための参考文献リストと、イスラーム法ならではの用語などを説明する用語解説がある。用語解説の対象とした語には、本文中で「*」を付した（例：ウルフィー婚*）。次頁の世界地図には、本書で対象とした国名・地域名が書き込まれている。本書を契機として、さらなる興味を広げていただければ幸いである。（小野仁美）

なお、本書には、アラビア語、ペルシャ語、トルコ語、ウルドゥー語、インドネシア語、マレー語など、様々な言語を話すムスリムが登場する。それらの言語においては、アラビア語に由来するイスラーム法の用語が、少しずつ違った発音で表現される場合がある（例：婚資はアラビア語ではマフル、ペルシャ語ではメフリーイェなど）。巻末の用語解説には、アラビア語、ペルシャ語、インドネシア語、マレー語の発音も付してあるので参考にしてほしい。また、親族を示す言葉については、「イトコ」「キョウダイ」などをカタカナで書き、男女あるいは父系・母系を問わないことを示している。

では、これから多様なムスリムの結婚の世界へご案内しよう。

本書で対象とした国・地域

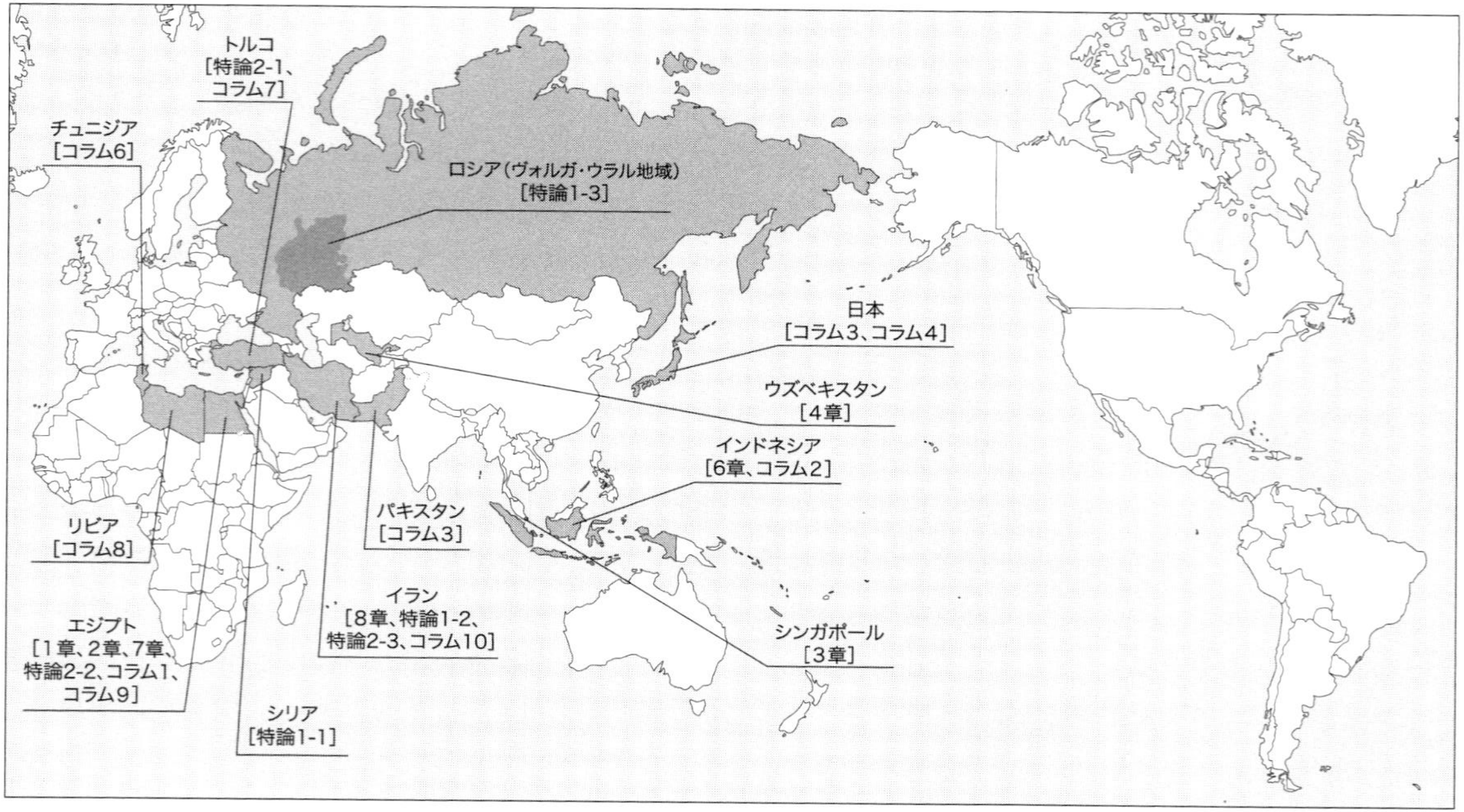

トルコ
[特論2-1、
コラム7]
チュニジア
[コラム6]
ロシア(ヴォルガ・ウラル地域)
[特論1-3]
日本
[コラム3、コラム4]
ウズベキスタン
[4章]
インドネシア
[6章、コラム2]
パキスタン
[コラム3]
リビア
[コラム8]
イラン
[8章、特論1-2、
特論2-3、コラム10]
シンガポール
[3章]
エジプト
[1章、2章、7章、
特論2-2、コラム1、
コラム9]
シリア
[特論1-1]

イスラーム・ジェンダー・スタディーズ1

結婚と離婚

目次

IG科研

第Ⅰ部　結婚・離婚をめぐる法と手続き、慣習

第Ⅱ部　歴史の中の婚姻とイスラーム法

第Ⅲ部　現代社会の変化と多様な結婚の形

※本文中の写真で特に出所の記載のないものについては、原則として執筆者の撮影・提供によるものです。

第Ⅰ部

結婚・離婚をめぐる法と手続き、慣習

第1章

結婚までのプロセス
――エジプトの例

竹村和朗

はじめに

本章では、中東・北アフリカの一画を占め、人口の9割をムスリム（イスラーム教徒）とするエジプトの事例にもとづいて、現代におけるムスリムの結婚*の制度と慣習について述べる。

日本では、イスラームと結婚というと、男性が同時に4人まで妻を持つことができる「一夫多妻*」や「結婚は契約」という考え、「男が稼ぎ、女は家に」というジェンダー観などの情報ばかりが伝わっているため、私たちが知っている結婚（または、より広く男女関係）と、まったく異なると考えてしまいがちである。しかし、エジプトでフィールドワークを行い、そこで出会った人々の結婚をめぐる苦悩と苦労、達成の喜びを見るかぎり、エジプトにも結婚に関わるさまざまなルールや制度があり、人々は時にそれにしたがい、時にうまくかいくぐりながら、結婚にむけて努力している。社会的文脈や考え方は多少異なるとしても、彼ら彼女らにとっても、「結婚は人生の一大事」であることに変わりはないのである。

それでは、エジプトのムスリムにとっての結婚の制度と慣習は、どのようなものなのだろうか。本書を通じて読者は、国や地域によってさまざまに異なるムスリムの結婚の制度と慣習を知ることになるが、ここではまず、エジプトという国の事例をとりあげる。エジプトは、人口の9割がムスリムで、古くからイスラームが社会・文化に根づき、なおかつ国家の政治・法体制が中東・イスラーム諸国の中でも最も早く「近代化」した国である。エジプトの事例はおそらく、ムスリムが人口の多数派ではない国（たとえば、レバノンやインド、中国）、ムスリムの存在が比較的新しい国（たとえば、フランスやドイツ）、または「近代化」をそれほど熱心に進めていない国（たとえば、サウジアラビア）とは異なるだろう。それでも現代エジプトにおいて、結婚がどのように制度化され、それがどのような点で「イスラーム的」であるか（または、ないか）を確認することは、本書を通じてイスラームと結婚の関わりを考えるうえで、よい準備運動になると思われる。まずは本章で「エジプト的」事情をおさえたうえで、他の章を読み進めていっていただきたい。

1　エジプトにおける結婚

エジプト社会において、結婚は、人々が関心を持ち、また他人の関心をひきつける話題である。私がフィールドワークを通じて人と知り合いになった時、またはただ単にタクシーに乗って運転手と話をした時でも、しばしば「おまえは結婚しているのか?」と尋ねられた。私の場合は男なので、「している」と答えると「おまえの奥さんは何人なのか?」「子どもはいるのか?」と続いたり、「おまえに未婚の姉妹はいるか?」「何歳だ?」とさらに家族の女性について尋ねられたりした。その社会的・文化的背景には、女性のセクシュアリティを管理しようとする非常に厳しい社会の目があることや、中東において家族的つながりが社会やビジネス、政治のさまざまな局面で重要な役割を果たしていることがあると考えられる（アイケルマン 1988）。

エジプトのメディアを見ても、結婚は、映画やドラマでしばしばとりあげられる題材である。男性主人公の恋愛が終局に成就し、結婚の披露宴*の場面で終わることは、エジプト映画の「お約束」といえるほどである。たとえば、２００３年公開の『眠れない夜』（*sahr al-layālī*, アラブ映画配給社製作、ハーニー・ハリーファ監督）では、主人公として4組の男女が登場する。1人目の男は、妻の母が経営する会社で働くため妻に劣等感を感じ、夫婦喧嘩が絶えない。2人目の男は、妊娠中の妻に隠れて浮気をしていたことが妻に知られてしまった。外国に出稼ぎに行っていた3人目の男は帰国すると、妻から離婚を突きつけられた。独身の4人目の男は、長年の関係にある恋人との別れを考えていた。それぞれ問題を抱えた4人の男は1台の車に乗りあい、アレクサンドリアへと逃避する。さまざまな出来事が起きた後、4組目の2人が結婚し、きらびやかな披露宴の中、物語は終幕する。

同じく結婚の披露宴で終わるが、より批判的な視点を秘めているのが、２００７年公開の『タイムールとシャフィーア』（*taymūr wa-shafīqa*, ナスル映画配給社製作、ハーリド・マルイー監督）である。主人公は一組の男女である。タイムール（男）とシャフィーア（女）は、同じマンションの同じ階に生まれ育った幼馴染で、二人は惹かれあう。しかしシャフィーアは前途有望な研究者で勉学を続けることを望み、タイムールは「女は結婚したら家に入る」ことを望む普通の若者であったことから、二人は一度別れてしまう。しかし勉学を終えたシャフィーアが大臣に抜擢され、警察官になったタイムールがその警護役に選ばれたところから、二人の人生は再び交差しはじめる。二人は恋心を抱きながらすれ違い続け、終始やきもきさせられるのだが、ついに結ばれ、披露宴の場面になる。しかしそこでも二人は「女は結婚したら家に入る」「いや入らない」といつもの諍いをはじめたところで、物語は終幕する。

これら二つの映画では結婚を象徴するものとして披露宴を用いているが、「婚姻の契約*」を強調する例もある。その一例は2006年公開の『ヤコビアン・ビルディング』（ʻimāra yaʻqūbiyān, グッド・ニュース社製作、マルワーン・ハーミド監督、原作小説はアラー・アスワーニー著）という、同名のビルに関わる数組のドラマを描いた群像劇に見られる。主人公の一人、靴磨きから輸入車販売業の社長にのぼりつめたビジネスマンのハッグ・アッザームは、高齢にもかかわらず突如夢精を繰り返すようになったことで不安になり、知り合いのシェイフ（長老）に相談する。するとシェイフは、「それは神の恵みだ」「新しい妻をめとりなさい」と勧める。アッザームは、すでに成人して事業を手伝う息子もいるので、子どもはほしくないと述べると「子どもをつくらない約束をして結婚すればよろしい」と助言される。そこで（妻には秘密のまま）条件に合う女性を探したところ、アレクサンドリアに夫が失踪者になった若く美しい寡婦がいることを知る。彼女を気に入ったアッザームは、女性の兄と結婚の条件について話し合い、カイロに豪華なマンションを用意すること、十分な婚資*を与えること、女性がつねに避妊し、子どもをつくらないことを確約させたうえで、「神とその使徒の教えに従い」婚姻の契約を結んだ。「秘密の結婚」であるため、披露宴は行わないが、自他ともに認める「信心深い」アッザームは「合法的な婚姻契約」を結ぶことを強く望んだのであった。

ここで「秘密の結婚」と「合法な婚姻契約」が現れたが、私たちの目にはこれら二つが両立するのはややわかりにくい。日本でも「婚姻届は出すが、披露宴はしない」ことはあるが、これと同じ原理なのだろうか。『ヤコビアン・ビルディング』の中で、ハッグ・アッザームは「信心深い」人物であるがゆえに

「合法的な婚姻契約」を交わすことを強く主張したことになっている。これに対し、日本の婚姻届（いわゆる入籍）は純粋に行政的な手続きであり、宗教とは無関係とみなされる。エジプトの婚姻の制度は、どのような点で、宗教と関わるのか。披露宴はどのように位置づけられるのだろうか。これら婚姻契約と披露宴の関係、そしてその歴史的変遷を以下でくわしく見てみよう。

2 エジプトにおける婚姻制度

19世紀末に政治・法体制の「近代化」が進められる以前は、シャリーア*（イスラーム法）が生活のさまざまな事柄を規定し、その知識を持つ法学者や法官（カーディー*）が人々の間の問題を裁定する役割を担っていた。これに対し19世紀の近代法制改革は、イスラーム法にもとづく法体制を近代的法典（民法、商法、刑法など）とそれにもとづく裁判所に置き換えていった。民事・商事上の争いは、外国人が関わる場合には「混合裁判所」（maḥkama mukhtaliṭa, 1875年設置）、エジプト人同士の場合には「国民裁判所」（maḥkama ahlīya, 1883年設置）で扱われるようになった。エジプト人ムスリムの「身分関係」（al-aḥwāl al-shakhṣīya）、すなわち婚姻や離婚、扶養、監護*や後見*、相続や遺贈、ワクフ（寄進）などに関わる問題は、1897年5月27日付勅令（1880年6月17日付勅令を改正したもので、後に1931年法律第78号により改正）により設置された「シャリーア裁判所*」で扱われるようになった。近代的な裁判所を設置し、そこで争いを処理するようになると、手続きを効率化するためこれらの事柄の「文書化」が求められるようになる。たとえば、同令第101条では、裁判所は、偽造のおそれのない「文書」により証明された問題でない限り、婚姻や離婚、認知に関わる訴えを受けつけないと定めた。これは、婚姻契約の「文書化」を要請した最初の条文といわれている（Anderson 1951）。

この「文書化」は、現代の私たちの感覚からすれば、それほど新奇に映らないかもしれない。しかし歴史学や文化人類学の研究から明らかにされているように、近代的制度以外において結婚は、当人が属する親族集団や地域社会、宗教・宗派など「コミュニティ」の中で完結するものであって、その状況を「文書化」し、統計的に把握しようとする考えは希薄であった。むしろ、フランスの哲学者ミシェル・フーコーが論じたように、「生／性」を管理することへの執着と技術はすぐれて「西洋近代」的なものである（フーコー 2006）。前近代のイスラーム法においても、結婚は、ムスリムという宗教的「コミュニティ」の管轄事項であり、イスラーム法規定にもとづき、適正な理性と能力を持った人間同士が申し込みと承諾をし、合意することで成立した。売買などと同じように、婚姻の契約は、口頭であっても合意があれば成立するものであり、文書化は必須とされなかった（柳橋 2001）。

このように考えてみると、前出の『ヤコビアン・ビルディング』のハッグ・アッザームが「合法的な婚姻契約」を主張した理由が少し見えてきたように思われる。「信心深い」アッザームは、「文書化」という近代的行政手続きのためではなく、「神とその使徒の道に従う」ために必要な手続きとして、「合法的な婚姻契約」にこだわったのである。『ヤコビアン・ビルディング』の映画では、この契約は「婚姻公証人」の前で行われる（原作小説ではその姿は描かれない）。通常、エジプトでは婚姻契約の場にマーズーン*と呼ばれる「婚姻公証人」が呼ばれ、婚姻契約に関わるさまざまな書類を提出することが求められる。この点は、エジプトの結婚制度の重要なところなので、以下で順をおって説明したい。

マーズーンは、「双方ともエジプト人ムスリムである男女」が結婚する時に婚姻契約を届け出る相手である。日本で婚姻届を出す場合には、地方自治体の「窓口」に行くことになるが、マーズーンはいわばこの業務に特化した担当者といえよう。マーズーンは、事務所を構える場合もあるが、多くの場合、婚姻契約の場（多くは地域のモスクや結婚当事者の自宅）に呼ばれて、提出されるべき書類を確認し、それらを受領して婚姻を確証する。この点でマーズーンはまさに婚姻の「公証人」と呼ばれる存在である（ただし、法務省に属する点では「公務員」「公証官」でもある）。また、マーズーンは婚姻契約を締結する際、結婚に関する説話をしたりするので、「宗教教育者」の側面も持ち合わせている。

近代エジプトにおけるマーズーンの歴史は19世紀末に遡る。前出のシャリーア裁判所の諸規則を定めた1880年6月17日付勅令の中で同裁判所に属する婚姻契約担当官として言及されたのが最初である（第159条）。その後マーズーンの権限と選出方法を定めたのは、1915年2月7日付法務大臣令による「マーズーン法」（la'iḥa al-ma'dhūnīn）である。同法では、マーズーン職公募への応募者資格、公示方法、選抜方法を定める。そしてマーズーンが、婚姻契約、離婚証明、復縁*およびこれらの承認を独占的に行うことを明言する（第18条）。この1915年マーズーン法は、ほぼ同内容で1955年法務大臣令第100号として再公布された。これは、同年にシャリーア裁判所が廃止され（1955年法律第462号）、そこで扱われていた身分関係法の問題がすべて普通裁判所で扱われることになったからである。

マーズーンの義務や条件、およびマーズーンが行う手続きの細則は、現代でも時折改正されている。その点からすれば、最新の情報ではないが、2000年に刊行された身分関係法の研究書（al-'Amrūsī 2000）にマーズーンの婚姻契約書の見本が掲載されているので、それを日本語に翻訳して紹介しておきたい（図1）。全3ページの中、1ページ目では、マーズーンによる結婚当事者の男女の「年齢」の確認、イスラーム法と法律の両方で定められた「婚姻障害*」（血縁や姻戚関係などに起因する禁止規定）に該当しないこと、そして当該男女が結婚し、子どもをつくる場合に遺伝的問題があるかどうかの「検査結果」が確認される（第9章参照）。イスラーム法が直接関わるのは「婚姻障害」であり、「年齢」は近年の人権意識の高まりとそれに応じた法定年齢（18歳）の規定である。「検査結果」は社会問題となっている遺伝的リスクを避けるための方策であろう。これらの記載・確認もマーズーンの仕事に含まれる。

2ページ目では、婚姻契約が行われる日付、場所、夫となる者の名前と両親の名前、仕事、夫がすでに結婚している場合には妻の名前、そして妻となる者の名前と両親の名前、婚資の「先払い分」（すでに支払った分）と「後払い分」（たいていは離婚時の支払い分）の金額が書かれる。興味深いことに、この書式には夫の妻の名前を書く欄がある。これは、身分法の一部規定の改正に関する1985年法律第100号により加えられたものであろう。同法以前は、女性は結婚相手が何人の妻を有しているのか（エジプトの法制度上、男性は同時に4人まで結婚することができる）、事前に確認する方法がなかった。独身と思っていた相手に「実はよそに妻子がいて」という話も珍しくなかったという。そこでこの法改正により、婚姻契約の時点で夫の「婚姻状況」を明記することになった。

3ページ目では、合意された契約内容が示される。結婚当事者の二人の名前と国籍、住所、国民ID番号が書かれた後、結婚の合意、特記事項、妻の代理人と2人の証人の名前と署名、契約手続きがマーズーンの面前で行われたことなどが確認される。ここで注意したいのは、「妻の代理人」（wakīl）である。イスラーム法において、女性が相手の男性と直接婚姻契約を結ぶことは認められないとされ、男性の後見人*を契約の代理人とすることが慣習となっている。また契約の場にいる立会人、証人（たいてい男性2人）が必要な点も、イスラーム法の特徴を引き継いでいると考えられる。この点で、「証人は誰でもいい」「名前だけ貸して」「ハンコだけ押して」が通用する日本の婚姻届とは大いに異なる。

図１　マーズーンの婚姻契約書

6 cm × 4 cm の夫の写真 下部にマーズーンの署名 マーズーン印の刻印 夫の親指の指紋	6 cm × 4 cm の妻の写真 下部にマーズーンの署名 マーズーン印の刻印 妻の親指の指紋

婚姻を求める夫の名前：
婚姻を求める妻の名前：

私は、＿＿＿地区のマーズーンであり、保健監察官＿＿＿＿／保健所の医務官＿＿＿の発行による夫の正式年齢を記載した出生証明書／個人 ID カード／保健証明書を閲覧し、夫の年齢が＿＿＿であることを確認した。

同様に、私は、保健監察官＿＿＿／保健所の医務官＿＿＿の発行による妻の正式年齢を記載した出生証明書／個人 ID カード／保健証明書を閲覧し、妻の年齢が＿＿＿であることを確認した。

両者は、シャリーア、および法律上の婚姻障害を認識し、両者の間に障害がないことを確認した。

両者は、すでに、＿＿＿地区の婚姻希望者検査局発行による証明書を提出し、前者〔夫〕の証明書から、＿＿＿病、＿＿＿病、または、＿＿＿病に罹患していないことを確認した。

同様に、後者〔妻〕の証明書から、＿＿＿病、＿＿＿病、もしくは、＿＿＿病に罹患していないことを確認した。

以上にもとづき、以下〔のいずれか〕が定められる。

a －婚姻を求める両者は、互いの病気証明書を確認し、その内容にもかかわらず、婚姻契約の締結に合意することを認める。

b －夫、または妻が罹患する病気が、その罹患が婚姻契約の締結を妨げることに関する法律上の規定もしくは法務省令に従い、婚姻当事者の両者を分かつものである場合、本契約の締結は妨げられる。

婚姻契約の締結を妨げる状況の場合、マーズーンの署名
（婚姻が妨げられる状況の場合には、マーズーンは本証明書の一部を婚姻を求める両者に渡す）

マーズーン印

－1－

日付：
以下の臨席により：
以下の家において：
以下の婚姻契約を発行：
夫の名前：
夫／夫の契約代理人：
職業詳細、技能、労働従事の場所名・住所：
国籍：
生年月日：
住所：
ID 番号、発行日および発行機関：
夫の母の名前：
夫の保護下には、妻がいる／2人の妻がいる／3人の妻がいる／他の妻はいない

情報	第一の妻	第二の妻	第三の妻
名前 職業 国籍 生年月日 住所 婚姻年月日			

婚姻を望む妻の名前、妻の代理人の情報、夫以外の者との過去の婚姻歴：

職業詳細、技能、労働従事の場所名・住所：

国籍：
生年月日：
住所：
妻の母の名前：
婚資の額：　　　　　__________、現在までの先払い分__________________、
後払い分________________。

マーズーン印

- 2 -

慈悲深く慈愛遍きアッラーの御名において
合意書

ヒジュラ歴14____年の____日、西暦____/____/____

その名がすでに述べられた両者が集合した。その両者は、
1－______________氏、国籍____________、住所________________、ID______________。
2－______________氏、国籍____________、住所________________、ID______________。

両者が両者間のシャリーアに則った婚姻契約の締結を望むこと、両者が夫婦生活の開始を望むこと、および問題と不一致がないことから、両者は、互いの選択、および以下について了解することに合意した。

－
－
－
－
－

この合意は、以下のすべての臨席による：
a－妻の代理人：
b－2人の証人：

両者、妻の代理人、および2人の証人のすべては、この合意に署名し、これを遵守することを認め、これを両者の間の婚姻合意を補完する合意書と見なす。

夫　妻　妻の代理人　2人の証人

署名は、私の面前、および契約の場において、この合意に対する署名者の本人確認の後に行われた。

日付____/____/____
マーズーン印

－3－

出典：al-‘Amrūsī (2000: 43–45) にもとづき筆者作成。

以上は、マーズーンが管轄する婚姻契約書である。マーズーンは、婚姻当事者双方がエジプト人ムスリムである場合にのみ婚姻を公証する権限を持ち、片方または双方がムスリムではない、または外国人である場合には、別の公的機関が管轄することになっている。たとえば、結婚当事者の双方が、コプト・キリスト教徒（東方正教会系のキリスト教会で、国内のキリスト教徒の大多数がこれに属する）である場合には、同教会の規定に準じて制定された1938年5月9日付の「コプト正教徒の身分関係法」（lā'iḥa al-aḥwāl al-shakhṣīya lil-aqbāṭ al-urthūdhuksīyīn）に則り、教会を通じて婚姻が登録される。これはいわば、マーズーンのコプト版といえよう。

結婚当事者の片方がムスリムでない、またはエジプト国籍でない場合には、婚姻届を提出する先は、法務省の不動産登記・公証局（maṣlaḥa al-shahr al-ʻaqārī wa-al-tawthīq）となる。同局は、土地や不動産の登記を担う不動産登記所（1946年法律第114号）と、文書の公証を担う公証所（1947年法律第69号）を統合したものである（1964年法律第5号）。もとの公証所の職務として、エジプト人ムスリム同士、キリスト教徒同士「以外」の結婚の公証を行う（第3条）。たとえば、外国人とエジプト人が結婚する場合、ムスリムとキリスト教徒が結婚する場合である。この場合に登記・公証局に提出される婚姻契約書が図2である。

これによれば、婚姻契約書の作成と内容確認を行う者は、マーズーンではなく、公証所に勤める公証人（muwaththiq）である（マーズーンと同じく法務省の一員として「公務員」「公証官」でもある）。1ページ目では、公証人は証人2人の臨席とその個人情報を確認した後、結婚当事者二人の名前や住所、国民ＩＤ番号を記す。その際、マーズーンの婚姻契約書と異なり、登記局の婚姻契約書には男女二人の情報が併記され、それぞれに「国籍」と「宗教」を記載する欄がある。当事者と公証人は婚姻にあたって婚姻障害がないことを確認するが、「シャリーア的婚姻障害がないこと」と記されるように、ムスリムの婚姻規則が準用される。2ページ目では、結婚する男女それぞれの保護者（父親）、または後見人やその代理人が婚姻を認めることで、婚姻契約の実行が宣言される。公証人は、男女に結婚する意思を確認し、公に、つまり大きな声で、婚姻の契約が完了したことを宣言する。そして証人と公証人が署名して、契約書は完成する。特定の宗教法に依拠しないため、公証人と証人という必要最小限の「コミュニティ」を要件とするようだ。

登記・公証局の契約書には、「公的な」（rasmī）という形容詞が付され、「公的婚姻契約書」と呼ばれる。これに対し、「ウルフィー」（ʻurfī, 慣習的な）を付した「ウルフィー婚契約書」と呼ばれるものがある。これは、ウルフィー婚*と呼ばれる結婚形態に関わる書類で、「公的婚姻契約書」と同じく、登記・公証局で登録することができる。「ウルフィー婚」は、一般にはここまで紹介してきた「公式的」な婚姻に合致しない「非公式的」な結婚の実践を指す言葉として用いられ、法制度的には、イスラーム法の婚姻要件を満たすが、行政機関に届けを出さない結婚の形を指す（Welchman 2007: 57）。これは、若い男女が親や家族に隠れて性的関係を結ぶために、または裕福な男性が合法的な売春するために用いるといわれ、1990年代に、社会の「乱れ」を助長するものとして社会問題化した。そのため2000年法律第1号によってウルフィー婚に関する手続きが変わり、まずは登録を促すことで政府当局がウルフィー婚を把握することが目指された。結果、登記・公証局には、「公的婚姻契約書」とは別に、「ウルフィー婚契約書」が用意されたのである。それが図3である。

1ページ目では、西暦とヒジュラ暦で併記された日付に続いて、契約当事者の男女の名前と住所が記される。書式に「ムスリム」「エジプト人」が印字されているので、双方がエジプト人ムスリムであることが想定される。これは本来的にはマーズーンの管轄である。続いて、これが「シャリーア的婚姻」であること、そのための婚姻障害がないことが確認される。そして夫・妻の順に結婚の意思を確認する。婚資は「ディーナール」で表記され、「先払い分」と「後払い分」に分けられ、「後払い分」は夫の死亡か離婚のいずれかが発生した時に支払われる。最後にこの契約書の書式では、ウルフィー婚成立後に生まれた子どもは、夫婦二人の法的な嫡子であり、夫に扶養義務があることが明記される。この規定は他の婚姻契約書の書式になく、ウルフィー婚契約書のみに記される。ウルフィー婚のもとでの妻子の権利を確証するために入れられたのであろうが、かえってウルフィー婚のあやうさを示しているようでもある。

このようにエジプトでは、結婚を「文書化」し、宗教的「コミュニティ」ごとに管理する体制がつくられてきた。その中心にあるのがマーズーンである。これにうまく合致しない異なる宗教・国籍の者の結婚を、国家機構の一部である登記・公証局によってカバーし、さらに、従来「非公式」とみなされたウルフィー婚にまで制度の網の目を広げようとしている。近年は、登記・公証局の「公的婚姻契約」をさらに進め、結婚手続きに宗教を介在させない「民事婚」(zawāj madanī) の制度を求める声もあがりはじめているという。そうした声がどのような結果を生みだすのかは現時点ではわからないが、宗教と国家がこれほど複雑にからみあった婚姻制度は、簡単にときほぐすことは容易ではないようにも思われる。

図2　公的婚姻契約書の見本

不動産登記〔・公証〕局における公的婚姻契約書の見本

西暦＿＿＿年、すなわちヒジュラ暦の＿＿＿年、＿＿＿月＿＿＿日、＿＿＿曜日、＿＿＿時において、
標題の文書作成者たる公証人＿＿＿＿＿＿の＿＿＿＿＿＿公証所において、

以下の者の臨席により：
1）＿＿＿＿＿＿氏。住所は＿＿＿＿＿、国籍は＿＿＿＿＿とし、＿＿＿＿により個人が特定される。

2）＿＿＿＿＿＿氏。住所は＿＿＿＿＿、国籍は＿＿＿＿＿とし、＿＿＿＿により個人が特定される。

これら二人は、公証法施行令の第8条により求められるあらゆる要件を満たした成年の証人とみなされる。

以下の者の臨席により

第一に：（夫の名）＿＿＿＿＿の子の＿＿＿＿＿の子の＿＿＿＿＿＿氏。

母親は、＿＿＿＿＿＿＿氏。

生年月日は＿＿＿＿＿＿、出生地は＿＿＿＿＿＿、国籍は＿＿＿＿＿＿とする。

宗教は＿＿＿＿＿、職業は＿＿＿＿＿、住所は＿＿＿＿＿とし、＿＿＿＿＿により個人が特定される。


第二に：（妻の名）＿＿＿＿＿の子の＿＿＿＿＿の子の＿＿＿＿＿＿氏。

母親は、＿＿＿＿＿＿＿氏。

生年月日は＿＿＿＿＿＿、出生地は＿＿＿＿＿＿、国籍は＿＿＿＿＿＿とする。

宗教は＿＿＿＿＿、職業は＿＿＿＿＿、住所は＿＿＿＿＿とし、＿＿＿＿＿により個人が特定される。


これら二人は、婚姻障害がないことを確認した後、婚姻により結びつくことを求め、以下について証言することを決定した。

本契約書に付随する書類を検討し、これら二人の婚姻をシャリーア的に妨げるものがないことを確認した後、

双方の父親、または（契約の場に臨席した）双方の一人、指定管財人、もしくは後見人たる＿＿＿＿＿＿は、公に、かつ彼らおよび契約の場に臨席した者たちに聞こえるように本婚姻を決定し、本婚姻に関する＿＿＿＿＿＿の承認を与えた。

これにより本婚姻の宣言は完了する。婚姻当事者の双方に対し公証人が尋ねた、婚姻に関わる財政的方法の中で特定の方法を選択したことについて、双方が＿＿＿＿＿＿と答え、いかなる異議も提出されなかった。同様に、公証人は双方に過去に婚姻を行ったことがあるかと尋ね、夫は＿＿＿＿＿＿と答え、妻は＿＿＿＿＿＿と答えた。

公証人は、公に、かつ臨席する者たちに聞こえるように、婚姻当事者二人に対して、本婚姻が影響を及ぼす効果について理解させた。

公証人は、〔夫〕＿＿＿＿＿＿に、契約の場に臨席する〔妻〕＿＿＿＿＿＿を法的な妻とすることを認めるかと尋ね、彼は「私は彼女と結婚することを認めます」と答えた。

公証人は、〔妻〕＿＿＿＿＿＿に、契約の場に臨席する〔夫〕＿＿＿＿＿＿を法的な夫とすることを認めるかと尋ね、彼女は「私は彼と結婚することを認めます」と答えた。

ここに、公証人は、その場に臨席する者たちに聞こえるように、二人が法的かつ真正な婚姻により結びついたことを決定した。

これらすべては、契約の場において、明らかな声によってとり行われた。

以上、＿＿＿＿＿＿＿＿と＿＿＿＿＿＿＿＿の婚姻に関する本契約書は、これを読みあげた後、臨席する者が知るところにより、また臨席する証人たちと公証人のすべてによる署名により、発行される。

図3　ウルフィー婚契約書の見本

不動産登記〔・公証〕局におけるウルフィー婚契約書の見本

19_____/_____/_____曜日、_____時、すなわちヒジュラ暦14_____年に、以下の者の間で、本契約書は発行された。

第一に：__________氏（_______国籍）。その生年月日は_________とし、_________国の旅券番号_________を有する。
（本契約の甲：夫）

第二に：__________氏（エジプト国籍）。その生年月日は_________とし、_______県_______地区_______番地の個人番号_________を有し、住所を_________とする。
（本契約の乙：妻）

甲乙双方が財産処分能力を持つことが確認された後、

以下の者の臨席により：
1）_________氏。宗教はムスリム、国籍はエジプトとし、_________県_________地区_________番地の個人番号_________を有し、住所を_________とする。
（第一の証人）

2）_________氏。宗教はムスリム、国籍はエジプトとし、_________県_________地区_________番地の個人番号_________を有し、住所を_________とする。
（第二の証人）

甲乙双方は、婚姻障害がないことを確認した後、シャリーア的婚姻により結びつくことに合意した。証人は、甲乙双方に対し、以下について定めた。

第一に：甲〔たる夫〕は、自らの過去の婚姻歴について確認し、乙たる妻は、自らの過去の婚姻歴について確認した。同様に、甲乙双方は、本婚姻が及ぼす効果について合意した。

第二に：本契約に臨席する甲〔たる夫〕は、臨席する_________氏の前で、彼女を法的な妻とすることを確認した。甲は、「私は彼女と結婚することを認めます」と述べ、婚姻の申し込みと承諾を得た。

第三に：本契約に臨席する乙〔たる妻〕は、臨席する＿＿＿＿＿＿氏の前で、彼を法的な夫とすることを確認した。乙は、「私は〔彼と結婚することを〕認めます」と述べ、婚姻の申し込みと承諾を得た。

第四に：本契約においては、＿＿＿＿＿＿＿ディーナール相当を先払いの婚資とし、残る＿＿＿＿＿＿＿ディーナール相当を後払いの婚資とする。後者は、「死亡と離婚」のより早い方に、支払いを請求することができる。乙たる妻は、先払いの婚資を現金で受領することを確認し、本契約の場において、二人の証人の前でこれを誓言した。

第五に：甲乙に授けられる子どもは、適正な契約のもとにある妻の母体から生まれた法的嫡子であり、その扶養と保護は、父たる甲に負担とする。

第六に：本契約書は二通発行される。甲乙各自は、一部ずつ持ち、必要なときにこれを用いる。

第七に：甲乙双方は、手続きの実施のため、本契約書を不動産登記〔・公証〕局に提出しなければならない。

甲　　　　　　　乙

証人

1）この見本は、弁護士事務所、または非識字者にとって適当な者により発行される。印刷された紙を用い、弁護士の氏名が記入される。本婚姻契約は、エジプト人の男女の間、または外国人男性とエジプト人女性の間においても適用される。

2）所轄の公的機関が本婚姻を承認した場合には、不動産登記〔・公証〕局における公的婚姻契約書の見本により、公証することができる。

出典：al-Majma‘ al-‘Arabī al-Qānūnī（n.d.）に基づき筆者作成。

3　婚姻の契約から披露宴へ

エジプトにおける結婚は、法的な「婚姻契約」だけでなく、夫婦の共同生活の開始を彩る儀礼、すなわち「披露宴」によっても構成される（Singerman and Ibrahim 2001; 大塚 1983）。第2節でふれたように、エジプトの映画では、さまざまな事件や出来事が起きた後に、主人公の披露宴により終幕となることが多い。披露宴が結婚を象徴するイメージとして用いられるのは、映画的な画面の彩りや商業主義的狙い、社会秩序を保つための配慮などさまざま理由があるだろうが、実際の社会的文脈において、婚姻契約の場を目にするのは血縁・地縁的つながりがある近しい者に限られ、遠方の親戚や友人、客人を招待するのは、むしろ披露宴の方である。少なくとも私が２０１０年代にエジプトの地方社会でフィールドワークをした際には、披露宴にはしばしば誘われたが、婚姻契約の締結を観察することができたのは、1件だけであった（竹村 2016）。それも最も親しく付き合っていた友人のＹ（仮称）の妹の事例であった。以下では、Ｙの妹の事例にもとづき、「婚姻の契約」から「披露宴」に至るプロセスを見ていこう。

Ｙは私より数歳年上の男性で、２００３年に互いに20代の頃に調査を通じて出会った。その頃Ｙの妹はまだ高校生で、村の近くにある高校に通っていた。２０１０年に私が同じ地域で調査を行った時にＹと再会し、旧交を温めた。Ｙの妹はすでに高校を卒業し、家事手伝いをしながら、「婚約をしている」状態にあった。エジプトでは全般に、「婚約」*は、「結婚のかたい約束」というよりも、親や家族公認の「お付き合い」の状態といえるだろう。そのため、「婚約」は破談に終わることも少なくなく、また、「婚約をしている」状態であっても外出する際には（女性の）家族が同伴するなど、女性に対する家族・社会の目は厳しい。幸い、Yの妹は、「婚約者」のS（仮称）とそのまま結婚することができた。Sは同じ地域の中心部の町に住む若者で、高騰する結婚資金（特に花婿側は新居と披露宴の資金を用意するので出費がかさむ）をためるため、一時期海外に出稼ぎに行くなど努力をしていた。

二人は２０１０年10月に結婚し、「婚姻の契約」から「披露宴」までの日数は3日であった。「披露宴」は木曜日で、「婚姻の契約」はその3日前の月曜日であった。木曜日は週の終わりで、翌日の金曜日がイスラーム教の「集団礼拝の日」（yawm al-jumʻa, 金曜日の正午の礼拝は、モスクに集まり、他の人たちとともに礼拝することが求められる）であるので、休日前の「花の木曜日」である。また、「披露宴」は夜になってから行われるので、木曜日の夜は披露宴に適した日と考えられている。

二人が「婚姻の契約」を行ったのは、月曜日の「午後の礼拝」（al-ʻaṣr, 正午と日没の中間でおおよそ午後3～4時頃）の後であった。その日、私はYから婚姻の契約が実施される予定であると聞いていたので、観察のためモスクを訪れた。午後の礼拝の時間になる少し前に、Yの村のモスクに行き、Yの息子の指導を受けながら手足を清め、モスクに入って子どもたちとともに後ろの方で一緒に待っていた（礼拝はメッカの方向に正対して行われるので、ここではモスクのメッカ側を前、反対側を後ろと呼ぶ）。礼拝の時を告げるアザーンがなると大人たちが入ってきて（男性だけだった）、次々に並んで礼拝を始めた。一通り礼拝が終わると声をかけられ、前の方に集まって座った。

列の一番前には、白い長衣を来た高齢の男性がいて、これがマーズーンであった（図4）。その近くには数人の普通の服装をした男性がいたが、モスクの世話役や村の長老、花嫁の父親であった。彼らがあぐらをかいて座っている中、一人正座をして、花嫁の父親と向き合って座る若者がいた。これが花婿Sである。マーズーンは花嫁の父親とSが提出した書類を確認し、受領した。それから花嫁の父親とSに握手させ、モスクに備え付けられたマイクを手に取り、結婚に関する短い説話をした後、契約の成立を宣言した。二人が握手を終えると、まわりは緊張がほぐれ、うちとけた雰囲気になった。村の若者が清涼飲料水の瓶を持ってモスクに入り、参列者に手渡していった（図5）。

　モスクの外に出ると、近くにあるYの家の前に数台の車とトラックが止まり、人が集まる様子が見えた（図6）。尋ねると、これから「花嫁の家財道具」の運び出しが始まるのだという。多くの人がYの家に出入りし、中からコンロや冷蔵庫、洗濯機、毛布、大量の食器を運び出し、トラックに載せた。積み込みが終わると、人々はそれぞれの車に分乗し、行列をなして、町にあるSの家に向かった（図7）。Sは親の家を増築し、新居となる独立した住居を建てていた。Sの家の前では、花婿の親戚や地域の住民、友人たちが集まり、女性たちがにぎやかに祝婚歌を歌っていた。トラックから荷物が次々とおろされ、新居のあ

図4　婚姻の契約

図5　祝いのジュース

図6　花嫁の家財道具の移動

る4階へと運び入れられた。老若男女を問わず手伝っていたが、重い荷物を運ぶのは若い男性が多く、新居の中で家財道具を配置するのは花嫁側の親戚の女性であった。片づけがすむとそこで散会となった。

続いて披露宴前日の水曜日の夜には、Yの家で「ヘンナの夜」と呼ばれる、小さなパーティーが開かれた（図8）。もとは花嫁の手足にヘンナを施す催しであるが、近年では、披露宴の前日に花婿・花嫁双方の家で、それぞれの近親者や友人を招いて行う集まりになっている。この「ヘンナの夜」も披露宴と同じようににぎやかに音楽をかけて、食事を出すところもあれば、お茶と水タバコ、軽食を出して、静かに歓談するところもある。Yの家での「ヘンナの夜」は後者で、家の前の路地にゴザを敷き、男たちはそこに座って語らい、女たちは家の中に集まっていた（中で何をしていたかは、男性の私は入れなかったので確認できていない）。

図7　家財道具の行列

図8　ヘンナの夜

図9　美容院

図10　披露宴会場

図11　会場内の様子

図12　舞台上の花婿と若者たち

披露宴当日は、先に述べたように平日の木曜日であったので、夕方まで多くの人は仕事をしていたが、Yは早めに仕事をきりあげ、花嫁や家族の送り迎えをしていた。夕方、町の美容院にいるYのところに行くと、Yの妹は店で着付けと化粧をしており、Yは外で待っていた（図9）。しばらくすると、別の場所で着付けをすませたスーツ姿の花婿Sが、花で飾り付けられた車に乗ってやってきた。同じ頃、支度がすんだウェディングドレス姿の花嫁が美容院から出てきて、二人は車に乗り込み、町の写真館に向かった。「記念撮影」をするためである。写真館は、同じように木曜の夜に結婚をする男女やその家族であふれかえっていた。「記念撮影」を終えると、二人はまた車に乗り込み、今度はYの村へと進んだ。この頃から村の住民や親戚、友人など関係者が乗り込んだ車が増えていき、行列をなして、村への道を進んでいった。

村に着くと、にぎやかにクラクションを鳴らして、村の中を何周かまわった後、Yの家に着いた。家ではYの両親が待っており、花嫁は車をおりて、親と別れの挨拶をした。両親も披露宴会場に向かうのだが、ここで一つの区切りとするわけである。花嫁は再び車に乗り、関係者の乗った車を引き連れて、村から町へと進んでいった。町の中に入り、披露宴会場の近くになるとにぎやかにクラクションを鳴らし、近くを何周か走りまわった後、車をおりて会場へと入っていった（図10）。ここから「披露宴」の始まりである。

この当時、カイロや都市部ではホテルや施設のホールを借りて披露宴会場とすることも多くなっていたが、地方では路地や空き地に天幕を立て、席を並べ、舞台を作った、即席の披露宴会場で行われることが大半であった。Yの妹の披露宴会場もこうしたもので、花婿・花嫁の二人は舞台上のソファーに座り、舞台には、太鼓やタンバリン、電子ピアノなどを鳴らす音楽隊と司会や歌手がいることがあるが、この時には音楽隊と司会がいた。舞台の下には、椅子が並べられ、参列者は好きな場所に座る。ただし、女性参列者は舞台近く、または右か左のどちらか一方にかたまって座ることが多い（図11）。会場近くにはもう一つ天幕を張り、参列者に食事が用意される。この地域ではたいてい立食で、20～30人が入れ替わり立ち替わり食事をとる。お酒は出ないが、大音量の音楽が耳をしびれさせ、食事と甘い紅茶、水タバコがふんだんにふるまわれる。夜が更けてくると次第に若者が興奮し、舞台上で花婿とともに踊り騒ぐ（図12）。夫婦によるウェディングケーキの入刀と食べさせあいも行われる。この日、花婿・花嫁が会場に到着したのは夜の9時過ぎ頃で、10時頃から盛り上がり、12時をまわる前頃にようやく閉会となり、来たときと同じく数台の車に分乗して、帰途に着いた。

一般の参列客にとって、披露宴はこうしてにぎやかな集まりとして記憶される。この事例では「婚姻の契約」を見ることができたが、多くの場合には、「披露宴」だけに参加し、これこそが結婚を表すものとなる。花嫁の親や家族には、披露宴翌日の朝に新夫婦に食事をもっていく「サバーヒーヤ」（sabāhīya）という行事もある。数日後、Yの親と会った時に話を聞くと、「翌日と翌々日にサバーヒーヤを持って行った。これで安心だ」と述べていた。ここまでくれば、結婚のプロセスは一通り終わったことになる。しかし結婚がすめば、「子どもはいつだ」と聞かれるのがつねで、人生はせわしなく続いていくのである。

おわりに

本章ではエジプトを事例にしたが、ムスリムの結婚と一口に言っても、地域や時代によって違いがあり、共通点がある。制度面では、どの地域・国でも、多かれ少なかれ「近代化」の影響を受けている。こうした結婚に関わる法の近代化は、行政上の「文書化」の要請とつながっている。エジプトでは19世紀末から「婚姻契約書」にもとづく管理の体制が始まり、現在では宗教的「コミュニティ」ごとの管理のみならず、宗教や国籍を違える人たちの結婚も公的に受け入れ、把握しようとしている。そうした近代的な束縛をいやがり、イスラーム法をオルタナティブな方法とみなし、「非公式」なウルフィー婚を試みる人もいる。

結婚は、「婚姻の契約」だけでなく、その後に続く「披露宴」によって、広く地域社会や親戚、隣人に知らされ、周知のものとなる。披露宴は、当日一回限りの行事ではなく、その少し前の「婚姻の契約」から少なくとも数日間続くもので、「花嫁の家財道具」の移動から前夜祭となる「ヘンナの夜」、当日の「美容院」「記念撮影」「花嫁の行列」から披露宴での大騒ぎ、翌日の「サバーヒーヤ」まで、さまざまな行事が続く。その行事ごとに、新夫婦とその家族同士が協同するだけでなく、周囲の人々、隣人や友人を巻き込み、手伝ってもらうことで広く結婚の事実が知れ渡ることになる。この点において、結婚は「社会的」現象として理解され、実践されている。

こうした披露宴の慣習にも、歴史的な変化や、現状への批判・不満がないわけでもない。エジプト社会では1970年代から商業主義化、個人主義化が進んでいるが、披露宴もそうした社会・経済の大きな影響を受けて、より豪華で騒がしく、かつ一部の招待客に限られた「閉じられた」形に変容してきているといわれる（Amin 2000）。そうした点に不満を持つ者の中には、「より正しい道」を求めて、音楽や踊りなどを含まない、穏やかな「イスラーム的」形式を選ぶ者もいるだろう。

このように見れば、イスラームと結婚の結びつきは、決して画一的ではない。近代的法制度は、現地の社会的状況に合わせて少しずつ変化し、イスラーム的要素はその中に入り込んでいる。イスラームは時に「近代」と対置され、時に合致するものとして、批判されたり、理想化されたりする。「イスラーム的」であるかどうかは、結婚の制度と慣習のあり方を考えるうえで、いまなお重要な論点であり続けている。

第2章

ムスリムの離婚
――エジプトの例

嶺崎寛子

はじめに

本章ではムスリムの離婚を扱う。本書は一般読者向けなので、わかりやすさを優先して、法学派ごとに異なる法解釈など、細部の議論については取り上げない（法学派の差異については柳橋〔2001〕、堀井〔2004〕などを参照のこと）。そのかわり、シャリーア*の離婚の概要をわかりやすく紹介することに主眼を置く。比較的シャリーアに忠実な法制度を持つエジプトを事例に、シャリーアの離婚の概要とその実際とを、本章を通じて読者に楽しみながら知ってもらいたい。本章では、筆者がエジプトで2006～08年に調査した宗教電話相談の事例（NPO「イスラーム電話」に実際に寄せられた離婚に関する相談と回答〔ファトワー*〕）を必要に応じて紹介しつつ、エジプト人ムスリム（本章では単にエジプト人と書いた時にはエジプト人ムスリムを指す）の結婚や離婚に対する法意識がシャリーアを核としてできあがっていることを示す。本書を読んで興味を持ってくれた方、もっと知りたくなった方、資料や調査の詳細を知りたい方は嶺崎（2015, 2016）を読んでみてほしい。

1　アッラーの許しも3度まで――シャリーアの離婚のしくみ

日本では結婚・離婚ともに役所への届けの提出ありきで、法律婚が「当たり前」と思われている。そのような法意識を持つ人の目には、シャリーア（本章ではこの言葉を、2000年代エジプトで実際に適用されていた、スンナ派の4法学派*の見解に基づく解釈を指す総称として使う。コラム5も参照されたい）の離婚はかなり奇異なものに映るかもしれない。エジプトのムスリムはまず宗教婚ありきで、モスクで行われた宗教婚で整えられた書類をマーズーン*が役所に届け出るという形が一般的である。宗教婚が先で、法律婚が後なのである。例えばエジプトの都市部では、エジプトの家族法上は無効だがシャリーア上は有効な婚姻、ウルフィー婚*が1990年代から若い人の間で盛んになり社会問題化した。彼らはウルフィー婚を、ハナフィー派の学説をもとに花嫁の後見人*を立てずに行う。結婚の事実は家族や友人にさえ伏せられることが多い。彼らがウルフィー婚をするのは、恋人同士を便宜的に「夫婦」とし、姦通罪を避け、性交渉を合法化するためである（コラム9も参照）。シャリーアと法律で結婚に関する規定にズレがあることを巧みに利用したウルフィー婚は、その存在自体が、エジプト人が宗教婚を重視していることを示す。結婚だけでなく、離婚でもシャリーアの規定を重視し、法規定を軽視する傾向は顕著である。

　シャリーアでは、結婚には2人の男性成人ムスリムの証人と、女性側の後見人、夫から妻への婚資*の支払いと結婚の告知が必要とされる。対照的に離婚は、口頭で夫が「離婚だ」と言えば成立する。証人も不要、後見人への告知も不要で、当事者たる妻に知らせる必要すらない。例えば夫が悪友と水タバコをふか

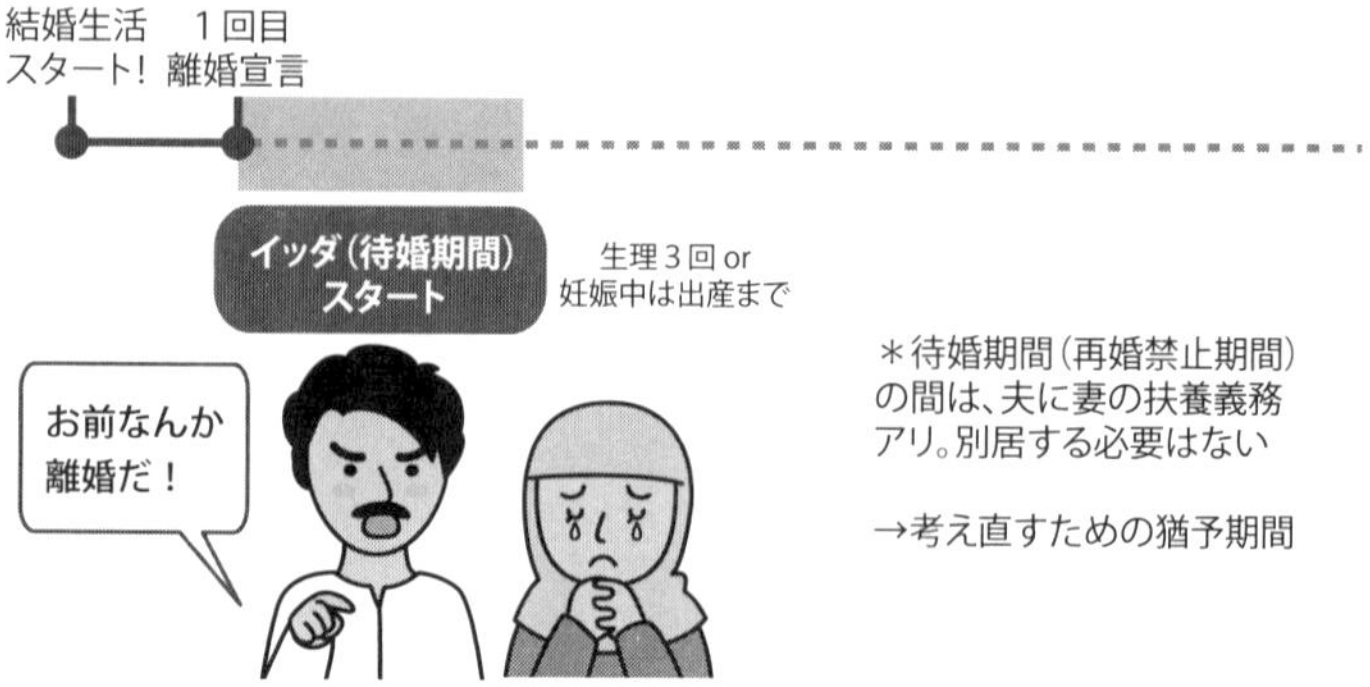

図1　1回目の離婚宣言。網掛け部分が待婚期間

しつつ茶屋で話していて、調子に乗って「うちの妻は悪妻だから、離婚しようかと思ってる……てかしようかな、今。するわ、離婚」とぽろっと言っただけで離婚が成立する。知らない間に離婚されていた、という嘘みたいな本当の話もある。

そのくらい夫の離婚権は強い権利で、夫は離婚を一方的かつ無条件に宣言でき、宣言さえすれば離婚は成立する。シャリーアでタラーク*と呼ばれるこの離婚形式を、エジプトのウラマー*（イスラーム法学者）は「離婚は夫の手に握られている」と表現した。一方で妻には、夫のように無条件に離婚できる離婚権はない。妻は夫が妻を扶養しない、夫が妻を遺棄するなど、正当な理由がある場合のみ、離婚を裁判所に申し立てることができる。その他、財産に対する権利を放棄することと引き換えに夫に離婚を認めさせるフルウ離婚*が、シャリーアに根拠があるとされてエジプトでは2000年に法制化され、合法となった。

夫が口頭で離婚と言っただけで離婚は成立する（図1）が、実はそれは即座の別れを意味しない。夫婦は離婚宣言後に待婚期間*に入る。待婚期間は復縁*のための猶予期間であり、期間は生理3回の間（閉経後の女性の場合は3カ月）、妊娠中の女性は出産までと定められている。待婚期間中は夫に妻の扶養義務があり、夫婦は

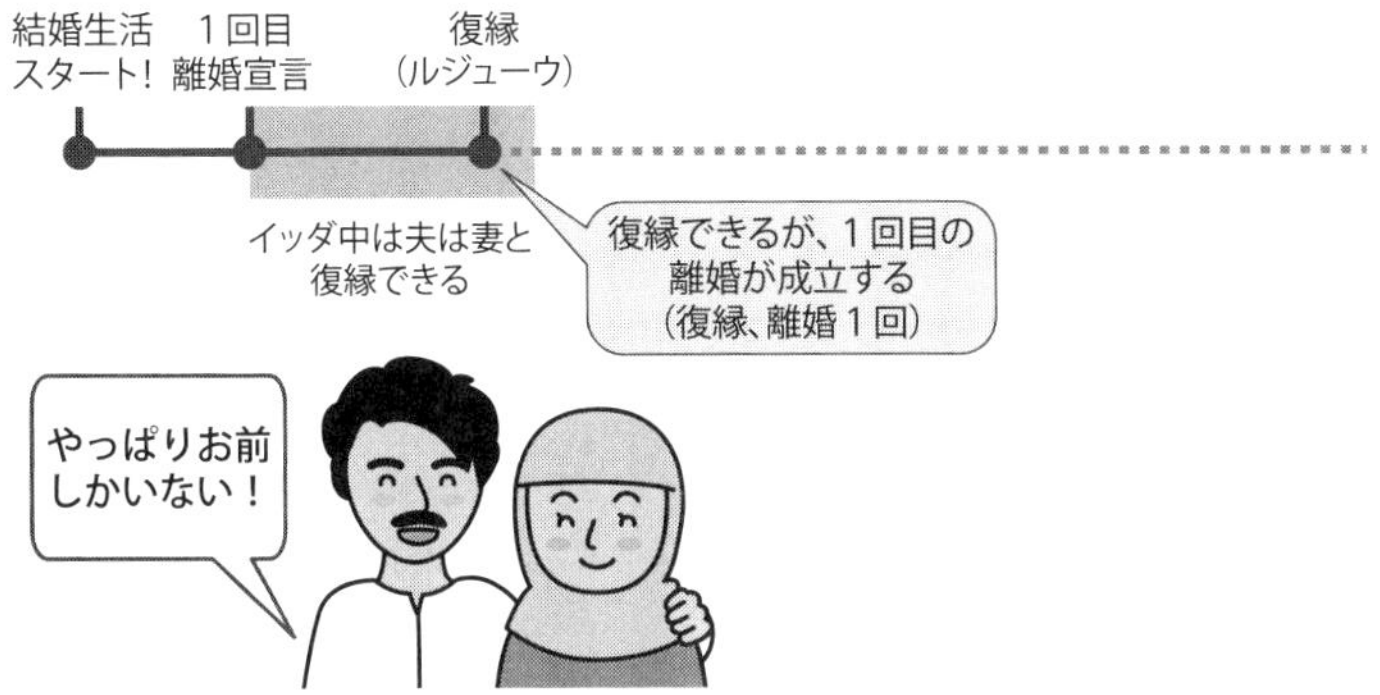

図２　１回の離婚ののちの復縁

共に暮らすこともできる。この期間中は、妻は再婚できない。待婚期間中に夫が考え直し、やはり離婚はやめると宣言するか性交渉を持てば、夫婦は元の鞘に収まる（図２）。

ただしその場合も、１回の離婚が成立したとみなされ、彼らは「離婚1回後に復縁した」夫婦となる。筆者は女性たち同士で「あなたのとこは離婚何回？」「うちはまだ1回」「うちはたぶん2回？」などと話す場に居合わせたことがある。離婚の仕組みを知っていれば、この会話を理解できるだろう。

さてめでたく復縁した後、３日後か、はたまた何年後か何十年後かに、夫婦喧嘩のさなかに夫が再び「お前なんか離婚だ！」と叫んだとしよう。叫んだ時点で2回目の離婚が成立し、夫婦は再び待婚期間に入る。期間は1回目のときと同じで、生理３回の間（閉経後の女性の場合は3カ月）、妊娠中の女性は出産までである。そしてまたも夫が待婚期間中に考え直し、復縁を宣言するか性交渉を持てば、夫婦は元の鞘へ収まる。この場合彼らは「離婚２回後に復縁した」夫婦となる。離婚は数えられ、積み重なる。ただし2回目までは離婚は取り消し可能で、復縁の機会が保証されている。

では待婚期間が過ぎてしまった後に夫が考え直し、やはり妻と

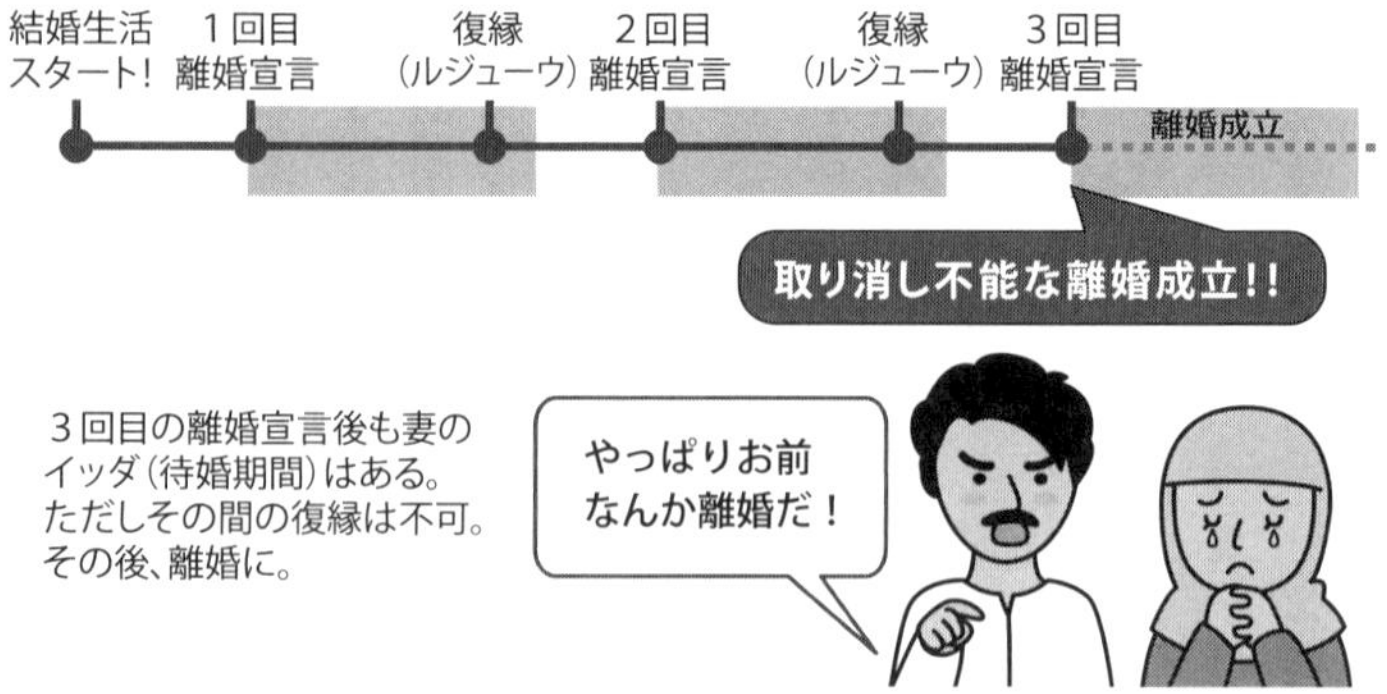

図3　取り消し不能な離婚

よりを戻したいと願った場合にはどうなるのだろうか。復縁は可能なのか不可能なのか。答えは「復縁できるが、結婚契約も婚資も新規に整える必要がある」である。これは同じ人と2回結婚するようなもので、大変な費用がかかる。待婚期間中に復縁した方が、経済的には断然お得である。

そうしてめでたく二度目の復縁を果たした後、やり直すこととなった夫婦が3日後か、はたまた何年後か何十年後かに、再び夫婦喧嘩をしたときに、あるいは単に夫の虫の居所が悪かったときに、ともかくきっかけは何でもいいが夫が「妻を離婚する！」と言ったとしよう。言った時点で3回目の離婚が成立し、夫婦は3度目の待婚期間に入る。期間は今までと同じく、生理3回の間（閉経後の女性の場合は3カ月）、妊娠中の女性は出産までである。しかし今までと違い、今度ばかりは夫婦はもはややり直せない（正確には、妻が別の男性と再婚し、新しい夫と性交渉を持った後に離婚され、新しい夫との待婚期間を終えれば、妻は最初の夫と再婚できる。もちろん元妻を再婚目的で嫁がせることはシャリーアで禁じられているので、これは禁じ手かつ奇手である）。離婚宣言がつい口から出た本気ではないものだったとしても、夫婦仲がよくて夫婦ともに別れたくなくても、子どもが多くて離婚したら母子ともに路頭に迷うことになっても、どんな理由があっても、3回目の離婚は「取り消し不能な離婚」となる（図3）。3回目は取り返しがつかない。夫婦はもはややり直せず、復縁もできない。仏の顔も3度というが、アッラーの許しも3度までなのである。

この離婚のしくみは何を意味するのか。多くのウラマーはそれをジャーヒリーヤ時代（イスラーム以前の時代）の習慣と関連付けて説明する。イスラーム以前のアラブ社会では、夫は妻を無制限に離婚できた。少し想像すれば、いつ何時でも、何度でも離婚される状況が妻に不利であることはすぐにわかる。さらにそれは結婚制度そのものをも不安定にする。男性の離婚権を制限するために、神によって3回という回数制限が課された、というのがエジプトのウラマーの一般的な見解である。

2 夫婦喧嘩と離婚

エジプト人のお家芸であり伝統芸でもある、夫婦喧嘩のやり方がある。火事と喧嘩は江戸の花というが、夫婦喧嘩はエジプトの花、離婚を彩る欠かせない花である。

妻には離婚権がない。だから妻は夫婦喧嘩のとき、夫に「離婚してよ！」「もうアンタなんかとやっていけない！ 今すぐアタシを離婚するって言いなさいよ！」「ほら今、お前を離婚するって宣言してよ！さあ！」などと言い募る。別れたいという意思表示が、離婚権がないために夫に離婚宣言をさせようとするという形を取るのである。もともと口達者な国民性もあり、喧嘩はすぐにエスカレートし……夫はいともたやすく妻に乗せられ、「ああ、離婚してやるさ！」などと言い放ってしまう。宣言すれば即離婚が成立し、すぐに離婚1回になる。

1回などまだ可愛いもので、一度にまとめて3回分離婚することもある。喧嘩のときに売り言葉に買い言葉で夫が「お前なんか離婚！　離婚！　離婚！　ほら3回言ってやったぞ！」とか「お前を一度に3回離婚してやる！」とか「お前は今、3度離婚された」などと、離婚宣言の大安売りをしてしまうことがあるのだ。一見子どもの喧嘩のようだが、これはシャリーアの離婚について知らないとできない芸当で、つまりエジプト人はそこそこシャリーアの知識を持ち、それに則って夫婦喧嘩をしているということになる。さすがアズハル（伝統あるスンナ派のウラマー養成機関）のお膝元というべきか。

実は、エジプト人はこのような喧嘩を大昔からしてきた。マムルーク朝期（1250〜1517）の離婚や結婚を、史料を使って読み解いたラポポートは、離婚に関する宣誓（後述）やそれを用いた脅迫はマムルーク朝期からみられるという（Rapoport 2005）。その頃日本は鎌倉から室町時代。そんな昔からエジプト人はこのような喧嘩や、離婚に関する宣誓をしていたのだ。まさにお家芸である。

しかしこんな喧嘩ばかりしていたら、夫婦喧嘩ごとに離婚してしまいかねず、それこそ離婚が何度あっても足りない。3度などすぐに来てしまうが、それでは社会生活が成り立たない。そもそも、一度に3回分の離婚宣言をした場合、それは1回と数えるのか、それとも3回と数えるのか。実は、エジプト人もその判断に迷っている。ある妻がウラマーに持ちかけた悩み相談を見てみよう。夫婦喧嘩のすさまじさと臨場感に注目してほしい。

夫と妻の間に問題があります。服を破ったりして壮絶な喧嘩をしてしまいます。そのとき、私も興奮しているので夫に向かって「離婚してよ！　3回離婚してよ！」と怒鳴ったりします。この場合、夫が3回、「お前は離婚だ」と言えば、離婚が3回成立したということでしょうか？　それとも1回で

すか？（２００６年８月28日。日付は質問および回答の収集日。以下同）

エジプトの夫婦喧嘩のリアルが伝わる相談ではないか。喧嘩で服を破るのはエジプトではままあることで、それもまたお国柄である。この質問に、ウラマーはどう答えたのだろうか。

そもそも、あなたたちは頑張って自分自身をコントロールして、そういう言葉や方法で喧嘩しないようにしなければなりません。いいですか、あなた方には責任があり、あなた方の家族も、妻も、夫も、きちんと守らなければいけないのですよ。このような言葉を喧嘩に使うのは大変いけないことです。十分注意して、使わないようにしなさい。

ところで、その離婚は１回分だけ成立します。（２００６年８月28日）

……説教から入った！　このウラマーはなかなかに説教くさく、肝心の答えは最後に少し触れただけであるところも味わい深い。ともあれ、一度に３回の離婚宣言は１回と数える、という法解釈がエジプトではされている。離婚宣言はできるだけ少なく取るのが、現在のエジプトのウラマーの基本方針である。

ただし、これはハンバル派の一部が採る少数説である。実はシャリーアの多数説は、それを３回と数え、一度に３回なされた離婚宣言により、取り消し不能な離婚が成立したとみなす。ちなみにパキスタンやインドでは多数説に従い、それを３回と数える。しかし喧嘩の度に離婚を引き合いに出すエジプトでは、それではとても社会生活が成り立たないので、エジプトのウラマーは少数説を採ることで結婚を、ひいては社会を安定させようとしていると言えよう。なおエジプトの民法も、一度に３回なされた離婚宣言を１回とみなす。

離婚宣言を最小限に数えるこの方法以外にも、実際にはシャリーアに則った、実に様々な離婚宣言を最小限に数える方法——ある種の「抜け道」——がある。

夫が激昂して妻を怒鳴りあげ、ついでに「離婚!」と一言叫んだ場合はどうなるのか。あるいは酔っ払った夫が「離婚〜? いいんじゃない離婚、そうだねえ、はい、離婚。むにゃむにゃ……」などと呟きつつ眠ってしまった場合は?(飲酒はシャリーアで禁止されており、広くその禁止は知られている。しかし酩酊を「想定外」とはせずに、ありうることとして法律の中に組み込むのが、シャリーアの奥深さである)。

実はシャリーアには「イグラーク(ighlāq)の状態で行われたあらゆる行為は無効」という原則がある。イグラークとは、怒りに我を忘れるか、あるいは薬物や酒により酩酊するなどして、判断能力を失い、自分が何を言っているかわからない状態になることを指す。上記二つの事例は、イグラークの状態にあてはまるため無効とされ、そもそも回数としてカウントされない。イグラークは、離婚宣言を最小限に抑える「抜け道」の一つである。そしてよく使われる。

イグラークだったかどうかは、夫の自己申告によって認定される。妻がウラマーに「夫がよく、お前は離婚された、離婚だ、などと言います。(中略)本当のところ、彼は離婚なんて望んでいないんです。ただ言っているだけです。(中略)でもあのとき、夫は正常な判断力がなかったと思うんです。とても怒っていたし」と相談した事例がある。このときウラマーは判断を保留し、「離婚の成立は夫の意思によりますから、あなたが夫の意思をどう思っているかではダメです。夫の意思を確認する必要があります。あなたは『彼は離婚なんて望んでない』と言いますが、それが本当かどうかは彼に聞かないとわかりません」と答えた(2006年8月17日)。妻といえど、夫に成り代わって勝手に判断することは許されない。

その他「神は人間に易きを望まれ、難きを望まれない」「必要は禁止を解除する」という原則もあり、ファトワーにはどれもよく出てくる。少なくともエジプトでは、シャリーアは日本人のイメージよりずっと柔軟に臨機応変に運用されている。

そして離婚を、夫が妻に対する脅しのネタとして使うこともよくある。条件付きの離婚宣誓という。夫が「今日、お前が家から一歩でも出たら離婚」「家のお財布事情を近所のやつらに言いふらしたら離婚」「ブドウの皮を道に投げ捨てたら離婚」「今度オレがカイロに帰ってきたら離婚」などと、離婚を引き合いに出して宣誓するのである。ちなみにこの4例は全て実例である。離婚宣誓は実に色々な場面で使われているのだ。この離婚宣誓も、マムルーク朝期まで遡れるエジプトの伝統芸である。妻の行動に制限をかけたいときに離婚宣誓を使うことは、今でも盛んに行われる。

では宣誓後に実際に妻が外出したり、お財布事情を言いふらしたりしたら、その離婚は成立するのだろうか。それは夫の意思による。もし夫が、妻がその行動をしたら本気で離婚しようと思っていたのなら、1回の離婚が成立する。しかし夫が、離婚を持ち出すことで妻の行動に制限をかけたかっただけで本気ではなかったときや、単に妻を困らせたくて離婚の宣誓を口にしただけなら、その離婚は成立しない。しかしその場合には、破約の償い（kaffārat al-yamīn）として、3日間続けて断食するか、10人の貧者に食事を施す必要がある。軽はずみに離婚を持ち出してはならないという戒めである。ただし、帰国が決まっていて「オレがカイロに帰ったら離婚」と宣誓したとき、つまり必ず実現することを引き合いに出して宣誓をしたときは、離婚の意思があったとされて離婚が成立する。

本人の意思を重視するのはシャリーアの際立った特徴である。近代法は立証できない意思ではなく、立証できる行為を重視する。一方近代以前に成立し、かつ宗教規範でもあるシャリーアは、意思を重視する。

近代法とシャリーアは拠って立つ発想が異なるのである。

しかし夫の意思が問題になるのは離婚宣誓の場合のみである。覆水盆に返らずと言うが、離婚宣言も重い。「離婚だ！」という宣言もまさに覆水盆に返らずで、夫が「お前は離婚された」と口に出して言ったなら最後、意思に関係なく1回の離婚が成立する。

ちなみに離婚宣言の文言の強さというか、取り返しのつかなさにはレベルがある。お前は離婚だ、という宣言を通常レベルとすると、より取り返しのつかないのが「お前はオレに禁じられている（注：血のつながった血族のようで性的関係は持てない、の意）」や、「お前の背中は母の背中だ（注：母親と同様でとても性的関係は持てない、の意）」という言葉を使った離婚（後者は背中離婚、zihār）である。「お前は私に禁じられている」という離婚宣言をしたときには、1回の離婚が成立し、さらにペナルティとして、2カ月（60日）連続して断食するか、それが無理なら60人に食事を施さなければならない。背中離婚は、調査では実際に行われた例は確認できなかった。「お前は私に禁じられている」という言葉での離婚は5例あった。

まとめると、シャリーアの離婚には取り消し可能な離婚と取り消し不能な離婚がある。回数を少なく取ったり、イグラークの状態だったからと無効にしたりと様々な「抜け道」はあるものの、回数制限は絶対で、3回になってしまえば取り返しはつかない。でもそれを知っていてもなおエジプトのムスリムは、離婚を持ち出して今日も元気に喧嘩をしているはずだ。未来にも、きっと。たぶん。

3　離婚を防ぐ仕組み

これまでで、離婚に歯止めをかける方法として、シャリーアには離婚宣言を無効化する、回数を少なく取るなどの方法があることを見てきた。エジプト人はシャリーアに適う形で、もっと構造的に離婚を食い止める仕組みを発展させてきた。それは後払いの婚資を高く設定して、夫が離婚宣言をたやすく行えないようにするやり方である。これは妻となる女性の親族によって結婚契約に仕込まれた、いわば妻のための「保険」である。詳しく見ていこう。

シャリーアでは婚資の支払いは義務である。婚資には前払いと後払いがあり、後払いの婚資は夫の死後か、離婚時に支払われる。前払いは結納金の意味合いが強い。後払いの婚資は離婚の際には慰謝料となり、死別の際には妻への最後の贈与となる。婚資は債権として非常に強い権利で、シャリーアは遺産からまず婚資分をとりおき、残額で通常の債権や遺産相続を行うよう定める。

なお、婚資をめぐる状況は地域や文化によってかなり異なることには注意が必要である。婚資はシャリーアでは夫から妻個人に贈られ、妻の個人財産となる。エジプトでは婚資はインドネシアなどの東南アジアにくらべ比較的高額である。一方、中央アジア南部地域では、婚資は伝統的に妻ではなく妻の両親に支払われた（和崎 2017: 25）。近年イスラーム復興により、婚資がアラビア語由来のマフルという語で呼ばれるようになったが、これも実際には妻の両親の懐に入るという（和崎 2017: 25）。パキスタンやインドなど、花嫁が持参財を携えて嫁ぐ慣習がある地域のムスリムの場合は、通常、持参財の方が婚資より額が大きい。パキスタンのムスリムの間では、婚資は妻の潜在的な債権として了解されているが、実際には支払われていないなど、婚資が形骸化しており実体が伴わないことも多い。

目を日本に転ずると、実は日本は、離婚後に養育費を受け取れている世帯が先進国の中で突出して少ない国である。養育費を受け取っている母子世帯は日本では19・7％。先進諸国はスウェーデン94・8％、ノルウェー77・7％、フィンランド69・0％、フランス55・8％、ベルギー40・1％、アメリカ31・7％、カナダ30・8％、ドイツ28・4％で、日本の低さは際立つ（内閣府2017）。そのうえ日本では離婚時の慰謝料についても、トラブルや離婚調停が長引くことを恐れて妻側が請求を諦めることがままある。エジプトでは結婚時に、後払いの婚資という形で、離婚時の慰謝料についても合意をして結婚契約書を作る。夫婦仲がこじれてから慰謝料や養育費の額を決める日本式よりもエジプト式の方が、後のトラブルに対処しやすいと筆者は思う。

エジプトでは、婚資の額は結婚契約*前に両家の（主に父親同士の）話し合いで決まる。イトコ（類別的イトコを含む）や幼なじみなど、両家がお互いをよく知る間柄の男女の結婚では、一般に婚資は安くなる。他方で結婚を申し込んだ男性やその一家が女性の父親と面識がないときには、婚資はまずは高くふっかけられる傾向にあった。これは相手の本気度を計るためであり、いい加減な気持ちや遊びで婚約を申し込む、けしからん輩を排除するための方策でもある。ここから両家の粘り強い交渉が始まるが、女性たちは自分のイトコや姉妹や同級生がいくら位の婚資で嫁いだかちゃんと知っていて、不当に自分たちの「値段」を下げるのを好まない。「私の学歴なら／家柄なら／容姿なら／カイロなら」これくらい、という彼女たちなりの相場がある。その額を支払えない男は自分の価値を正当に評価していないか、単に甲斐性なしなのだから、そんな男に嫁ぐなんて御免蒙る、という意見を聞いたこともある。

ただし抜け道がないこともない。イギリスで博士号を取ったあるエジプト人の大学教授は、婚資をほとんど支払わずに結婚した。彼は「私の婚資はイギリスの一流大学で取った博士号です。彼女に何不自由ない暮らしを約束します」と「本当は当時まだ職が決まっていなかったのに、彼女の両親に対して大見得を切った」そうだ。２００４年に、当時まだ高給取りであった観光ガイド資格を得たことを決定機として結婚にこぎつけた男性も、資格が助けてくれたと語った。将来性も婚資を安く抑える際に役に立つ。高い婚資をふっかけることで、女性の家族は女性の結婚後の生活の保障を求め、そのリスク管理をしているともいえよう。両家が古い付き合いだとか、男性の将来性が約束されているなどリスクが低いとき、婚資が安くなることがそれを裏付けている。

シャリーアは結婚後の衣食住は、経済力に応じて男性が提供すべきと定める。経済力に応じてという点が重要で、自分と同程度の衣食住を提供すれば、夫の義務は果たしたことになる。今の生活レベルを落としたくないから、夫の経済力は実家と同じくらいがよい、という声は、特に都市部の富裕層の女性たちからよく聞いた。夫や本人が専業主婦希望の女性の多くは、夫の経済力は自分の生活レベルに直結するため、この点は妥協できないと主張する。日本と同様に、結婚後に女性が働くには夫の理解が必須である。ただしエジプトでは女性の給料は家計に入れるものと考えられておらず、全額女性の好きにしていいところが日本と違う。そうはいっても、妻の収入を家計に組み入れなければとても家計が回らない社会階層もある。私の知る限りでは、その層の有職女性たちはみな、給料を何らかの形で家計に入れていた。そして家計に貢献しているためか、彼女たちの家庭内での発言権はとても強かった。婚資をめぐる交渉は、女性の家族が求婚者の経済力を測る際の重要なものさしになっていた。女性にとって結婚は、婚資によってまとまった個人財産を作る千載一遇のチャンスでもある。

婚資はエジプトでは、後払いのほうが高く設定されるのが普通である。割合にはかなりばらつきがあるが、前払いが2～3割、後払いが7～8割程度である。前払い1割、後払い9割の例もあった。婚資の総額は結婚契約書に記載される。後払いの婚資は、離婚する際に必ず支払わなければならない。それはうっかり離婚宣言をする夫に対する最大の抑止力である。後払いの婚資を高く設定することは、女性の家族にとっては、女性がたやすく離婚されないようにするための保険をかける行為に等しい。生活の知恵である

（余談だがこの保険は、経済力さえあればたやすく突破できてしまう。夏にエジプトに避暑に来る一部のサウジアラビア人が、エジプトでエジプト人女性と結婚し、バカンスを終えて帰るときに離婚するというあざとい方法を取ることができるのも圧倒的な財力ゆえ、彼らがエジプトで嫌われるのもその財力ゆえである）。

なおエジプトの離婚率は上昇傾向で人口千人当たりの離婚率は1996〜99年には1・2、2017年には2・1であった。ちなみに2017年の日本の離婚率は1・7であった。

4 離婚と国家

エジプトの民法はシャリーアに基づくため、エジプトでは民法上も夫の離婚宣言が有効である。離婚宣言後に、マーズーンにそのことを届出、登記してもらうと離婚宣言は法律上の離婚になる。しかし、口頭で何度も繰り返される離婚宣言を登記しない人が多いことは容易に想像がつく。喧嘩のたびに届出をするなど、およそ現実的でない。宗教電話相談に悩みを寄せた人々が問題にしていたのは、自分が喧嘩で口走った離婚宣言がシャリーアに照らして有効かどうかで、法律上の離婚のことは二の次三の次であった。離婚を届け出た後に復縁をしたのに、復縁を届け出ていなかった夫婦すらいた。この夫婦は「まず公式書類上、ちゃんと結婚しなおしなさい。生活は今のままで差し支えなくても、血族のつながりや、遺産など、正式な場面で困るのではないですか？　きちんとしましょう」と、ウラマーに心配されていた。

要するにエジプトの人々の法意識のなかで重視されているのは、法律婚や民法ではなく、宗教婚とシャリーアなのである。しかし、宣言だけで簡単に離婚できてしまうのは、国家としては何かと不都合である。政府もこの弊害をわかっていて、2017年にシーシ大統領が「言葉一つで離婚が成立することなどありえない」と述べ、法改正を示唆した（２０１８年8月10日『朝日新聞』夕刊）。離婚を国家が把握しやすいよう、シャリーアの原則とかけ離れた形で民法を整備しようとしたのである。しかしアズハルはこれを拒絶した（McKernan 2017）。この一連の騒動からも、エジプト人の結婚や離婚の根幹を規定しているのがシャリーアであることがわかるだろう。

おわりに

離婚に関し、エジプト人は法律ではなく、シャリーアに照らして合法かどうかを気にする。彼らは夫婦喧嘩のたびに離婚を引き合いに出して一悶着起こす。ご先祖様たちと同じように「離婚だ！」とお約束のセリフを叫んでしまってから、我に返ったのちにシャリーアの規定が気になって仕方なくなり、夫たちはウラマーに電話をかけて聞くのだ。「離婚について。離婚するつもりもないけど離婚と言ったときには、これは破約の償いをすればいいのでしょうか」「悪魔が囁いてきたので離婚してしまったのですが、これは成立しますか（悪魔は人々を惑わし、悪へと誘惑する存在）」などと。エジプト人は、シャリーアではどうか、ということをとても気にする。

シャリーアはこのように今も、エジプト人の離婚の屋台骨を支え、それを豊かに彩っている。

コラム1

離婚しなかった姉、離婚した妹
――エジプト

嶺崎寛子

2004年のこと。相談があるから来てほしいと電話をもらい、久しぶりにカイロの庶民街、ショブラの小さな、しかしよく整えられたアパートを訪ねた私を迎えたのは、明らかに普段より口数の少ない家族だった。普段は賑やかで笑いの絶えない家はどことなくしんとした雰囲気で、それだけで何かがあったことがすぐにわかった。そこは私がホームステイさせてもらい、10カ月暮らした家だ。04年にはお母さんと未婚の末娘、ナディア（以下、名前は全て仮名）が暮らしていた。その日は私と同じ部屋で寝起きし、その後結婚して家を出た下の姉、アイシャが10カ月の第一子、マフムードを連れて帰って来ていた。ベッドから起きて無理に笑顔を作って私に挨拶したアイシャの目は腫れていた。泣いていたのかもしれない。

アイシャと夫は職場結婚*だ。第一子が10カ月になり、そろそろ復職を考えていたとき、夫が「復職には反対しないけど、保育園に息子を入れたくない。病気を移されたらどうするんだ。誰が責任を取るんだ。親として、保育園を使うのは反対だ」と言い出した。保育園に入れないでどうやって復職するの、そんなの無理、とアイシャがいくら説得しても夫は聞き入れず、話し合いは平行線をたどり、とうとう夫は言った。「もし息子を保育園に入れるなら、離婚する」。

その条件付きの離婚宣言が、一家の重苦しい雰囲気の原因だった。「……ちょっと、厳しいと思うんだよね。いくらなんでも。病気を移されるとは限らないし、そもそも保育園に入れないで復職するなんてできないでしょ……。無理だよ。あんなに頭が固いとは思わなかった！

でもお義兄さんも言い出したら引かないから。本気だから」怒りをにじませ、低い声でナディアは言った。「だから保育園に入れない方法を考えるしかなくなっちゃって。だから寛子に来てもらったんだ」と、ナディアは続けた。

結局彼が幼稚園に入れる年になるまで、ナディアとお母さんと私は交代で地下鉄と乗り合いバスを乗り継いで1時間かかるアイシャの家に通い、アイシャの出勤中や明日は勤務という夜にマフムードの面倒を見た。夫の姉妹二人は手伝いに来なかったし、はじめから戦力と思われてすらいなかった。妻方の親族が責任を持って何とかしなければならなかったのだ。マンパワーが足りず、遠慮なく動員できる私も戦力として使われた。一家が私をあてにし、助けを求めたのはあのときだけだ。それほどに困っていたのだと思う。

結局マフムードを保育園に入れずにすんで条件付き離婚宣言は無効となり、離婚は避けられた。ただし、そのためにアイシャもナディアもお母さんも私も、相当の努力をしなければならなかった。条件付き離婚宣言の重さを、私は乗り合いバスに揺られながら、夜泣きに付き合いながら、お母さんが膝が痛い痛いと言いながら孫の面倒を見る姿から、学んだ。それでもマフムードは掛け値なしに可愛かったし、べったりと子育てに関わったあの日々は貴重で、私がアラビア語で子どもを様々にあやせるのはこの「事件」のおかげである。

アラブ革命後の2016年に、久しぶりに一家と再会した。アイシャは一度も離婚せずに一男二女のワーキングマザーになっていた。ナディアは10歳以上年上の大層裕福な相手と姉のツテで見合いして結婚、2010年に一人息子を儲けたが離婚してバツ一になり、売れない力メラマンと再婚して、ショブラの実家に夫と一人息子を連れて転がり込んでいた。元夫とは結婚生活のごく初期からうまくコミュニケーションがとれなかったという。元夫はすぐに実家に帰り、ことあるごとに離婚をちらつかせた。2016年当時一家を悩ませていたのは、この元夫だった。元夫は、桁違いに裕福なくせにいつも養育費を出し渋り、さんざん嫌がらせをしてはナディアの神経を逆撫でした。シャリーアでは、離婚後も子どもは父親と同水準の衣食住を父親によって保証されるべきなのだが、元夫は子どもの教育にかかる費用を口では出すと言いつつ、実際は出し渋った。SNSのやり取りを見せてもらったが、それはまさに「出す出す詐欺」だった。

　例えば、交渉を重ねてやっと、高額の私立小学校の学費を出させたと思ったら、次の日に元夫は小学校に現れ、息子の教材を、先生方をうまく言いくるめて全部持ち去ってしまった。「彼が教材を使うわけでもないのに、教科書がなくて困るのは息子なのに、俺が払ったから俺のものだ、って屁理屈をこねて持ってくなんて信じられない。また話をしないといけないし、振り回されてすっごい、憂鬱」とナディアはこぼした。イトコみたいにナーディー（有料のスポーツクラブ）に行きたいと一人息子が言うので、元夫に何度も、息子をあなたの通うナーディーの家族会員にしてほしい、と頼んだのに一向に動いてくれなかったこともあった。「私の経済力じゃ無理だけど、元夫なら（ナーディーに通わせるのは）なんでもないことなのに。別れても息子は息子なのに、息子の権利を保障してあげないなんて。絶対私への嫌がらせだよ。もうあの子、ナーディーに行きたい、って言わなくなったんだよ！　子どもなのに気を遣っていて、もうかわいそうで」。

　この元夫の態度は紹介した仲人役の姉の友人からも非難轟々であった。お金があるのに出し渋るのは最も男らしくないとされる行為である。ただし実際にお金を出させるには様々な交渉が必要で、この手間のかかりすぎる交渉に、一家は心底うんざりしていた。しかし教育費はやはり元夫が出すべきであり、実際元夫に頼る以外に方法もなく、交渉を打ち切るわけにはいかないのが辛いところだった。アイシャは私と二人きりのとき「ナディアは男運が悪いんだよね、仕事も良い職につけたし、幸せになってほしいんだけど、ともかく男運が悪くって苦労しているよね」とぽつりと言った。子どもがいると離婚後も元夫婦の縁は切れない。私が実際に知る別の2組の元夫婦は、毎週父子の面会をさせ、父は養育費・教育費を資産に応じて滞りなく支払っている。元夫のモラルのなさがナディアを悩ませていた。

ナディアの今の夫に対するアイシャの評価もまた辛辣だった。「ここだけの話だけど、今の夫は稼ぎが悪い。いい人だけど……、夫婦の家を用意できなくて（これは男性の義務）、うちの実家に転がり込むのはちょっと。そんなことするから、お母さんと今の旦那の仲がどんどん悪くなるし。義理の親子なんて、一緒に住んだらうまくいかないものでしょ？」

ナディアの「男運の悪さ」が様々な形で一家に影響を与えている様子が見て取れた。「ただ今の夫は経済力がない以外は優しくて良い夫」とアイシャは評し、「世の中うまくいかないわね。お金持ちの夫にはモラルがなくて、優しくて良い夫にはお金がないのよね」と続け、ははと笑った。そしてアイシャの新しいマンションのベランダから、開発途上の住宅街に沈んでゆく夕陽を、二人でただ眺めた。アイシャは、最近ストレスで吸い始めたというタバコの煙をくゆらせていた。

第3章

多民族社会シンガポールにおけるムスリムの宗教間結婚

市岡　卓

はじめに

本章は、多民族社会におけるムスリムの宗教間結婚*に関わる社会的問題および法制面の問題について、シンガポールを事例に論じる。

東南アジアは南アジアと並びムスリム人口が多い地域であるが、植民地化に伴い大量の移民を受け入れたことにより多民族社会となった国が多く、シンガポールも例外ではない。シンガポールでは多様な民族・宗教に属する人々が学校、職場などで交流するために民族・宗教を超える結婚も多い。そこで本章では、シンガポールにおけるムスリムと非ムスリムとの結婚（以下「ムスリムの宗教間結婚」または「宗教間結婚」という）をめぐる問題について論じる。

具体的には、宗教間結婚をした夫婦からの聴き取りをもとに、社会的問題として、イスラームへの改宗に関わる問題および夫婦間または家族・親戚間の宗教・文化面の摩擦の問題について、夫婦がそれをいかに克服しようとしているのかを含め分析する。また、宗教間結婚のうち特に非ムスリムが改宗しない場合について、夫婦が直面する法制上の問題を明らかにする。これらを踏まえ、宗教間結婚をムスリムと非ムスリムとの共生に関わる問題としてとらえ、多文化共生の観点からみたムスリムの宗教間結婚に関わる課題を提示する。

1 ムスリムの結婚に関する慣習と法制度

(1) シンガポールのムスリムの状況

シンガポールは、民族(公式には「エスニック・グループ」)別の人口構成(2015年)をみると、華人が74・3%と多数を占め、このほかに東南アジアを起源とする「マレー人」が13・3%、南アジアを起源とする「インド人」が9・1%、「その他」が3・2%を占めており、多民族国家である(Department of Statistics, Singapore, 2016: vii)。ムスリムはマレー人の99・2%、インド人の21・3%、その他の7・9%(主にアラブ人)などからなり、人口の14・0%を占める(Ibid: 240)。このような多民族国家において社会の安定と国民統合を実現していくことは、政府の重大な関心事であった(田村 2000: 185-213)。

東南アジアのイスラームは、信仰・儀礼的規範は世界の他の地域と共通であるが、社会・倫理的規範の面では地域の慣習「アダット(adat)」と共存する穏健な信仰が守られてきた(中村 1999)。しかし1970年代以降は、ムスリム社会の中で宗教意識が高まり「本来の純粋なイスラーム」と彼らが考えるものを追求するようになるイスラーム復興が起こり、女性のヒジャブ(髪を隠すスカーフ状の布)の着用が広まるなど、宗教実践に大きな変化がみられた。現在も世界や他の東南アジア諸国の影響を受けながら宗教意識の高まりは続いている。その結果、ムスリムの間でも、礼拝などの宗教儀礼を重んじ聖典クルアーン*の章句に忠実であろうとする保守派と、社会環境の変化に対応し柔軟にイスラームを解釈・実践しようとするリベラル派との間で、宗教志向・宗教実践が大きく異なる状況になっている。

政府は、１９６５年のマレーシアからの分離・独立以来、あらゆる民族・宗教を平等に取り扱う「多人種主義（multiracialism）」を国是としてきた。一方でムスリムに対しては、シンガポール・イスラーム評議会（Majlis Ugama Islam Singapura：ＭＵＩＳ《ムイス》）を設立し、イスラームに関わる業務を一括して実施させるほか、シャリーア裁判所*を設立し結婚、相続など一部の民事分野でイスラーム法の実施を認めるなど、様々な配慮を行ってきた。ただし、こうした配慮は、「マレー人の海に浮かぶ華人の島」（リー 2000: 10）であるシンガポールが、国内のムスリムの不満が隣接するマレーシア・インドネシアからの介入を招くことを恐れたためでもあった（市岡 2018: 123-125）。

（２）結婚に関する慣習――マレー人を念頭に

ここではムスリムの８割以上を占めるマレー人の結婚に関する慣習について述べる。

前述のように東南アジアのイスラームは地域の慣習と共存してきており、マレー人の結婚の慣習にもイスラーム伝来以前からの地域の文化の影響が強くみられる。

マレー人の伝統的な縁組は、花婿側の年長者などが花嫁候補を探し、花嫁側の家族や本人の意思を確認して婚約*・婚礼に至る手続を進め、夫婦は婚礼の場で初めてお互いの顔を見るというものであったが、現代ではこうした伝統的な縁組はほとんど行われていない。

結婚式は、花嫁の家、モスクなどで、「カディ*（kadi）」と呼ばれる宗教行政官（次項（３）参照）がイスラームに則った「婚姻契約*（アカ・ニカ akad nikah）」という儀礼として執り行う。花婿と花嫁は結婚の契約書に署名を行う。イスラームでは結婚は男女の契約と考えられているためである。カディは、契約書の署名の前に花嫁の結婚の意思を確認する。また、花婿に対して、イスラーム法上の妻に対する義務や妻からの離婚申し出の要件について説明する。花婿は花嫁に現金または宝石の形で贈り物をする。アカ・ニカは、結婚に関わる儀礼の中で最も重要なものと考えられている（Hidayah, 2014: 95-96）。

マレー人の結婚式。壇上に新郎新婦が並んで座る「ブルサンディン」の形式である。マレーのダンスが披露されている

結婚披露宴*は、新郎新婦が壇上に並んで座り、参列者からの挨拶を受ける「ブルサンディン（bersanding）」という形式を取る。男女を分離するアラブの伝統とは一線を画するマレーの儀礼である（Ibid.: 97-101）。その場でマレーの伝統的な音楽やダンスが披露される。

会場は、公団住宅団地の1階の「ボイドデック（void deck）」と呼ばれる吹き抜けが利用されることが多い。数百名の客が、好きな時に来て新郎新婦や親族に挨拶し、ビュッフェ方式で提供される食事を取り、好きな時に帰るため、安価で（使用料は50シンガポール・ドル＝約４０００円）広い会場が確保できるボイドデックが好まれるのである（Ibid.: 92-93）。なお、華人はボイドデックを葬儀に利用することが多い。マレー人の結婚式と華人の葬儀が近隣で同時に行われる場合は、トラブルを避けるため、両会場を遠ざけるよう場所の調整が行われることがある。民族間の生活習慣の違いが問題になりうる様々なケースがあり、また、問題を避ける工夫が日常的に行われるのが、多民族社会シンガポールなのである。

このように、結婚に関わるマレーの伝統的儀礼は今もイスラームと共存しながら残っている。しかし花嫁が髪に飾りをつけるマレーの伝統的なスタイルにせず、代わりにヒジャブを着けることが増えるなど、近年の宗教実践の変化の影響もみられる。

（3）結婚に関する法制度

ムスリムとムスリム以外の国民とでは、結婚に関し適用される法律が異なる。ムスリム以外の国民が結婚する場合には、女性憲章（Women's Charter）という法律に基づき、ＲＯＭ（Registry of Marriages）という機関で登録を行う。これに対しムスリムが結婚する場合には、ムスリム法施行法（Administration of Muslim Law Act：以下「ＡＭＬＡ《アムラ》」という）に基づき、ＲＯＭＭ（Registry of Muslim Marriages）という機関でイスラーム法に則った登録を行う。ＲＯＭＭではＡＭＬＡに基づき任命される宗教行政官「カディ」が結婚の登録事務を行う。花嫁の側は男性の**後見人***の同意が必要である。

なお、ムスリム以外の国民は女性憲章で**多妻婚***を禁止されているが、ムスリムの男性はＡＭＬＡに基づき2人以上4人までの妻と結婚することができる。しかし、2人以上の妻と結婚するムスリム男性はごく一部である。２０１７年にＡＭＬＡに基づき結婚したムスリム男性６０５０名のうち、２人目以降の妻との結婚は10名（０・17％）のみであった（Department of Statistics, Singapore 2018: 56.）。

ＡＭＬＡに基づいてＲＯＭＭでムスリムとしての結婚の登録ができるのは、夫婦の両方がムスリムである場合に限られる（ＡＭＬＡ第89条）。これは、「ムスリムが非ムスリムと結婚することは禁じられている」とするシンガポールでのイスラーム法の公式解釈（宗教指導者の見解）に基づくものである。世界のイスラーム法の主流な解釈は、ムスリム女性がムスリム以外の男性と結婚することは禁じるが、ムスリム男性がムスリム以外の啓典の民（キリスト教徒またはユダヤ教徒）の女性と結婚することは認める（柳橋 2001: 135-138）。シンガポールでは、これよりも厳格な解釈が取られ、２００８年のＡＭＬＡの修正により、ムスリム以外の啓典の民の女性との結婚がＲＯＭＭでの登録対象から除外されている（Black 2012: 6）

ムスリムが非ムスリムと結婚する場合、非ムスリム側が結婚前に改宗すればイスラーム法に基づく結婚としてＡＭＬＡに基づきＲＯＭＭで登録を行うことができる。非ムスリム側が改宗しない場合は、イスラーム法に基づく結婚とは認められず、国の法律であるＡＭＬＡに基づいてＲＯＭＭで登録を行うことはできないが、女性憲章に基づきＲＯＭで登録して国の制度上結婚することは可能である。なお、マレーシア、インドネシアでは、ムスリムと非ムスリムの結婚がイスラーム法の解釈としても国の制度上も認められない点は、シンガポールと事情が異なる（Maznah Muhammadi 2009: 72-77; Chammack 2009: 108-121）。

ムスリムがＲＯＭで結婚の登録を行う場合は、ムスリムへの宗教面の指導・助言を任務とするＭＵＩＳが、ＲＯＭからの情報提供を受け、このムスリムに通知を行い面会のため来訪するよう求める。面会は、「ムスリムが非ムスリムと結婚することはイスラーム法で禁じられている」ことについて注意喚起するためのものである。しかし、ＭＵＩＳの役割はあくまでも助言にとどまる。また、この面会は強制ではないため、ＭＵＩＳの面会要請に応じるムスリムは少ない。

2　ムスリムの宗教間結婚に関わるデータ

近年、シンガポールでは民族を超える結婚の比率が高まっている。このことは、マスメディアでよく取り上げられ、異なる民族からなるカップルを紹介するテレビのレポートも多い。人口統計によれば、異なる民族間の結婚の比率は、１９９０年の７・６％から一貫して増加傾向にあり、２０１７年には22・１％に達している（Department of Statistics, Singapore 2018: 56）。この比率は、ムスリムに限れば38・０％にもなる。ただしこれは、マレー人とインド人というように民族が異なるムスリム同士の結婚の比率である。人口統計では、ムスリムと非ムスリムとの結婚の実数や比率に関するデータは公表されていない。

２０１７年のＲＯＭＭへの結婚登録件数は６０５０件であった（Department of Statistics, Singapore 2018: 3）。非ムスリム側が結婚前に改宗した場合も、改宗を伴わない場合と区別されずムスリム同士の結婚登録件数に数えられるため、この件数に占める改宗を伴う結婚の割合を知ることはできない。

イスラームへの改宗者を宗教教育等の面から支援する団体ダルル・アルカム（Darul Arqam）によれば、改宗者は２０１７年には７７５人にのぼり、２００７年の５７４人から35％増加した（*Straits Times*, 22 July, 2018 "More mixed marriages in Singapore amid rise in Muslim converts."）。改宗はムスリムとの結婚に伴う場合が多いと想定すれば、ムスリムと非ムスリムとの結婚（非ムスリム側の改宗を伴うもの）は増加していると考えることができる。

非ムスリムが改宗せずムスリムと結婚することは国の法律の上では可能である（ＲＯＭにおいて登録ができる）。しかし２０１５年時点では、夫婦の両方または一方がムスリムであるカップル約13万４０００組

表　聴き取りを行ったムスリムを含む宗教間結婚の夫婦の概要

No.	夫の属性	妻の属性	備考
1	華人。無宗教だったが結婚を機にイスラームに改宗。※	マレー人でムスリム	ROMM で登録
2	外国人。結婚以前にキリスト教からイスラームに改宗。	マレー人でムスリム	ROMM で登録
3	外国人。結婚を機にキリスト教からイスラームに改宗。※	マレー人でムスリム	ROMM で登録
4	外国人。結婚を機にキリスト教からイスラームに改宗。	マレー人でムスリム	ROMM で登録
5	外国人。結婚を機にキリスト教からイスラームに改宗。※	マレー人でムスリム	ROM で登録
6	外国人。結婚を機にキリスト教からイスラームに改宗。※	マレー人でムスリム	ROM で登録
7	マレー人でムスリム	外国人。キリスト教徒で、イスラームに改宗せず。	ROM で登録
8	華人で仏教徒。イスラームへの改宗の意思なし（女性も容認）。	マレー人でムスリム	婚約中。ROM で登録予定。

（注１）「外国人」はシンガポール在住外国人。それ以外はシンガポール人。
（注２）※ は、本人の意向または時間の都合により聴き取りができなかった人物。

のうち、夫婦の一方が非改宗のカップルは約3000組と2%ほどに過ぎない（Department of Statistics, Singapore 2016: 344）。このデータからは、ムスリムの宗教間結婚においては、ほとんどの場合は非ムスリム側が改宗すると考えられるが、改宗しないケースも少数だが存在することがわかる。

3　現地調査の概要

本章の執筆に先立ち、筆者はムスリムの宗教間結婚の実態に関する情報収集のため、2018年8月から同10月にかけて現地調査を行い、以下の8組のムスリムを含む宗教間結婚の夫婦（No.8のみ婚約中のカップル）から聴き取りを行うことができた。

聴き取り調査に同意してくれる夫婦を見つけることが難しかったため（特に一方が改宗していない場合）、外国人が配偶者の事例、妻がムスリムの事例が多く、サンプル数・属性面のバランスともに十分ではない。しかし、これらの聴き取りの範囲でも、ムスリムの宗教間結婚が様々な問題に直面することは把握できた。以下の議論では、参照した事例について、表中の通し番号により示す。なお、備考欄に記載したとおり、ROMでの登録、つまりイスラーム法に基づかない結婚を行った夫婦も含まれている。№7および№8のケースでは改宗を伴わないために必然的にROMでの登録となっている。№5および№6のケースでは、イスラーム法におけるジェンダー不平等（4節（3）で後述）に反発し、非ムスリム側が改宗したにもかかわらずあえてROMでの登録を選んでいた。

このほか現地調査では、MUISの関係者、改宗者を支援する団体ダルル・アルカムの職員、イスラーム法におけるジェンダー平等を推進する市民団体WALI（4節（3）参照）のメンバー、宗教間交流を推進する市民活動家等から情報収集を行った。

4　ムスリムの宗教間結婚をめぐる問題

以下では、現地調査を踏まえ、宗教間結婚の夫婦が直面する問題と、問題への彼らの対処について整理・分析を行う。まず社会的問題として、改宗に関わる問題および宗教・文化面の摩擦の問題の二つについて論じ、次に法制上の問題について論じる。

（1）改宗に関わる問題

ムスリムと非ムスリムのカップルが結婚しようとする場合、宗教の違いは重大な問題になる。シンガポールにおけるイスラーム法の公式解釈に従い、一般にムスリムの間で「ムスリムが非ムスリムと結婚することはイスラーム法で禁じられている」と考えられているためである。シンガポールでムスリムは、制度上はＭＵＩＳへの届出により棄教することが可能であるが、ムスリムの心理的抵抗はきわめて強く、棄教の可能性はゼロに近いであろう。したがって、結婚に際しては非ムスリムが改宗を求められるのが普通である。

ムスリム側については、結婚しようとするムスリム本人以外に家族や親戚その他周囲も、非ムスリムに対し改宗を求めることになる。

№７および№８の事例では、ムスリム側がリベラル派でシンガポールのイスラーム法の公式解釈にこだわらないため、家族や周囲の反対にもかかわらず、非ムスリムの改宗を伴わない形で結婚している（№８は「結婚する予定である」）。

№７の夫は、母親が親しくしている非ムスリムの隣人を引き合いに出し、「イスラームを信じない人が地獄に行くわけではない」などと辛抱強く丁寧に説得し、家族の理解を得た。また、家族に結婚を認めてもらうため、イスラームに則った伝統的な結婚の儀礼であるアカ・ニカを行った。シンガポールのカディは「イスラーム法に基づく結婚」と認めず儀礼を行ってくれないため、インドネシアからイスラーム法の公式解釈にこだわらない宗教指導者を呼び寄せ、儀礼を執り行ってもらった。

№８のムスリム女性は、華人の仏教徒男性と結婚する予定であるが、男性は改宗する意思はなく、彼女も結婚相手がムスリムでなくても気にしない。しかし、彼女の家族はみなイスラームを厳格に実践しており、非ムスリムとの結婚に強く反対している。彼女は専門職に就いて独立し、家族とは別の問題から衝突し、離れて暮らしている。自分の意思だけで結婚することに決めており、儀礼や披露宴を行うことは考えていない。

№7および№8の事例では、ムスリム側が高学歴の専門職であり、家族から経済的に自立し、別居しているために、自分の意志を貫いて改宗を伴わない宗教間結婚を実現することが比較的容易である。しかし、彼らはムスリム社会からの深刻なスティグマにさらされる。№7の男性は、「ムスリムとして結婚していない」ことが彼を公に貶め、職業上の業績を否定する口実に使われると言う（本人の意向により、具体的な職業については伏せる）。№7および№8のいずれのカップルも、ムスリム社会の反応を懸念し、匿名とすること、かつ、本人の特定につながる情報を公表しないことを条件に、ようやく筆者の聴き取りに応じてくれたのであった。

ムスリムが、№7および№8の事例のように、非ムスリム側の意思を尊重し、改宗を求めないという意志を貫き、周囲がそれを容認（または黙認）するケースはごく少ないと考えられる。結婚するムスリム本人が相手の改宗を求める事例（№1および№3）が多いが、本人がこだわらなくても家族や親戚がムスリムとの結婚を望み、非ムスリムの改宗を求める事例もある（№4）。非ムスリムが、結婚相手から求められなくても、ムスリム側の家族や親戚の意向を慮り、すすんで改宗する事例もある（№6）。改宗とともに、ムスリムとしての結婚の儀礼アカ・ニカやブルサンディン形式の披露宴を行うこともまた、家族や親戚、ムスリム社会から受け容れてもらううえで重要である（№4）。

一方、非ムスリム側に関しては、結婚する本人は改宗する意思があっても、家族や親戚が反対することが普通である。マジョリティである華人にとっては、身内の者が改宗し、礼拝、断食などの儀礼、豚肉の禁忌など華人の生活習慣と大きく異なる宗教実践を行うムスリムになってしまうことに対し、抵抗感が強いと考えられる。また、宗教の問題以外に、華人の側が、ムスリムの大部分を占めるマレー人を低い社会階層の人々とみなし差別している場合、身内の者の改宗を嫌がる理由になると、宗教間交流を推進する市民活動家は指摘している。家族や親戚が改宗に反対するために、説得に時間を要したり、非ムスリム側が改宗できず結婚が破談になったりする場合も少なくない。逆にムスリムの側は、非ムスリムの改宗を当然視するとともに、「イスラームの宗教実践は難しいものではない」と考え（ダルル・アルカムの関係者からの聴き取り）、「改宗はそれほど大変なことではない」と認識している面があり、改宗をめぐるムスリムと非ムスリムの認識の間には大きなギャップがあると考えられる。

（2）宗教・文化面の摩擦の問題

改宗を伴わない宗教間結婚の場合は、特に非ムスリムの当事者とムスリム側の家族や親戚との間で様々な宗教・文化面の摩擦が起こりうる。しかしNo.7の事例では、外国人で非ムスリムの妻が、ムスリムにとって最も重要な行事である断食明けの祝祭「ハリ・ラヤ・プアサ（Hari Raya Puasa）」（マレー語。アラビア語でイード・アル゠フィトル）の家族の集まりにマレーの民族衣装で参加したり、マレー語を習ったりして、夫の家族に溶け込むことに成功している。このように、宗教が異なっても、相手側の文化や習慣に積極的に適応することで、問題に対処できる余地もあると考えられる。

改宗を伴う結婚の場合には、改宗した本人が配偶者やムスリム社会との間で摩擦を経験することがありうるが、配偶者のムスリムの宗教志向によって、夫婦間での摩擦が起こりやすい場合とそうでない場合がある。例えば、改宗した夫がムスリムの宗教上の義務とされる礼拝を励行しない場合、「イスラームにおいては、宗教実践は本人と神との関係に関わる問題であり、妻であっても言及すべきではない」と妻が考えるのであれば摩擦は起こりにくいが（No.3）、「イスラームにおいては、夫は妻や子どもを宗教面で導く責務がある」と妻が考えるのであれば夫婦間の摩擦が起こりやすい（№1）。ムスリム側も改宗した側もイスラームの儀礼を熱心に実践していない場合には、宗教に関わる摩擦は基本的に起こらない（№4など）。

№1の事例では、改宗した夫は自分が所属する華人社会の目を気にし、ラマダン（断食月）の断食や金曜日の集団礼拝への参加を避けており、それに対し妻が「ムスリムとしての義務を十分に果たしていない」として不満を持っている。夫はときに華人社会からの差別を受けるムスリム（マレー人）と同一視されてスティグマを負わされるのを恐れ、このような行動を取っている。この事例では、華人社会とムスリム社会との摩擦が原因となり、夫婦間の摩擦が起こっている。

非ムスリムの宗教・文化に関わる摩擦としては、イスラームに改宗した華人が華人の伝統的な先祖崇拝の儀礼への参加を拒否するために、家庭内の不和を招く場合がある。ダルル・アルカムは、改宗者やムスリム側の親族に対し、華人が改宗後も華人家庭での先祖崇拝の儀礼に参加すること自体はイスラームに反しないと指導している。ただしこのような指導は、華人の先祖崇拝は「宗教ではなく伝統・文化に基づくもの」という理解が前提になっており、摩擦につながる要因を完全に解消するものではない。

キリスト教からの改宗者は、結婚した後も家庭でクリスマスなどキリスト教関連の行事を行うことが多い（№2ほか）。聴き取りを行った該当事例ではいずれも、ムスリム側の配偶者は、クリスマスは宗教儀礼ではなく「家族の行事」であり、イスラームに反しないと考え容認していた。しかし、ムスリムの中には宗教的信条からキリスト教関連の行事への参加を避ける人々も多いため、この点はムスリム側の家族や親戚との関係で問題になりうる。実際に、№2の事例では、ムスリム側の親戚は、クリスマスの行事に招待された際に、断ることはできなかったが参加をためらったと筆者に語っている。

以上に述べた様々な問題は、ムスリム側の宗教志向・宗教実践に関わる部分が大きく、現在もムスリムの宗教意識が高まり続ける中で、今後も摩擦の原因になりうると考えられる。

（3）法制上の問題

非ムスリムが改宗しない宗教間結婚の夫婦は、法制上の問題にも直面する。

繰り返しになるが、シンガポールでは、「ムスリムが非ムスリムと結婚することは禁じられている」というのがイスラーム法の公式解釈である。そのため、「ムスリムの男性が非ムスリムと結婚する場合、妻との関係は不義の関係であり、子どもも不義の子とみなされる」との見解がファトワー*（ＭＵＩＳが作成・公表するイスラーム法の公式解釈）により示されている（Majlis Ugama Islam Singapura 1991: 17）。すなわち、非ムスリムの配偶者および子は、イスラーム法の下では配偶者および子として認められず、当然に配偶者および子としての権利も認められない。このことにより、例えば父が娘の結婚の後見人になれないといった問題も生じるが、特に深刻なのは相続をめぐる問題である。

ＡＭＬＡ第１１２条第１項は、死亡したムスリムの遺産はイスラーム法により相続されることを定めているが、ＭＵＩＳは、ムスリムの配偶者が死亡した場合、非ムスリムの配偶者および子はその遺産を相続することができないというイスラーム法の解釈をファトワーにより明らかにしている（Majlis Ugama Islam Singapura 1991: 16）。このような問題への対処として、預金や居住中のものも含む不動産を夫婦間の共有財産としておくなど特別な法的措置を予め講じている夫婦もいる（№６）。当事者が法律問題に通じておらず特別な対策を取っていない場合、相続に関し非ムスリムの配偶者や子に多大な不利益が及ぶことになる。

宗教間結婚の夫婦の相続に関する不利益の問題については、イスラーム法におけるジェンダー平等の実現を目指す市民団体ＷＡＬＩ《ワリ》（Women and Law in Islam）が、改善を求めている。ＷＡＬＩは、「イスラームは平等・正義の実現を目指す宗教である。したがって、イスラーム法においてジェンダー不平等が存在するとすれば、イスラーム法の改革を行うべきである」との立場を取る。具体的には、男性が妻の同意を得ないで多妻婚ができること、男性が離婚の意思表示を3回行うだけで一方的に離婚ができること、男女間の遺産相続割合の違いなどは女性に対する不平等であると主張し、不平等解消のためのイスラーム法の改革の必要性を訴えている。WALIは宗教間結婚の夫婦の相続の問題についても、ムスリムと結婚した非ムスリムの妻を念頭に見直しを求める。具体的な解決法として、ムスリムがイスラーム法に基づく相続と、ムスリム以外の国民に適用される一般法（世俗法）に基づく相続のいずれかを選択できるようにすることなどを提言している（Noor Aisha 2009: 312）。

3節で述べたとおり、№5および№6の事例の夫婦は、結婚に関わるイスラーム法のジェンダー不平等に反発し、あえてイスラーム法に基づかない結婚を選択している。このような事例は少ないと考えられるが、実際に一部の宗教間結婚の夫婦はWALIが主張するようなイスラーム法のジェンダー不平等について強い問題意識を持っているのである。

しかし、WALIに対しては、保守的なムスリムからの反発も強く、ネット上で悪しざまに書かれることもある。WALIは政府高官や政治家に働きかけを行っているが、彼らはムスリム社会において依然として保守的な志向が強いことを意識し、「ムスリム社会が総意として求めるのでなければ制度の見直しは難しい」と答えているという。

おわりに――多文化共生の観点からみた課題

様々な民族に属する人々が日常生活の場で交流する現代社会においては、宗教を超えた結婚という形での交流が生まれることは不可避であり、ムスリムもまた例外ではない。宗教を超えた結婚は、家族・親戚間、宗教集団間で様々な摩擦も生むことから、直接の当事者である夫婦間だけの問題にとどまらず、多文化の共生に関わる問題ともなる。

ムスリムと非ムスリムとの結婚に関わる社会的問題は、宗教自体に起因するだけではなく、多数者である非ムスリム側によるムスリム（マレー人）への差別のようにムスリム社会と非ムスリム社会との摩擦に起因するものでもある。したがって、結婚に関わる社会的問題の緩和のためには、こうした民族・宗教集団間の共生をめぐる問題への対処が必要になる。逆に、結婚に関わる社会的問題は、両社会間の新たな摩擦の要因となりうるものでもある。結婚の問題が民族・宗教集団間の共生に悪影響を及ぼさないためには、双方の寛容・相互理解が求められ、また、ムスリムが多民族社会においてどのように宗教を実践していくかも重要な鍵となる。

法制上の問題に目を向けると、シンガポールでは、結婚を含む民事の一部の領域に関しては、ムスリムと非ムスリムの社会を区分し、それぞれにイスラーム法・世俗法という異なる法体系を適用する二元法制が実施されてきた。このことは、多民族社会における少数者であるムスリムの宗教実践への配慮という点では重要な意義があった。しかし、両社会が完全に没交渉であれば問題は生じないが、結婚を含め民族・宗教間の交流が増加する状況では、このような二元法制のあり方が問われる。非ムスリムの配偶者の相続の問題からも明らかなように、イスラーム法はムスリムに適用されるだけでなく、非ムスリム側にも重大な影響を及ぼすからである。

キリスト教徒の妻を持つムスリム男性（№7）は、イスラームの教えは、人間の間の違いを尊重し融和を実現するという絶対的な価値を称揚するものだと信じている。宗教間の結婚は、そのような意味でイスラームにおいても高い徳を体現するものとみなされてもよいのではないかと、彼は筆者に対し訴えていた。

ムスリムの宗教間結婚の問題は、自らの社会の秩序に他者を包含しようとするイスラームが多民族社会において他者とどのように融和できるかという根源的な課題を含んでいると考えられる。したがって、この問題への対処に当たっては、多文化の共生が求められる現代社会の一員としてのムスリム社会の対応も問われることになろう。

コラム2

花婿の誓い
——インドネシアの「条件付き離婚」「離婚への取り決め」

小林寧子

インドネシアでは、結婚式の場で、「タクリク・タラク」という宣言文のようなものを新郎が読み上げることが多い。タクリクとはアラビア語では「状況次第」を意味するが、インドネシア語では「約束」で定着している。タラク*は「(夫から言い渡す)離婚」である。多くの参列客が注視するなか、宗教省の役人の指導で婚姻締結を終えた直後、婚姻登録帳に印刷された次の文を新郎は読み始める。

婚姻締結後、私○○は、まことにシャリーア*に則り夫としての義務を果たし、妻○○とよき関係を築くことを約束します。

さらに、もし私が以下のようなことに及んだ場合には妻には次の資格条件があることを宣言します。

(1) 2年続けて妻を置き去りにしていた場合

(2) もしくは、妻に3カ月の間義務となる扶養費を与えなかった場合

(3) もしくは、妻の心身を傷つけた場合

(4) もしくは、妻を6カ月の間顧みなかった場合

その後(右記のことが起きた後：訳者注)、妻がこのことをよしとせずに、宗教裁判所あるいはその問題を管轄する権限を与えられた役人に訴え、その訴えが当該の裁判所や役人によって正当とされ、さらに妻が1万ルピアをイワッズ(対価)として支払った場合は、私のタラク1回を彼女に下してください。

私はその裁判所または役人に対して、そ

のイワッズを受け取りまたそれをマスジド福祉会に社会的イバダー（宗教儀礼）の必要のために委ねる権限を認めます。

（インドネシア共和国宗教大臣令1990年第2号より）

おめでたい場で早くも離婚の話かと思わないではないが、婚姻手続きの一部のように新郎の声は響く。読み上げたあと、新郎が署名をして手続き完了となる。続けて新郎新婦は両親をはじめとする親族の祝福を受けることになる。

離婚の成立に期限や条件を付すことは古典イスラーム法でも認められている。もっともこうして、結婚式に衆人環視の場で読み上げをするのは、インドネシア以外ではないことのようである。このユニークな形態は19世紀末、オランダ人イスラーム研究者スヌック・フルフローニェの関心を引いた。彼はこれを称賛すべき慣習（アダット）だと述べている。イスラーム法のタラクでは女性は不利な立場になるが、タクリクの形態を地方慣習に委ねることによってそれを緩和していると見なしたのである。

スヌックはその代表作品の一つ『アチェ人』（1892年）の中で、タクリク・タラクはジャンジ・ダレム（王との約束）と呼ばれており、ジャワのマタラム国王スルタン・アグン（在位1613〜46）が始めた可能性に言及している。婚姻官であるパングルが誓約の内容を読み、新郎に「汝は王との約束を受け入れるか」と尋ね、新郎は「はい」と返事する（以外にない）。契約は自発的でなければならないうえに、「タラク」という言葉を本人が発しないのは、イスラーム法からは離れている、しかしイスラーム法に抵触しないように解釈して女性により良い地位を与えているというのである。一部の地域を除いたオランダ領東インドでは広く実践されていたという。スヌックと親しく交流したバタヴィア（現在のジャカルタ）のアラブ人**ウラマー***、サイード・ウスマン（1822〜1914）も、この慣習を支持していた。

　植民地時代に王侯領としてオランダの直轄支配を免れたスラカルタ（中部ジャワ）では、独立前までマタラム時代のような形態でなされていたという。パングル・ナイブ（パングルの部下）が、「新郎よ、汝はジャンジ・ダルムの約束をなす。もしそなたが妻○○を、国務の遂行時であるときを除いて陸路で7カ月あるいは海路で2年（旅による不在：訳者注）の間、置き去りにしておくならば、また汝の妻がそれをよしとせずに訴え出て、裁きどころの調べで明らかになったならば、そなたのタラクは1回下りたことになるぞ」と問いかける。そうすると、新郎は、「はい、私はそれを受け入れます」と答える、という具合である。遠隔地での兵士の任務を保障するとともに、置き去りにされた妻を不在の夫から解放するのが目的だったようである。

婚姻締結後に「条件付き離婚」を読みあげる花婿。ジョクジャカルタ（中部ジャワ）。上：1984年、下：2004年

　植民地時代には地域によって異なる法が適用されたのに対し、独立インドネシアでは、全国一律の法施行がめざされた。その中で、タクリク・タラクの読み

上げ規定も全土で適用されるようになった。宗教省によって文言は数回にわたる修正がなされて、先述の1990年版に落ち着いた。さらに、ムスリムの婚姻・離婚問題等を審理する宗教裁判所の判事が典拠とする1991年公布の『イスラーム法集成（KHI）』第46条（3）では、「タクリク・タラクは婚姻には義務付けられない契約である。しかし、すでに契約されたタクリク・タラクを破棄することはできない」と規定された。婚姻要件ではないことが明言されたのである。さらに、1996年半官半民組織のウラマー評議会（MUI）はファトワー*を発して、「歴史的にはこのタクリク・タラクの読み上げは、女性の権利を守る法がまだない時代のそれを果たすためであったが、現在はもう必要ない」とした。その後も結婚式では変わらずタクリク・タラク宣言は行われているようである。

さて、それではこのタクリク・タラクは実際に妻の権利を保障しているのだろうか。先ほどのサイード・ウスマンは、夫が不在の折に文書を証拠資料として提出した妻の訴えを退けた。文書だけでは不十分と判断したのである。1世紀後、2004年に発表された宗教省の研究班による『KHI対案』では、「タクリク・タラク」は婚姻時あるいはそれ以前になされるべきだと提案した。現況ではその効力がないと見ているのである。こう考えると、どうもこの読み上げの意義は、新郎が妻に対して横暴に振舞って離婚に至るようなことがないように努力することを公に誓うことにある、と言える。

思い出すのは、1980年代にジャワの農村で見た婚姻締結の場面。宗教役人が花嫁に、「ためらいはありませんか」と尋ねて参列者の笑いを誘っていた。そのときは緊張を和らげるための冗談のように思えたが、ひょっとしたら本気で尋ねていたのかもしれない。そう、結婚する前によぉく考えておいたら、という年長者の助言だったのではないだろうか。

第４章

旧ソ連ムスリムの結婚と離婚
――ウズベキスタンの例

和崎聖日

はじめに

旧ソ連ムスリム地域のうち、中央アジアのイスラームは概してスンナ派であり、また法学派*としてはハナフィー派である。本章で取り上げるウズベキスタンは、イスラーム学の形成に歴史的に大きな功績を残した余多の学者が輩出した地域であり、中央アジアにおいてタジキスタンと並ぶイスラーム文化圏である。しかし、１９１７年のロシア革命とそののちのソヴィエト体制の成立は、中央アジアをほかのイスラーム世界から孤立させただけでなく、この地域のイスラームに大きな打撃を与えた（小松 1994: 44）。社会主義的な近代化と結びついた政教分離の原則と戦闘的な科学的無神論がソ連領内のムスリム諸民族にも課せられたからである。ソヴィエト政権は、社会の単なる世俗化ではなく、宗教の徹底的な破壊のうえに、科学的な世界観に満ちた近代にふさわしい無神論社会の樹立を試みた（廣岡 1988: 62）。イスラームは、社会の後進性など「諸悪の根源」とみなされ、政治と社会、家族といった領域からだけでなく、人々の意識と記憶からも除去されようとした。ソヴィエト政権による対イスラーム政策は時代によって変化を遂げたとはいえ、中央アジアのイスラームが強いられた独自の経験は、政教分離を宣言し、社会の世俗化を図ったトルコと比べても、はるかに過酷であったといわれる（小松 1994: 44）。

ソヴィエト政権の対イスラーム政策は、その特徴から第二次世界大戦を境におよそ二つの時期に区分できる（帯谷 2004: 106）。戦前の対イスラーム政策は、その文化を根こそぎ除去しようとするきわめて過酷な弾圧に特徴づけられる。具体的には、ムスリム知識人の大粛清、集団礼拝などイスラームの信仰実践の禁止、宗教書の廃棄、アラビア文字の廃止、モスクとマドラサの閉鎖などが実施された。この一連の流れのなかで、シャリーア法廷*も1928年に完全に廃止された（磯貝健一 2014: 133; Sartori 2010: 398-399）。そののち、宗教的な要素を否定、ないし排除したソヴィエト法（世俗的な国家法）を運用するソヴィエト法廷が裁判権をもつ国内唯一の法機関とされた。中央アジアのイスラームが急激に活力を失っていくのは、いわば必然であった。戦後の対イスラーム政策の特徴は思想教育の強化という点に求められよう。人々の意識のなかで生きながらえたイスラームの残滓をも葬り去るべく、イスラームの後進性と害悪、ならびに科学的な認識枠組みから世界を理解することの先進性と近代性がより組織的に、かつ洗練されたかたちで教育されるようになった。こうして、約70年間におよぶソ連時代をとおして、社会主義的な世俗主義が中央アジアのムスリム社会に深く根づくことになったのである。

ウズベキスタンは、ソ連解体の流れのなか、1991年8月31日に主権国家として独立を宣言した。これによりソ連時代に国是とされた社会主義的な世俗主義は消失し、イスラームは国民的な宗教として復活した。ただし、独立ののちのウズベキスタンが憲法の第61条で世俗主義を掲げ、それを大原則とする世俗国家であることを忘れてはならない。同憲法の第31条では、たしかに良心と信仰の自由が保障されている。

しかし、イスラーム法を引き出すさいの主要な法源となるクルアーン*やスンナ（預言者ムハンマドの慣行）などを国家法の立法上の法源として考慮、ないし尊重するといった規定は、そこには見当たらない。世俗国家のなかでイスラームの信仰がどの程度許されるかは、各国の憲法におけるイスラームの位置づけとそれにもとづいて案出される法令によって左右されるはずである。

一方、ウズベキスタンのムスリム社会においてイスラーム法はソ連時代にも完全には根絶されず、その一部は「慣習」として部分的に機能している。この慣習となったイスラーム法は、中央アジアのイスラームの中心地といえるウズベキスタン東部のフェルガナ盆地で、とりわけ結婚*と離婚の手続きによりはっきりと認められる。それゆえ、本章ではウズベキスタン領フェルガナ盆地を中心的な記述の対象としたい。本章では、旧ソ連ウズベキスタンのムスリムの結婚と離婚の手続きについて、その現状を歴史的な変化にも目を配りながら明らかにし、それにより近年の社会動態の一端を浮かび上がらせることを試みる。

1　ソ連時代から独立後の数年までの結婚と離婚

1924年の民族共和国境界画定によって、中央アジアでは歴史上はじめて民族を単位とする近代的な国民国家が創出された。「ウズベク人」という新たな民族がつくられると同時に、今日のウズベキスタンの原型となるウズベク・ソヴィエト社会主義共和国が誕生したのである。イスラーム法の影響力を完全に無化し、世俗的な国家法に法律を一元化しようとするソヴィエト法改革は、ロシア帝国後期からの流れを汲みつつ、この時に制定されたウズベク・ソヴィエト社会主義共和国憲法によって本格化していく。この憲法の第33条ではロシア・ヨーロッパ的な男女同権が、ならびに第51条では家族が国家の庇護下にあることが謳われた。こうした理念を原理とした法改革は、1929年にはじまる女性解放運動によっても後押しされた。ソヴィエト政権は、中央アジア南部地域（ウズベキスタンとタジキスタン）のムスリムの家族と社会を「家父長制」的であると一方的に決めつけたうえで、これを解体し、ムスリム女性を因習から解放すべく、その価値の源泉とされたイスラーム法を根絶しようとしたのだった。

この国家意思により、イスラーム法に則った結婚（婚姻契約*。以下、文脈に応じて「婚姻契約」または「宗教婚」と記す）と離婚は、中央アジアにおけるソヴィエト法改革の最大の関心事の一つになった（Northrop 2004: 243; Tolmacheva 1993: 543 など）。現在のウズベキスタンに相当する地域で20世紀前半に最も広く読まれていたとされるテュルク語（古ウズベク語）によるハナフィー派法学書『マクスード集成』によれば、婚姻契約は以下のように規定される。その内容を簡潔にまとめると、それは少なくとも成人の男性2人、ないしは成人の男性1人と女性2人からなる証人（理性を備えているムスリムであることが条件）の立ち会いのうえ、婚姻当事者の一方、ないし父親をはじめとする後見人*がその契約の申し込みを口上し、他方がその承諾を過去形で口上することによって締結される（Maqsudoxoʻja 2015: 425-431）。この法規定に対してソヴィエト政権は、証人となる女性の能力が男性の半分とみなされていることを男女同権に反する因習として問題視した（Otaxoʻjayev va Yoʻldasheva 2007: 34-35）。イスラーム法に則った離婚はといえば、夫にのみ離婚宣言の権利が付与される一方的離婚（タラーク*）がやはり男女同権に反する因習として激しく批判された（Tolmacheva 1993: 544）。

その結果、ウズベク・ソヴィエト社会主義共和国でイスラーム法に則った婚姻契約と一方的離婚は、革命ののちの一連の法令を取り込むかたちで発布された主に以下の二つの法令により、国家法の観点から法的に無効とされた（Otaxoʻjayev va Yoʻldasheva 2007: 47, 53）。それは、第一に、1928年10月1日に施行された『身分事項登録法、婚姻法、家族法*、後見法に関する法典』（以下、「1928年婚姻・家族法」と記す）である。第二に、1944年7月8付けの「妊婦・多子母・独身の母への国家扶助増加、母子の保護強化、名誉称号『母親メダル』制定に関する」連邦最高会議幹部会令（以下、「1944年幹部会令」と記す）である。これらの法令をとおして、世俗的な国家法に則った結婚（以下、「世俗婚」と記す）と離婚だけが法的に有効であるとされ、その運用が承認されたのである。

写真1　ソ連時代に制度化された身分事項登録部での世俗婚
（1984年、フェルガナ盆地）［撮影：R・カースィモフ］

しかし、フェルガナ盆地のムスリムの多くは、ソヴィエト政権が導入した世俗婚（写真1）を受け入れながらも、旧来の宗教婚を放棄しなかった。その理由は、彼ら／彼女らが婚姻契約を宗教・民族文化の観点から望ましいものであり、その欠如を「不道徳の証」とみなしたからである。1982年のウズベキスタン共産党中央委員会の統計を検討したウズベキスタンの東洋学者バフティヤール・ババジャノフによれば、当時フェルガナ盆地の初婚夫婦の約65～66％が世俗婚と宗教婚という二つの結婚手続きをおこなっていたとされる（Babadzhanov 1999）。すなわち、かの地では第二次世界大戦ののちに、結婚の手続きを二重におこなうことが一般化したと考えられる。しかし、これは初婚の場合に限っての話である。なぜなら、再婚にさいして世俗婚の手続きはふつうおこなわれず、宗教婚の手続きだけがおこなわれていたからである。

再婚にさいして世俗婚を軽視し、宗教婚だけをおこなうことがフェルガナ盆地であたりまえになった背景には、前述した１９４４年幹部会令の影響が大きかったと考えられる。この点について、アタホージャエフらの研究を参照して以下に説明しよう（Otaxo'jayev va Yo'ldasheva 2007: 50-51）。１９２８年婚姻・家族法によれば、離婚は夫婦双方の合意がある場合には身分事項登録部（国民の出生と死亡、婚姻、離婚を登録・管理する行政機関）で手続きをおこない、双方の合意がない場合には人民裁判所でその可否が審理されるとされていた。しかし、１９４４年幹部会令では、夫婦双方の合意があろうとなかろうと、すべての離婚は人民裁判所で夫婦関係の修復が試みられねばならず、そこで夫婦関係が修復されなかった場合には上級審でその可否が審理されると変更された。要するに、１９４４年幹部会令は夫婦双方の合意があっても裁判所の判断を仰がなくては離婚できないとし、国家法に則った離婚のハードルを高めたのである。この手続きの煩雑化が、人々に国家法に則った離婚手続きを敬遠させ、イスラーム法に則った一方的離婚と再婚の手続きを選好させたという。この傾向がとりわけ顕著であったのが、宗教熱の高いフェルガナ盆地であったと推察される。

そのほか、１９２８年婚姻・家族法では、幼年婚（女子16歳未満、男性18歳未満）と多妻婚*の禁止、ならびに離婚した夫婦間での財産分与をめぐる規定も盛り込まれた。しかし、人々は官憲の目を隠れてひそかに婚姻契約を結ぶことにより、幼年婚や多妻婚といった宗教的な慣行を保持し続けたといわれる（Tolmacheva 1993: 543）。筆者の知人のなかにも、ソ連時代に第二妻となった女性や年齢を詐称し、実際には15歳で世俗婚をおこなった女性が少なからずいる。こうした事実は、現地の人々がソヴィエト政権に不満を抱いていたことの証左である。

しかし、ゴルバチョフによるペレストロイカ（再建）改革の後期にイスラームが公式に復活していらい、

写真2　ウズベキスタン・ムスリム宗務局
（2017年、タシュケント）

みずからの民族文化たるイスラームに回帰しようとする人々の思いは大きなうねりとなって高まっていった。この風潮は、とりわけフェルガナ盆地で際立っていた。そこでは初婚時から世俗婚の手続きをせず、宗教婚の手続きだけをおこなう人々が増えていったと推察される。政府のいわば「御用機関」であるウズベキスタン・ムスリム宗務局（写真2）が1996年9月6日に「聖法による婚姻締結の作法について」と題されたファトワー*（イスラーム法上の見解。以下、「1996年ファトワー」と記す）を出し、そこで宗教婚と世俗婚の両者の手続きをおこなうように国民に呼びかけたことが、その根拠である。これを契機として、フェルガナ盆地のムスリム社会では二重の結婚手続きが再び、しかしソ連時代よりも広範な人々の間に広まっていったと考えられる。

2　1990年代後半以降の結婚

ここでは、独立後のウズベキスタンで新たに制定された国家法とかつてのソヴィエト法における宗教婚の位置づけを比較し、前者の特徴を検討することからはじめたい。同国では独立して7年目の節目の日にあたる1998年8月31日まで『ウズベキスタン・ソヴィエト社会主義共和国婚姻・家族法典』（以下、

「1969年婚姻・家族法」と記す）が施行されていた。そして、その翌日の1998年9月1日から現行法である『ウズベキスタン共和国家族法典』（以下、「1998年家族法」と記す）が施行された。では、両者における宗教婚の位置づけを具体的に見ていこう。

まず、1969年婚姻・家族法である。その第6条「国家による婚姻と家族関係の法的規制」によれば、「……身分事項を登録する国家機関で締結された婚姻だけが認められる。宗教儀礼の方法によって締結された婚姻もそのほかの宗教儀礼とおなじく法的意味をもたない……」（引用文中の点線は筆者による省略を示す。以下、同様）とある。次に、1998年家族法の第13条「婚姻締結制度」では「婚姻は、国籍取得者の場合、身分事項を登録する機関で締結される。宗教儀礼に則って締結された婚姻は法的意味をもたない……」とされる。これらの比較からわかることは、1969年婚姻・家族法と1998年家族法の間に宗教婚の位置づけをめぐる相違点はないということである。ウズベキスタンの現在の国家法（1998年家族法）は、イスラーム法の機能を完全に無化したソヴィエト法（1969年婚姻・家族法）の伝統を受け継いでおり、いまも世俗婚だけを「結婚」とみなし、宗教婚をそれと認めていない。

それゆえ、現代ウズベキスタンのムスリムたちは結婚にさいして、これら二つの結婚のうち、世俗婚の手続きからはじめる。具体的には、以下の四つの書類を結婚ののちに夫婦が暮らすことになる地区の身分事項登録部に提出する。それらは、婚姻締結登録申請書、健康診断書、16歳になると全国民に身分証として配布されるパスポートのコピー、ならびに婚姻登録に必要な手数料の領収書である国税証書である。なお、国が定める婚姻可能な最低年齢は男性18歳、女性17歳である（1998年家族法第15条）。上記の書類のうち、現地の多くの人々が最も気にかけるものは健康診断書である。健康診断で何かしらの問題が見つかった場合、婚姻当事者の一方の家族の反対や身分事項登録部の不認可によって結婚自体が破談になりかねないからである。そこでの具体的な診断項目は、肝炎やＨＩＶへの感染を調べるための血液検査、皮膚病の検査、肺のレントゲン撮影などである。ムスリム諸国の一部でおこなわれている処女検査は、ウズベキスタンではおこなわれない。

　これら四つの書類が提出されてから1カ月ののち、婚姻当事者らはふつう、数名の親戚や大勢の友人らと数台の車で祝福のクラクションを鳴らしながら、身分事項登録部を訪れる（写真3）。そこでは、同行者の一部が証人となり、婚姻当事者らに婚姻締結証明書が渡される。これによって、彼らは国家法上「夫婦」となる。しかし、世俗婚をしたとしても、マハッラ（街区、街区共同体）の人たちは彼らを「夫婦」とはふつうみなさない。フェルガナ盆地の人々の「法」意識において男女を「夫婦」にする方法は、世俗婚ではなく宗教婚だとされるからである。宗教婚をしていない「夫婦」はマハッラの社会生活にあって「姦通者」とみなされ、その子どもは「婚姻契約なしで生まれた子ども」や「ハラーム」（イスラーム法の行為の5類型のうちの禁止行為）などの汚名を被ることになる。この掟破りは、単に呼び名の問題にとどまらず、人々の社会生活の根幹をなすさまざまな儀礼への不参加や婚姻障壁など社会・文化的に正当だとされる「村八分」を引き起こす原因となる。ソヴィエト法改革によりイスラーム法は慣習となったが、それに違反する行為はいまも「私刑」というかたちで社会的制裁の対象と

写真３　親戚や友人らと身分事項登録部を訪れる新郎新婦（2016年、フェルガナ盆地）

写真4　宗教婚の儀礼での官許のムッラー（左端）と新郎新婦、証人ら（2009年、フェルガナ盆地）

なっている。

1928年にシャリーア法廷が完全に廃止されるまでの中央アジア南部の定住民地域では、同法廷でカーディー*が宗教婚を儀礼的にとりしきることが歴史的な慣わしになっていた。第三者（ここではカーディー）が立会人として婚姻契約をとりしきるこの慣わしを便宜的に「宗教婚の儀礼」と呼ぶことにしたい。この宗教婚の儀礼は、ソヴィエト政権による過酷な弾圧のもとで姿を変えて生き残ることになる。1928年にシャリーア法廷が完全に廃止されたのち、宗教婚の儀礼をとりしきっていたカーディーも自ずと社会の表舞台から姿を消した。その直後の1930年代にムスリム知識人の大粛清がおこなわれると、かつてカーディー職に就いていた者たちの多くも投獄や銃殺、流刑に処されることになった。こうしてカーディーの存在は、名実ともにこの地のムスリム社会から葬り去られたのである。この悲劇に人々は途方にくれながらも、カーディーに代わってイスラーム法の名の下で問題を解決してくれる人物を探しはじめる。その結果、当時の過酷な弾圧を生き延びた数少ないムッラー（イスラーム法学に通暁した男性の知識人への尊称）を人々は頼るようになり、彼らが宗教婚の儀礼をおこなうようになったのだといわれる。

ソ連時代に形成されたこの慣わしは、独立後のいまも継続されている。婚姻当事者たちは、身分事項登録部から婚姻締結証明書を受け取ると、それをもって宗教婚の儀礼の実施のために政府公認モスクに務める官許のムッラーのもとを訪れるからである（写真4）。ウズベキスタン・ムスリム宗務局の1996年ファトワーによれば、宗教婚の儀礼をおこなう権利を有するのは官許のムッラーだけであるとされる。官許のムッラーは、まず婚姻締結証明書に記載された登録番号や男女の氏名などを婚姻簿に記録する。この婚姻簿は3カ月に1度、ウズベキスタン・ムスリム宗務局に提出することが義務づけられているという。次に婚姻契約の真価や家族の神聖性、夫と妻の義務、約定されるマフル（婚資）*の額、一方的離婚などに関する説明がなされる。それから、証人らの立ち合いのもと、婚姻当事者らは官許のムッラーに促されるかたちで婚姻契約の申込と受諾のやりとりをおこない、この契約への同意を表明する。最後に、預言者ムハンマドのスンナである婚姻説教がアラビア語でなされ、この儀礼は終わる。

この宗教婚の儀礼をとおしてようやく、婚姻当事者たる男女はマハッラの社会生活のなかで「夫婦」とみなされるようになるのである。総じていえば、世俗婚と宗教婚の相違点は、立法者が国家か神かという点を最大の違いとするほか、手続きの面ではマフルの約定とスンナである婚姻説教の二つの有無にあるといえる。なお、官許のムッラー職に就くためには、ウズベキスタン・ムスリム宗務局の管轄下にあるマドラサなどイスラーム教育機関で学び、イスラーム学の学位を取得する必要がある。その学位のコピーをはじめ、申請者の個人情報に関する書類を首都タシュケントの宗務局本部に提出する。宗務局がこれを受理すれば、彼は政府公認モスクのムッラーになることができる。

3　1990年後半以降の離婚

独立ののちのウズベキスタンの国家法（1998年家族法）において、イスラーム法に則った離婚の手続きは完全に無視されている。１９９８年家族法の第37条「婚姻消滅の基礎」では、「夫婦の一方が死亡した場合、ないしは裁判所が彼らの一方を死亡したと宣告する場合、婚姻は消滅する。婚姻は夫婦の一方、または双方の申請書にそくした離婚の方法により……消滅可能である」とされる。この条項の背後には、宗教婚が認められないのだからイスラーム法に則った離婚も当然認められないとする暗黙の了解がある。詳しくは割愛するが、この暗黙の了解もやはりソヴィエト法の遺制に立脚するものである。では、この条項で記されている「申請書にそくした離婚の方法」、すなわち国家法に則った離婚の手続きとは具体的にどのようなものであろうか。

それは、条件に応じて二つにわかれる。第一に、夫婦間に子どもがいない（あるいは子どもはいるが18歳以上である）、夫婦間に財産上の問題がない、ならびに夫婦ともに離婚に同意しているという三つの条件すべてが満たされている場合、身分事項登録部に離婚申請書を提出して離婚するというものである。第二に、夫婦間に18歳未満の子どもがいる、夫婦間に財産上の問題がある、ないしは夫婦の一方が離婚に同意していないという三つの条件のいずれかが該当する場合、民事裁判所での裁判をとおして離婚するというものである。

前者の手続きによる離婚は、夫婦間の合意を基礎とするうえ、子どもの監護*権や財産分割などをめぐる諍いも存在しないことから、身分事項登録部の承認を原則的にえられる。ただし、この場合でも、夫婦双方の親や親戚、彼らに相談をもちかけられた近所の人たちが粘り強く夫婦関係の回復を試みることが一般的である。なぜなら、ウズベキスタンのムスリム社会でもほかの地域のムスリム社会と同じく、親族集団間の愛情の保持や相続対策、婚宴費用の節約などを目的とする親族集団内婚（イトコ婚など）の実施率が少なくないからである。親が子どもの結婚相手を決めるお見合い結婚が恋愛結婚よりも圧倒的に多いことも、こうした人間関係のあり方を方向づけている要因であると推察される。そのほか、マハッラ委員会の委員たちも、離婚が子どもに与える悪影響などを説くことにより、夫婦関係を修復しようと活動している。マハッラ委員会とは、管轄対象となるマハッラで暮らす住民の情報を記録・管理するなどの業務をおこなう最末端の行政機関である。

後者の手続きによる離婚は、夫婦間に合意がないか、子どもの監護権や財産分割などの問題が存在していることから、離婚裁判において民事裁判所の判断を仰ぐものである。はっきりとした統計的数値は不明だが、原告は男性であることが圧倒的に多いといわれる。ただし、妻が妊娠中の場合、ないしは子どもが1歳未満の場合、夫は離婚請求できない（1998年家族法第39条）。裁判所は、離婚裁判の最初の判決では、1998年家族法の第40条「婚姻の裁判制度での解消」の規定にもとづき、夫婦仲の回復を目的に6カ月の猶予期間を与える判決をふつう下す。ただし、2、3回目以降の離婚裁判では、夫婦関係が完全に破綻していると判断される場合、子どもの監護権や財産分割などの問題を解決したうえで、原告による離婚請求は認められる傾向にある。この傾向をうみだしているのは、法律用語で「破綻主義」と呼ばれる考え方（夫婦関係が破綻している状態にあれば、それを重視して離婚を認めるというもの）であり、1998年家族法の第41条「裁判所による離婚の基礎」で明記されている。この破綻主義こそは現代ウズベキスタンの離婚裁判の特徴である。

この特徴は、フェルガナ盆地のムスリム社会の結婚と離婚の実態によくかなっている。現地の人々の多くがソ連時代にもそうであったように、国家法に則って離婚をする前に、慣習となったイスラーム法に則ってすでに離婚を済ませているからである。それだけでなく、宗教的に再婚まで果たしている人々も少なくない（和崎 2015: 94-100, 107-110）。すなわち、そこでは慣習となったイスラーム法が国家法より優先されており、夫婦関係は破綻しているどころか、次の夫婦関係がすでに宗教的に築かれているのである。裁判所はこうした社会の実態を追認せざるを得ない。それゆえ、離婚裁判で夫婦仲の回復のために一度は猶予期間を与えるが、そののちは国家法に則った離婚を認めることになる。ただし、フェルガナ盆地以外の地域の多くでは宗教的に一方的離婚をおこなうだけで「ワッハービー」（ワッハーブ派とはサウジアラビアで支配的なスンナ派の厳格な宗派。現代ウズベキスタンでは「過激派」の意味で使われる）というレッテルを貼られることがあるといわれるなど、国内でも地域差があることには留意されたい。

イスラーム法に則った離婚には本来、夫による一方的離婚のほかに、妻のイニシアチブによる**身請け離婚***など数種類が存在することが知られている。しかし、現代ウズベキスタンで実際に機能しているのは夫による一方的離婚だけである。１９２８年にシャリーア法廷が完全に廃止されるまでの中央アジア南部の定住民地域では、カーディーがイスラーム法に則った離婚の認否をおこなうことが歴史的な慣わしになっていた。国内外の研究者らの知見によれば、当時のシャリーア法廷において、男女間の婚姻関係の事実を記録し、管理するための台帳は作成されていなかった。それゆえ、そこでは宗教婚の儀礼で証人となった人々、ないしは婚宴の事実を知る人々の証言により、離婚しようとしている男女の婚姻関係が確認されていたという。なお、婚宴の実施は預言者ムハンマドのスンナである（Muhammad Yusuf 2012）。こうした役割を担っていたカーディーがソヴィエト政権の弾圧により姿を消したのち、フェルガナ盆地では夫による一方的離婚だけが、その成立に不可欠であるはずの未払い分のマフルの妻への支払（後述）の事実が確認されることも、その離婚理由の正当性が議論されることもないという不十分なかたちで残ったと推察される。このことには、社会からの宗教の一掃が目指され、私有財産も禁じられたソヴィエト体制のもと、マフルの慣行の存在自体が原則的に許されなくなったことも大きな影響を与えたはずである。

近年、宗教婚の儀礼での官許のムッラーによる一方的離婚に関する説明では、「至高なるアッラーが奴僕たちに許容したもののうち、最も嫌うものは一方的離婚である」（アブー・ダーウード）というハディース*・クドゥスィー（アッラーの言葉として預言者ムハンマドが語ったもの）がよく引き合いに出されるようになった。夫となる男性に一方的離婚をしないことの徳が説かれるのである。しかし、こうした官許のムッラーによる説教の甲斐なく、一方的離婚は増えているという実感がフェルガナ盆地の人々にはあるようだ。

この背景には、市場経済化とグローバリゼーションの波のもと、2005年頃から男性の海外出稼ぎ民が急激に増えたことによる以下の2つの要因が主にあるといわれる。第一の要因は、夫不在の状況のもと、国内に残された妻と夫家族の関係が悪くなり、それにより夫婦関係を悪化させる人たちが増えたというものである。夫は自らの家族を養おうとロシアや韓国などの海外へ出稼ぎに行く。しかし、出稼ぎ先で期待していたような給料が得られない。数カ月間にわたって仕送りをすることができない夫は自らの状況を恥じ、妻に連絡もできない。妻はといえば、夫が海外にいる間も、夫の親世帯で暮らすことが社会的に期待される。しかし、夫家族との仲裁役を果たすはずの夫は家におらず、妻は世帯の財布のひもを握る姑、同居する夫の兄弟姉妹、ないし彼らの子どもと不仲な関係におちいりやすい。夫の親世帯での生活に耐えがたさを感じるようになった一部の妻たちは、実家に戻ることを決意する。そののち、海外にいる夫や自らの両親などに説得されて嫁ぎ先に戻ったとしても、そこでの生活は気まずく、再び実家に戻る。夫はこうした妻のふるまいを自分自身と彼の家族に対する不敬の表れと理解する。そして夫婦関係は悪化し、それが修復不可能な状況にまでおちいった場合、夫は妻に一方的離婚をするのである。

第二の要因は、夫不在の状況のもと、婚外の性にはしる妻たちが増えたというものである。海外にいる夫の稼ぎをあてにできない村の妻たちのなかには、少しでも家計を助けようと日雇い労働やソ連時代にウズベキスタンに導入された「工場での夜勤」に単身で出かける者もいる。夫が自らを扶養できないにもかかわらず、夫とその家族にしたがうことを求められる妻たちの胸中を知る国内の一部の男たちは、携帯電話（のちにスマートフォンやSNS。以下同様）をとおして悩みを聞き、彼女たちに近づく。甲斐性のない夫に愛想をつかし、夫家族との関係に疲れ果てている妻たちの一部が経済的な援助を約束する男と婚外の性にはしったり、夫と離婚せずに「第2妻」になるといった出来事が増えているといわれる。妻の性的な噂（見知らぬ男と2人で歩いていたなど）を知人から聞きつけた夫が出稼ぎ先から電話やSNSをとおして妻に一方的離婚をするという話は、筆者でさえ何度も耳にするほどであった。

こうした変化が起きたとされる2005年頃いらいの時期は、ウズベキスタンで欧米的な世俗主義や自由の観念、市場経済の競争原理が国内全体にいっそう広まっていく過程でもあった。独立ののちにテレビ放映が開始された韓国や南米など旧西側の恋愛ドラマに、人々はますます夢中になっていった。男性の海外出稼ぎ民の急増によって伝統的な男女役割は変化した。携帯電話の爆発的普及によって新しい形のプライバシーが登場した。さらに、初代大統領イスラム・カリモフの時代（在任期間1991年9月～2016年9月）に徐々に強まっていったイスラームへの過度な弾圧も社会の世俗化に拍車をかけたといわれる。こうして国内の多くの地域では、他者との競争的な関係や他者への無関心が広まり、地域社会の一体感が希薄化していった結果、安心感を抱きにくい個人主義的な人間関係と社会が姿をあらわすことになったといえう。

民族・宗教的にタブーとされる婚前交渉をおこなう若い女性たちが増え、それにより処女膜再生手術が社会的な広がりをみせはじめたのも、ちょうどこの頃からであったといわれる。婚宴の数日ののちにおこなわれる「チミルディク」（寝室の帳）と呼ばれる初夜儀礼では、新婚夫婦が一夜を過ごしたシーツを新郎の女性親族らが破瓜（性行為によって処女膜が裂けること）による出血の有無を確認する。その結果、花嫁が処女ではなかったと判断された場合、夫は直ちに妻に一方的離婚をおこなう。こうした女性たちはマハッラの男女から間違いなく「売春婦」と呼ばれるようになる。それだけでなく、彼女の親や兄弟姉妹らも「売春婦」を育てたとして一族の名誉を失い、社会に不道徳をもたらす不浄な存在として何らかの村八分に晒されることになる。たとえば、婚前交渉をおかした娘の父親であった筆者の知人は、このことに関する噂がマハッラで広まっていらい、嘲笑の対象として日常的にからかわれる存在になった。日中に姿を見せなくなってから数年が経ったのち、彼は首吊り自殺をして、この世を去った。こうした出来事はたしかに、いまなお起きている。しかし、個人主義的な人間関係と社会が広まりを見せるにつれ、村八分のような社会的制裁もまた少しずつ影を潜めていっているようだ。婚前交渉の社会的な広がりの実態については判然としないところもあるが、近年「性道徳の破綻」が大きな社会問題になっていることは間違いない。

4　マフルの忘却と形骸化

一方的離婚の増加に拍車をかけているとされる宗教的な要因の一つに、マフルの問題がある。ウズベキスタンでは2012年頃をさかいに、この問題が注目されるようになった。ソヴィエト体制の成立以前、中央アジア南部の定住民地域においてマフルは住居が後払いで約定されることが一般的であったとされる（Muhammad Yusuf 2012; Nalivkin i Nalivkina 1886: 204-205）。当時この地のムスリム男性が妻に一方的離婚をおこなうためには、イスラーム法に則って後払い、すなわち未払いのマフル（住居）を妻に支払わなくてはならなかった。この慣行は、一方的離婚をなされたのちの妻の生活を保障する機能を果たしていたとされる

（Lobacheva 1999: 64; Muhammad Yusuf 2012）。しかし、ソ連時代を経たフェルガナ盆地のムスリム社会では、夫が妻に未払いのマフルを渡さなくても、一方的離婚は社会的に成立してしまっている。

今日のウズベキスタンでは、イスラーム法が定める「夫によるマフルの支払義務と、妻が夫に対して負う服従義務とが対価関係に立つ有償契約」（柳橋 2001: 178-179）としての婚姻契約は、事実上破綻している。夫はマフルの支払義務をふつう果たさないが、妻は夫に対する服従義務を社会的に負うからである（和崎 2017: 32）。それどころか、その約定の内容を記憶にとどめている人、ならびにマフルの概念を知っている人は、世代差とは無関係に非常に少ない。こうした風潮はとりわけ村で強い。ただし、今日のウズベキスタンでマフルの相場額は日本円に換算して約4万円ほどである。この額は村での約2～4カ月分の生活費にしか相当しない。ソヴィエト体制の成立以前一方的離婚をなされたのちの女性の生活保障となっていた「住居の贈与」というマフルの慣行は、その機能をいまや完全に失っている。

国内の一部のムスリム知識人は、こうしたマフルの忘却と形骸化が近年のフェルガナ盆地での一方的離婚の増加に拍車をかけている大きな要因とみなす。なぜなら、未払いのマフルの妻への支払い義務が夫による安易な一方的離婚に歯止めをかけていたという過去が実際にあったからである。夫に一方的離婚をなされた女性たちは今日、ほとんど「一文なし」の状態で子どもと一緒に実家に戻る。しかし、そこは彼女たちが暮らすべき場所ではない。そこで暮らす権利を社会的に有しているのは、夫方居住と末子相続の原則からして、夫の末弟の家族であるとされる。近年では、出戻り女性とその子ども、ならびに彼女の兄弟の家族との間で、居住用家屋や生活空間などの問題をめぐって日常的な諍いが絶えなくなっているという。ウズベキスタンの一部のムスリム知識人は、こうした状況を打開するために、マフルに関する知識を国民に広め、「住居の贈与」というマフルの慣行を復活させようと、声を上げはじめたところである

（Muhammad Yusuf 2012 など）。

5　国家法に則った結婚と離婚の重要性

フェルガナ盆地ではソ連時代から今日にいたるまで、結婚と離婚、とりわけ初婚相手と離婚し、別の相手と再婚するさい、慣習となったイスラーム法に則った手続きを世俗的な国家法に則った手続きより優先するという「法」意識が人々の間で保持されてきた。しかし、人々はたいていの場合、宗教的に離婚してしばらくののち、身分事項登録部や民事裁判所で離婚する。では、国家法に則った離婚の重要性はいったいどこにあるのか。民事裁判所に提出された離婚請求の訴状を検討してみると、そこでは原告である男性の宗教的な再婚相手が「現在妊娠中である」という記述によく出くわす（和崎 2015: 94-98, 107-110）。こうした記述がなされる背景には、以下のような事情がある。今日のウズベキスタンでは身分事項登録部で世俗婚の手続きをおこなっていない男女に、産院は新生児の出生証明書を発行しない。新生児の親が「親」である証拠を確認できないからである。この制度はソ連時代に整えられたといわれる。出生証明書を取得できないと何が問題になるのかといえば、それは政府から支給されるさまざまな給付金の受給資格を喪失するという点に尽きるだろう。

ソ連解体ののちに生じた経済的な苦境が深まりをみせていくにつれ、政府からの給付金はいっそう重要な収入源とみなされるようになっていった。たとえば、その一つとして1994年10月に施行された「低収入家庭に対する社会的保護の強化の措置に関する」大統領令で規定される子ども手当（出生より6ヵ月間）が挙げられる。そのほか、3歳未満の子どもや18歳未満の障がい児などをもつ親に支給された給付金

（1998年家族法第117条）などもある。世帯を同じくする「家族」の構成員には、たとえば祖父母は年金を受給し、夫婦は共に働く、夫の（未婚の）兄弟は家畜を世話し、姉妹は裁縫をするといったように、それぞれに相応しい経済的役割を果たすことが期待される。子どもの給付金の受領手続きは夫婦に期待されるものである。それゆえ、慣習となったイスラーム法に則った離婚と結婚の手続きしかしていない男性たちは、その再婚相手との間に子どもができると、国家法に則った離婚手続きをはじめ、世俗婚の準備をするのである。

ただし、世俗婚をすませていなくても、「父親」を自称する人が「この子どもは実際にわたしの子どもである」と誓約書に記すなど一定の行政手続きをおこなえば、産院は出生証明書を発行する。しかし、産院はこうした手続きを嫌がるうえ「袖の下」を要求してくることもある。また、子どもが生まれてしばらくのちに出生証明書を取得するとなると、政府からの給付金を十分に受け取ることができなくなる。そのため、子どもが生まれる前に国家法に則った離婚と結婚の手続きがふつうおこなわれるのである。

国家法に則った結婚（世俗婚）の重要性についても説明しておこう。それは端的にいって、世俗婚こそが離婚したのちの女性の生活を保障するという点に集約される。すでに述べたように宗教婚だけをおこない、世俗婚をすませていない男女は国家法上「夫婦」とはみなされない。それゆえ、1998年家族法の第23条「夫婦の共有財産」にある「離婚時に夫婦の共有財産は折半される」との規定は、彼らに適用されないことになる。離婚した女性は、結婚生活の間に蓄えられた共有財産の多くを夫の親世帯や夫名義の家に残したまま実家に戻る。宗教婚しかしていない女性は国家法上「妻」とは扱われないので、一方的離婚がなされたのちに夫婦の共有財産を折半したいと思っても、彼女にはその手立てがないのである。

離婚にさいした夫婦間での財産分与について、本来イスラーム法には細かな規定が存在することが知られている（柳橋 2001: 401-410 など）。しかし、1928年にシャリーア法廷が完全に廃止されたのちのウズベキスタンでは、この問題にイスラーム法はいかなる役割も果たさなくなった。それゆえ、マハッラ委員会は女性が無権利な状態に置かれることを防ぐために、日常的な対話やセミナーなどをとおして、人々に世俗婚をするよう勧める活動をおこなっている。この活動は、次節で詳しく述べるように、2016年12月14日にウズベキスタン共和国の第2代大統領に就任したシャヴカト・ミルズィヤエフのもとでいっそう強化されていくことになる。

6 「法」意識の転換点としての2017～2018年

結婚と離婚の手続きをめぐって慣習となったイスラーム法を国家法より優先するというフェルガナ盆地の人々の「法」意識は、2017年に大きな転換点を迎えることになった。国民のすべての夫婦関係を一元的に管理し、政府の統制下にないムッラーの活動を無力化させるべく、ソ連時代を彷彿とさせる政府方針が新たに打ち出されたからである。2017年6月15日、首都タシュケントで「社会的安定の実現、われらの神聖な宗教の純正さの保持：時代の要求」と題された会議が催された。この会議でミルズィヤエフ大統領は、国内全土から招集された官許のムッラーやマハッラ委員らを前に以下のような演説をおこなった。すなわち、第二妻を娶るさいに人目をしのんで宗教的に結婚すること、ならびに初婚相手と国家法に則って離婚をしないまま別の相手と宗教的に再婚をすることは、法律違反であるだけでなくウズベク民族の精神性への背信である。そして婚姻締結証明書をもたない者に宗教婚の儀礼をおこなった者は処罰されることを決定する（Darakchi 2018; BBC Uzbek 2018）。

ウズベキスタン・ムスリム宗務局の1996年ファトワーは、身分事項登録部が発行する婚姻締結証明書をもたない男女に官許のムッラーは宗教婚の儀礼をおこなってはならないとする内容も含んでいた。このことは、同宗務局による2011年3月28日付けの「第01A／029番命令」（以下、「2011年命令」と記す）でも再び強調された。この命令にはまた、官許のムッラー以外の者による宗教婚の儀礼の実施、ならびに1998年家族法で規定された婚姻年齢を下回る者（以下、「幼年者」と呼ぶ）への宗教婚の儀礼の実施を禁じるとする内容も盛り込まれた。さらに、2013年4月30日に発布された法律により、1994年9月22日から施行された『ウズベキスタン共和国刑法典』（以下、「1994年刑法」と記す）の第125条に「婚姻年齢に関する法文書の違反」の規定が追加され、幼年者に宗教婚の儀礼をおこなった者は最低賃金の50倍相当の罰金、3年以内の更生労働、ないしは6カ月以内の投獄に処されることになった。

しかし、こうした一連の規制には抜け穴があった。それは、人々の一般的な理解によれば、婚姻締結証明書をもたない成年の男女に宗教婚の儀礼をおこなった場合の処分を規定する法令は存在しないというものであった。それゆえ、婚姻締結証明書をもたない成年者（時に幼年者）に宗教婚の儀礼をおこなうムッラーがフェルガナ盆地では絶えなかったのである。ただし、官許のムッラーは原則的に宗務局の1996年ファトワーを順守し、彼らに宗教婚の儀礼をおこなっていなかった。これをふつうおこなっていたのは「チャラ・ムッラー」（未熟なムッラー）と俗に呼ばれる政府の統制下にない一部のムッラーであった。国家法上の離婚手続きをしないまま宗教的に再婚しようとする人々、ならびに1994年刑法の第126条で禁じられた多妻婚をおこなおうとする人々は、人目をしのんで証人らと共にチャラ・ムッラーのもとを訪れ、薄謝（現金）を渡して宗教婚の儀礼をしてもらうのが常だった。

宗教婚の儀礼をおこなう者に必要とされる条件は、誰と結婚することができ、誰とはできないのか、ならびに一方的離婚をなされた女性が待婚期間*を終えているかなど、婚姻契約に関する最低限の知識だけである。したがって、こうした知識さえあれば、誰でもこの儀礼をおこなうことができる。この条件もまた、かつて宗教婚の儀礼をおこなっていたカーディーがソヴィエト政権の弾圧により姿を消したのち、当時のムスリム社会が置かれていた状況から次第に成立していったといわれる。

ミルズィヤエフ大統領は、こうした社会のあり方が前節で述べたような離婚したのちの女性の無権利状態などをもたらしているとして、これを重く受け止め演説をおこなったのだった（BBC Uzbek 2018）。この演説いらい、宗教婚の儀礼にマハッラ委員が立ち合うようになるなど、官許のムッラーに対する監視体制が強化された。一方、宗教婚の儀礼をおこなった政府の統制下にないムッラーの取り締まりは、2018年11月7日に幕を開けた。フェルガナ盆地（アンディジャン州）在住のカービルジャーン・クルバーノフという人物が成年の息子に宗教婚の儀礼をおこなったかどにより逮捕されたうえ、行政裁判所で彼に有罪判決が下される様子がテレビ局「ザマーン」（時代）の特集番組で「見せしめ」的に全国放送されたからである（Zamon TV 2018）。彼の息子は初婚相手の女性と国家法に則って離婚せず、一方的離婚だけをおこなったのちに別の女性と宗教的に再婚した。そのさいに、父カービルジャン・クルバーノフは官許のムッラーではないにもかかわらず、宗教婚の儀礼を息子らに対しておこなったのだった。

この報道の最大の衝撃は、すでに述べた1998年家族法の第13条「婚姻は……身分事項登録部で締結される。宗教儀礼に則って締結された婚姻は法的意味をもたない」という規定、ならびに宗務局の1996年ファトワーと2011年命令を尊重せずに、官許のムッラーではない者が宗教婚の儀礼をおこなった場合、当人は逮捕されるという新しい法令解釈が示されたことである。そこでの説明によれば、カービルジャーン・クルバーノフの正式な逮捕理由は、刑法で裁くにはいたらない軽犯罪をあつかう『ウズベキスタン共和国行政処罰法典』の第２０１条「集会、政治集会、道の徘徊、大衆示威行動の組織に関する実施規則の違反」であった。彼への刑罰としては、この条項の第2節にあたる「宗教集会、道の徘徊、そのほかの宗教儀礼の実施規則の違反は最低賃金の80～１００倍相当の罰金、あるいは最大15日間の行政的拘置の理由となる」との規定が適用されるという。この逮捕劇は、政府の統制下にないムッラーを少なからず委縮させ、彼らによる宗教婚の儀礼を抑制する一定の効果を果たすはずである。

おわりに

ソ連時代に秘密裡におこなわれていた宗教婚は、ゴルバチョフによるペレストロイカ改革の後期いらい、社会の表舞台に戻ることを公式に認められた。この出来事はウズベキスタン、とりわけフェルガナ盆地のムスリムにとってソヴィエト体制下でのイスラームへの弾圧が終焉したことを象徴する大きな変化の一つであったに違いない。しかし、２０１８年末に宗教婚の儀礼をおこなった官許のムッラーならざる人物の逮捕劇が起こり、状況は再び変化の兆しをみせはじめている。この取り締まりは、国民を統制し管理する政府側の立場からすれば実施されてしかるべき政策である。なぜなら、第一に政府がフェルガナ盆地のムスリムたちの婚姻関係の実態を正確に把握できていないからである。第二に、慣習となったイスラーム法に則って一方的離婚をなされた女性の窮状と処遇が社会問題になりつつあったからである。

一方、この地のムスリム知識人と民衆の立場からすれば、この取り締まりはソ連時代の中後期にもなかば黙認されていた慣わしに対する新たな弾圧として映っている。国家法で禁じられている一夫多妻婚や幼年婚をおこなう唯一の方法は、政府の統制下にないムッラーに宗教婚の儀礼をしてもらうことであった。

それゆえ、こうした取り締まりが今後も強化されていけば、ウズベキスタンで一夫多妻婚などをおこなう手立ては失われることになる。一夫多妻婚をはじめ、神を立法者とするイスラーム法が定める結婚と離婚のあり方を強く否定する政策は、たとえそれがイスラームの政治化を過度に警戒するがゆえの「締め付け」的なものに過ぎないとしても、国民の9割を超えるムスリム住民との溝をさらに根深いものにするに違いない。ただし、その場合にもソ連時代にそうであったように、政府の法令を巧みにくぐり抜けて宗教婚の儀礼をおこなう新しい慣わしが生みだされるかもしれない。

結婚と離婚の手続きをめぐり慣習となったイスラーム法を国家法より優先させるというソ連時代に形成されたフェルガナ盆地の人々の「法」意識は、いままさに変化の只中にある。政府は、結婚と離婚をめぐる「法」の二重社会を社会主義色の強い世俗的な国家法のみによって統治される社会に一元化することを目指している。一方、フェルガナ盆地の一定数のムスリムたちは、結婚と離婚の諸事がなるべくイスラーム法によって決められることを志向している。ソ連時代もいまも問題であるのは、考えを異にする人々の間で政治的な対話がなされず、相互に歩み寄ろうとする姿勢がほとんど見られないことだろう。「一党独裁」というソヴィエト的なメンタリティーをいまなお強く保持する政府の高官たち（ババジャノフ 2003: 181）に、国民は対話と協調をなかば諦めてもいる。本章が、旧ソ連ウズベキスタンのムスリムの結婚と離婚の手続きについて、その現状を歴史的な変化もふまえながら明らかにできたなら、そのことにより近年のムスリム社会の動態の一端を浮かび上がらせることができたなら、幸甚である。

コラム3

越境する花嫁
――パキスタン系移民のグローカルな結婚ネットワーク

嶺崎寛子

「アメリカに行くなんて思ってもみなかったけど、神様を信じて行けば大丈夫」。**結婚***のため生まれ育った日本を離れ、アメリカに移住することになった在日パキスタン人二世のタヒーラさん（仮名）は、名古屋でランチをしながら私にそう言った。タヒーラさんは日本で生まれ育ち、日本国籍を持つ日本人でもある。日本国籍と日本でしか使えない難関国家資格を持つ彼女は、結婚してもずっと日本に住みたいと願っていた。「思い切ったね。（アメリカに住むパキスタン人一世との縁談を）よく受けたね」と言った私への返事が、冒頭のセリフだ。彼女が、アメリカに嫁ぐという思い切った決断をしたのはなぜだったのか。

タヒーラさんはアフマディーヤ・カーディヤーン派（以下、アフマディーヤと表記）という、英領インド発祥のスンナ派系の分派の信徒である。この一派は独特な教義ゆえに非ムスリムとされ、パキスタンで70年代から顕著な迫害を受けるようになった。多くの信徒がパキスタンからイギリスやドイツ、カナダなどの欧米やオーストラリア、日本などに逃れ、そこで子どもを産み育てた。教団はイギリス在住のカリフを中心にまとまり、世界規模のネットワークを有し、世界各国に宣教師を派遣するなど布教活動も積極的に行う。中東ではあまり知られていないが、西アフリカでは有名で存在感もある。

イスラームでは「結婚は信仰の半分」と言われ、結婚するのは「当たり前」で、結婚は人生の一大事である。アフマディーヤ・ムスリム（以下、信徒）も例外ではない。ただし信徒は信徒としか結婚できない。だから多数派ムスリムも、信徒と結婚したければ改宗しなければならない。つまり信徒の結婚は、結婚の奨励と非信徒との結婚の禁止とによって枠付けられているのである。信徒としか結婚できないのに、極端に信徒人口が少ない日本のような場所では（日本の信徒数は約240名）、国内で婚活しても相手が見つからない。日本人との結婚は文化の違いや、改宗が必須であることから現実的ではないし、二世の多くはそもそも日本人と結婚したいと思っていない。では、信徒はどうやって好みの――敬虔でパキスタンの文化に馴染んだ人がいい、でも古風な人や頭の固い人はイヤ、と二世の多くは言う――配偶者を見つけるのだろうか。

パキスタンやインドでは親主導の見合い結婚、夫方居住が主流で、信徒も例外ではない。信徒は、親主導のグローバルな婚活で相手を探す。信徒子の婚活のために親は親族、出身地の地縁、教団の公式な結婚斡旋部門、各国に居住する宣教師の結婚斡旋のためのLINEグループなど、ありとあらゆるツテや手段を駆使し、相当の時間とお金と手間をかける。女性は20代前半、男性は20代後半までに結婚が決まることが望ましいとされ、10代で婚約した在日二世女性も、10代で嫁いだ在日一・五世女性もいる。

子ども世代である10～20代の在日二世たちは、親主導の見合い結婚を当たり前のように受け入れる。日本で生まれ育って日本のサブカルチャー（映画や少女マンガなど）に接しているのに、彼女たちは日本のサブカルが至上の価値を置くロマンティック・ラブ・イデオロギー（恋愛と性と生殖を結び付ける考え方）に全くと言っていいほど染まっていない。親主導のお見合いの利点を、ある在日二世10代女性はこう語った。「私のことをとても愛していて、性格をよく知っている親が一生懸命探した相手、これ！と思った相手なら、たぶん合うと思う。私はまだ人生経験が少ないし、ここ（日本）で私が出会える人なんか限られていて、その中から自分で理想の結婚相手を選ぶなんてできない」。親の愛情と善意を前提に、親の経験やネットワークに依拠する婚活を是とする感覚があることがわかる。日本という出会いがない環境では、恋愛は困難という認識も垣間見える。

彼女たちは家庭ではパキスタンの国語であるウルドゥー語を、学校や仕事では日本語を使う。二世女性は特に、ウルドゥー語能力を維持する必要に迫られる。他の国で育った二世男性と結婚すると、夫婦の共通言語は必然的にウルドゥー語になるからである。基本的には夫方居住なために、在日二世女性は結婚により、高い確率で生まれ育った日本を離れる。在日二世女性は、結婚後は日本語をほとんど使わない言語環境で暮らす可能性が高い。彼女たちはバハレーン、オーストラリア、ガイアナ、イギリス、スイスなどに日本から嫁いでいった。国こそ多様だが、実はそれは彼女たちが異質な他者に嫁ぐことを意味しない。それはパキスタン系信徒の移動が広範囲にわたることを端的に示すに過ぎない。彼女たちは結局、ウルドゥー語が通じるパキスタン系の信徒で家柄や学歴の釣り合う相手、つまり非常に文化的な同質性の高い相手と結婚する。要するに、信徒たちはローカルをグローバルに生きているのである。

しかし、家族や住み慣れた地や言葉を離れ、見知らぬ土地に嫁ぐ決心をするのは簡単ではない。それを後押しするのが、選択礼拝（*istikhāra.*; 多数派ムスリムも行う、選択を神に委ねるために行う自発的礼拝。この礼拝の後、夢など何らかの形で神意が伝達されるとされる）とその後の啓示夢、あるいは神意を示す何らかの徴である。よく知らない相手との不確かな未来に向かって歩みだすとき、彼女たちは神に祈る。

「この縁談が来て（中略）〔選択礼拝をして〕それで良い夢を見た、（中略）その返事が悪いわけはないじゃないですか。だからそれを信じて心に決めた」と、タヒーラさんは語った。彼女たちは信仰と、選択礼拝によって明らかになった神意とに励まされて、未知の相手との見知らぬ土地での結婚へと踏みだしていく。

信仰を恃みとして決断し、越境して嫁いでいく彼女たちの未来に、幸多かれと願ってやまない。

＊信徒の国際結婚の詳細は嶺崎（2018）を、アフマディーヤを不信仰者ではなく分派とする理由については嶺崎（2019）を参照してほしい。

コラム4

日本におけるイラン法解釈の一例

浦野修平

日本の法律は、裁判所で裁判を行うときは事案に最も密接な関係のある地の法律を適用するように定めている。日本国内の紛争の多くでは日本法が適用されることが通常であるが、外国人の家族問題についてはその者の母国の法律が用いられることも多い。イスラーム諸国の外国人についても同様であり、日本で裁判を行う際にはイスラーム法が適用されることがある。ただし、日本法は、外国法の内容を問わずそのまま適用するのではなく、一定の例外を設けている。

その例外の一例が、未成年の子の親権者の変更が求められた東京家庭裁判所平成22年7月15日審判（家庭裁判月報63巻5号58頁掲載）である。この事案では、未成年の子ども（イラン・コロンビア国籍）の親権者を父親（イラン国籍）から母親（イラン・コロンビア国籍）に変更することが求められた。東京家庭裁判所は、「イラン・イスラーム法」に準拠すべき事案であるとした。このイラン・イスラーム法とは、おそらくはイラン法との趣旨であろう。そして、親権者を常に父親とするイラン法の適用を排除し、日本法に基づいて親権者の変更を認めた。

このような国際的な事案では、裁判所は、前提として、①どこの国の裁判所で裁判を行うことができるか（国際裁判管轄権）と、②どこの国の法律に準拠して裁判を行うか（準拠法）をそれぞれ判断する。本件では、まず、当事者らが日本に居住していることから日本の裁判所で裁判を行うことができると判断された。次に、法の適用に関する通則法（以下、「通則法」という）に基づいて、父親がイスラーム教徒であること、子どもは特定の宗教には入信していなかったがイランにおいて父親の親族と同居していたことがあることから、最も密接な関係がある地としてイランが選択され、準拠法はイラン法であると判断された。

さらに、イラン法では、子どもの世話をする**監護**＊権と子どもの財産管理などを行う**後見**＊の権利を分けて考えており、後見人には原則として父親がなると定められている。他方、日本の親権の概念は監護権と「後見の権利」が両方含められている。しかし、この事案の日本の裁判所の解釈では、イラン法で後見の権利が父親にあることからイラン法における親権は常に子の父親が有し母親に変更することはできないと考えられた。そのため、イラン法を用いると母親の申し立ては認められないと判断した。この事案では、父親が交通事故を起こして受刑中であり現実に親権者としての義務を果たすことができない状態にあること、父親自身も母親が親権者となることに賛成の意向を示していることから、日本の裁判所では、親権者を父親のままにすることは妥当とは言えないと判断したのである。

このような事態に備えて、日本法には「外国法によるべき場合において、その規定の適用が公の秩序又は善良の風俗に反するときは、これを適用しない」（通則法42条）との定めが存在する。そして、親権の問題については、この条文を用いて韓国法の適用を排除した最高裁判所の判例が既に存在する。かつての韓国法では、離婚に伴う未成年の子の親権者が父親に限定されていたため、裁判所は本件と同様の問題に直面した。そこで、最高裁判所は、「親権者の指定は子の福祉を中心に考慮決定すべきものとするわが国の社会通念に反する結果を来し、ひいてはわが国の公の秩序または善良の風俗に反する」ものと解するのが相当であると判断し、当時の韓国法の適用を排除し、親権者の変更を認めたのである。

イラン法が準拠法となるこの事案でも、東京家庭裁判所は最高裁判所の判断を踏襲して通則法42条を用い、「親権者の変更は子の福祉を中心に考慮して決定すべきものとするわが国の社会通念に反する結果を来し、ひいては公の秩序又は善良の風俗に反するものと解するのが相当である」と判断し、イラン法の適用を排除した。そして日本法（民法819条6項）を適用して未成年者の親権者を相手方から申立人に変更するのが相当であると判断した。

このように、日本の裁判所では、外国法に準拠しつつも、それを日本の「公の秩序又は善良の風俗」により適宜修正しつつ用いて裁判を行っている。ただし、イラン法の理解が十分であればイラン法をそのまま用いても同様の結論が導かれた可能性があるとの指摘も存在する。果たしてムスリム諸国の法律の理解が十分なのか、外国法の十分な理解がないまま安易に日本法の適用をしていないか、国際化の進む現在、今後もより精緻な検証が必要になるだろう。

第Ⅱ部

歴史の中の婚姻とイスラーム法

第5章

古典イスラーム法の結婚と離婚

小野仁美

はじめに

本書で紹介するほとんどの国では、結婚*や離婚にイスラーム法が影響を及ぼしている。イスラーム教徒の結婚や離婚が、イスラーム法にもとづいているからである。イスラーム法とは、神の言葉を集めたクルアーン*と預言者ムハンマドの慣行（スンナ）を伝承したハディース*をもとにして整備された規範体系である。イスラーム法学者とよばれる人々によって膨大な数の法学書が書かれ、19世紀末頃まで、イスラームの宗教諸学の中心として継承されていた。それらは裁判官が前提とする知識でもあり、法廷での判決の基礎でもあった。各時代のイスラーム王朝の統治者たちが示した法は、必ずしもイスラーム法の学説そのものだけではなかったが、結婚や離婚についての法規定についてみれば、その影響は広範囲にわたっていたと考えられている。現代においても、イスラーム教徒が多く居住する各国の家族法典には、イスラーム法の内容が何らかの形で組み込まれている。

では、イスラーム法とは具体的にどのようなものなのだろうか。そこでの結婚や離婚は、どのように定められていたのだろうか。本章では、イスラーム法の成り立ちと発展の様子を辿りつつ、現代各国の家族法典が作成される際に参照された古典的な法学書の記述を中心に、結婚や離婚に関わる法規定を紹介していきたい。なお、ここでは、ムスリム人口の9割程度を占めるスンナ派の規定を対象とする。シーア派の法規定については、本書のイランを対象とした各章・コラムを参照していただきたい。

1　イスラーム法の成り立ちと発展

(1) イスラーム以前の社会

イスラームが誕生する以前のアラビア半島では、統一された規則としての結婚の制度はなかったと伝えられている。男性が女性の家に通う形で複数の場所に妻子をもったり、女性に複数のパートナーがいれば、生まれた子の父親を彼女自身が指名したり、人相見に決めてもらったりしたという伝承もある。後にイスラーム教の開祖となるムハンマドの最初の妻ハディージャは、夫に先立たれた経験が二度ある年上の女性であったが、彼女のほうからムハンマドに結婚の意を示したという。

男女を結びつける様々な形があった中で、男性が女性の父親に求婚を行い、女性に婚資*を支払う契約を結ぶ婚姻の方法を、イスラームの教えは採用した。そして、正しい結婚や離婚の具体的な規則と、生まれた子の父親を明らかにするしくみが、イスラーム法によって整えられていく。

（2）イスラーム法——シャリーアを理解するための学問

西暦7世紀、神はアラビア半島のメッカに暮らすムハンマドを預言者として選び、人間に正しい生き方を示す「シャリーア*（アラビア語の原義は、水場へいたる道）」を啓示として与えた。ムハンマドが40歳頃のことであった。ムハンマドは、神の言葉を伝える天使ガブリエルの突然の来訪を、最初はそれと理解できずに不安にかられたという。その時、彼に優しく寄り添い、最初の信者となったのが妻のハディージャである。

ムハンマドが62歳頃に亡くなるまで受け続けた啓示は、彼の没後に一冊の書物、クルアーンとしてまとめられた。クルアーンには、信者それぞれが神に帰依するための導きのほか、社会における人間同士の規範も示されていた。ところが、急速に世界に拡大するムスリム社会を律していくためには、より多くの具体的指針が必要となっていく。

イスラーム法学者たちが、シャリーアを具体的な行為規範として理解していくための学問（フィクフ*）を発展させた。彼らは、クルアーンとハディースを参照しつつ、そこに手がかりが見出せないことについては、法学者たちの合意（イジュマー）、あるいは類推（キヤース）といった法導出の技術を用い、学問的な努力を尽くして神の命令を探った。イスラーム法の内容は、儀礼行為にはじまり、結婚、離婚、商取引、裁判、刑罰など多岐にわたる。それらは各地域・時代の法学者たちによって、イスラーム法学書に記され、教示され、広くイスラーム圏に拡散して後世に伝えられていった。

「イスラーム法」という言葉は、少しやっかいである。というのも、アラビア語のシャリーアとフィクフの語の両方が、日本語でイスラーム法と訳されるのだが、前述のようにそれぞれ異なる意味を含む。さらに、現代においては、シャリーアという言葉がフィクフとほぼ同義に使われることもある。クルアーンの解釈が法学者に限らず万人に開かれ、それがシャリーアとして理解されるようになっているという事情もある。

筆者は「イスラーム法」の語を、フィクフの成果として古典的なイスラーム法学書に書かれた法規定のことを指して使用するが、本書の他の章においては、同様のものをシャリーアと記述するものもある。このことは、研究者それぞれが「イスラーム法」について、異なる立場に立つことを反映している（なお、より詳しくは本書のコラム5「シャリーアとイスラーム法」を参照）。

（3）複数法学派の発展

イスラーム法学書を読んでいると、一つの事項について複数の見解を見つけることが珍しくない。イスラーム法には、複数の法学派が形成されるようになり、そのうちスンナ派では4つの法学派*（マーリク派、ハナフィー派、シャーフィイー派、ハンバル派）が、シーア派においてもいくつかの法学派が、その権威を後世につないだ。イスラーム法学書は普通、法学者が自身の法学派の学説を伝える書物として著述するか、または弟子による口述筆記がなされた。したがって、それぞれの法学派が異なる学説を記していたり、場合によっては同じ学派内で複数の見解が紹介されたりすることもあった。複数法学派の学説を網羅する形で書かれた法学書もあったから、法学者たちは、互いの学派の学説についてもある程度の知識があったと考えられる。

ここでは、そうしたスンナ派の複数法学派を比較した書の一つである12世紀のアンダルスの法学者イブン・ルシュドの『上級法学者の端緒、求道者の到達』（Ibn Rushd 2002）に記された結婚と離婚の規定を見ていきたい。同書に詳しい規定が見つけられない場合には、他の法学書も参照する。また、日本のイスラーム法研究を牽引する柳橋の著作（柳橋 2001）も合わせて参考にしたい。

なお、イスラーム法は、イスラーム以前から存在した奴隷制度を全面的には禁止せずに存続させた。奴隷にも結婚や離婚あるいは子を養育する権利が付されているため、法学書にも豊富な記述があるが、現代においてはいずれの国においても奴隷制度は廃止されているため、本章では扱わないこととする。

2 イスラーム法の示す結婚の形

イスラーム法において、結婚は契約である。商人の町であったアラビア半島のメッカに始まったイスラーム教の教えには、商業にまつわる話が多い。イスラーム法では、商取引における契約についてもさまざまな規定が詳細に定められている。男女の結びつきを契約の形で整えていくやり方は、彼らにとっては合理的であったのかもしれない。

イスラーム法学者たちは、神の教えに照らして、ある行為が義務であるか、推奨されるものであるか、許容されるものであるか、あるいは禁止されるものであるのかという観点から記述を行う。結婚は、推奨される行為であるというのが多数派の意見である。少数派として、それは義務である、あるいは許容される行為であるという意見を述べた法学者もいたという。では、**婚姻契約***の内容はどのようなものなのか、以下に見ていきたい。

（1）婚姻契約のために必要なもの

まずは、男性側からの求婚に対して女性側が受諾すると、婚約が成立する。すると、男女は互いの姿を見ることが許されるようになる。後述のように、イスラーム法では婚姻外の男女の交際が戒められているため、婚姻が成立するまで一度も会わないこともあるのだが、婚約に際しては、男性が女性の顔と手を見る機会を設けることが推奨されるとする説もある。

その後、男性から女性に支払われる婚資の額の取り決めが行われる。婚資は、婚姻契約のための必須条件である。クルアーン第4章4節に「そして（結婚にさいしては）女に婚資を贈り物として与えなさい」とあるからである。

婚姻契約においては、男性本人、女性側の後見人*、証人2人が同席しなければならない。スンナ派4法学派のうち、ハナフィー派のみは、成人女性が後見人なしで自ら婚姻契約を結ぶことができるとするが、その場合でも代理人に委任することが望ましいとされている。婚姻契約は、女性側の後見人が、すでに決定されている婚資額で彼女を結婚させる旨、男性に申込を行い、それを男性が承諾するという形式をとるのが原則である。

イスラーム法では、婚姻契約が有効になるための最低年齢は設定されていないので、出生後すぐに契約を結ぶことも可能である。もしも男性が未成年者であれば、男性側の後見人も必要となる。男女を問わず未成年者は、後見人による婚姻強制によって契約が可能となる。ただし、成人したときに契約取消を選択できるなど、学派によって様々な細則はあるのだが、望まない結婚を余儀なくされるというイメージとは少し異なるかもしれない。

結婚には、女性本人の承諾の意志が必要とされるという発想はある。未成年者か成年者かの区別と、未婚か婚姻経験者かの区別で、法学派によって細かい場合分けの相違があるが、多数説では、未成年者で未婚であれば、強制婚姻によって婚姻が成立するため同意はいらず、成年者や非処女の場合には同意が必要となる。

婚姻後見人は、普通は婚姻当事者の父である。父がいないか適切でない場合には、婚姻後見人を祖父とする、父または父母を同じくする兄弟とする、あるいは裁判官とするなど、法学派による見解の相違がある。証人2人は、必ずしも親族でなくともよいが、やはり成人していること、有徳であること、ムスリムであることなどの条件が、各法学派で細かく定められている。

(2) 婚姻障害*――結婚が制限される相手

近親者との結婚の忌避は、イスラーム法においても明確にされている。クルアーン第4章23節にもとづいて、男性から見て自分の母、娘、姉妹、おばや姪との結婚はできない。それに加えて、イスラーム法に独特の規範として、同じ女性に授乳された間柄、いわゆる乳親族間の婚姻障害というのがある。また、妻の母や、再婚した女性の娘などの姻族との結婚が禁止されるという規定もある。一方で、イトコ同士の結婚は禁じられない。実際に、西アジアや北アフリカ地域のイスラーム教徒の間では、とくに父方のイトコ婚が好まれる傾向がある。

宗教の違いもまた、結婚に際しての障壁となりうる。ムスリム男性は、ムスリム女性のほか、啓典の民（キリスト教徒やユダヤ教徒）との結婚はできるが、それ以外の不信仰者とはできない。これに対して、ムスリム女性は、ムスリム男性としか結婚できない。こうした異教徒間の結婚については、現代においてしばしば論争の対象となるが、実はクルアーンにもハディースにも明確な根拠がなくイジュマーにもとづく規定と理解されている。イブン・ルシュドは、この規定そのものについては論じていないが、異教徒同士の夫婦のうち、妻が先にムスリムになった場合、婚姻は解消されるところ、待婚期間*の間に夫がムスリムとなれば、婚姻は維持されるという内容のハディースを、別の規定の根拠として紹介している。
ムスリム男性が、同時に4人まで妻を娶ることができるというのはよく知られている。その根拠は、クルアーン第4章3節の「あなたがたがもし孤児に対し、公正にしてやれそうにもないならば、あなたがたがよいと思う2人、3人または4人の女を娶れ」にもとづいている。そこで、5人以上の妻を同時に娶ることは禁じられることになる。この規定には、法学者間の見解の相違はほとんどないが、ごく少数の学説として、「2人と3人と4人」だから、9人までが認められるというものも法学書には書かれている。

(3) 夫婦相互の権利と義務

古典法学書には必ず、結婚内においての夫と妻の権利義務について言及されるが、それらがまとめて独立した章や節になっていることは稀である。筆者が参照しているイブン・ルシュドの法学書には、「夫婦の諸権利」と題された節がそれらを記述しているが、これは珍しい例である。しかも、同節では、妻の諸権利が先に述べられている。

妻は、夫に扶養（食料や衣類などの費用）を請求する権利をもつ。クルアーン第2章233節「新生児の父親は、彼女（母親）の食料や衣服の経費を公正に負担しなければならない」やこれに類するハディースが根拠となっている。扶養の内容や額についての学派による相違は詳細に記述されており、扶養料が発生する時期は、**床入り***完了後というのが多数派の見解である。また、妻の住居を確保することも夫の義務である。

先述のように、イスラーム法における婚姻契約は、当事者双方の最低年齢を限定していない。しかしながら、契約が締結されたからといって直ちに同居が始まるとは限らない。妻が夫と同じ家に入り、床入りが完了して以降、夫婦相互の権利義務が発生するのである。そして、複数の妻がいる場合には、彼女たちそれぞれと過ごす日数が平等になるようにしなければならないことも定められている。また、夫婦は互いに相続する権利をもつことになる。夫が死亡した場合の妻の相続分は、子や夫の両親の有無などによって異なるが、相続した財産が妻の固有の財産となるのは婚資と同様である。

では、夫の権利とは何だろうか。イブン・ルシュドは同節で、妻に授乳をさせることと家事をさせることが夫の権利であるか否かについて論じている。それらを妻の義務であるとする法学者もいたが、全く義務ではないとする法学者もいたという。そもそも、婚姻契約の締結時に、夫は妻へ婚資を支払う対価として、彼女と性交渉を行う権利を得る。契約の内容には、妻が家事や育児を提供する義務は含まれていない。ただし、妻が夫の要求を拒絶したり、許可なく住居を離れたりするなど不服従（ヌシューズ）の態度を示した場合、扶養の請求権を失うとされる。イブン・ルシュドはこの問題について同書では詳しく論じていないが、クルアーン第4章34節の「……彼らの財産から扶養するからであり……もしもあなたがたが彼女らのヌシューズを恐れるならば、彼女らを諭し、寝床に放置し、それでも効き目がなければこれを打て……」を根拠にして、妻が扶養請求権を失うことを述べる法学書は多い。

3　契約の解消としての離婚

イスラーム法では、離婚はできれば行わないほうがよいことに分類されるが、禁止ではない。離婚もまた、クルアーンとハディースにもとづいて定められている。結婚が契約ならば、離婚はその解消ということになる。では、離婚は誰がどのように行うものであり、それによってどのような権利義務が夫婦互いに生じてくるのだろうか。

(1) タラーク離婚*

最も一般的かつ単純な離婚の方法は、タラーク離婚(夫からの一方的離婚)である。夫が妻に向かって、あるいは妻がいない場所であっても、「お前を離婚する」などの言葉で意志を表明することによって、離婚が成立する。1回目から2回目までは撤回可能な離婚とされ、待婚期間中であれば、前夫は妻の同意を得ることなく復縁*することができる。待婚期間の満了後であっても、新しく婚姻契約を結び、婚資を支払えば再婚が可能である。しかし、夫が通算で3回の離婚宣言を行い、その待婚期間が満了した後は、元妻が別の男性と再婚して彼と離婚しない限り、再婚はできないという規定がある。

これらの規定は、クルアーン第2章229節「離婚は、二度まで。その後は公平な待遇で復縁させるか、あるいは親切にして別れなさい」、同230章「もしかれが(3回目の)離婚(を申し渡)したならば、かの女が他の夫と結婚するまでは、これと再婚することはできない。だが、かれ(第二の夫)がかの女を離婚した後ならば、その場合両人は罪にならない。もしアッラーの掟を守っていけると思われるならば、再婚しても妨げない」などを根拠としている。

タラークは、夫からの一方的な宣言によって夫婦のあり方を変更してしまう制度であり、その手続きも簡便である。ただし、3回の宣言をもって初めて確定的な離婚が成立するのは、一定の冷却期間をおいて夫の考えを再考させるためである。では、一度に3回の離婚宣言をしてしまった場合はどうなるのか。これをあくまでも1回分の宣言とみなす見解と、3回分とみなして確定的離婚が成立すると考える見解の両方がある。

いずれにしても、タラークによる離婚は、夫の宣言によって法的な効果が生じ、妻の意見はまったく考慮されない。ただし、離婚によって、妻は婚資の未払い分を受け取る権利や、待婚期間中の扶養料を請求する権利をもつなど、離婚後の彼女の生活をある程度は保障するしくみがある。

（2）フルウ離婚

では、妻が自ら離婚を希望した場合には、どのような行動が可能なのだろうか。女性は、男性のような形でタラークを行うことはできないが、離婚後の権利を放棄することで成立するフルウ離婚（身請け離婚*）という制度を用いることはできる。他の規定と同様に、詳細については法学派による相違があるが、概略は以下のとおりである。

身請け離婚とは、妻が、後払いの婚資や待婚期間中の扶養料などの権利を放棄することを条件とし、これに夫が同意することで成立する離婚である。身請け離婚もまた、クルアーン第2章229節に記された「かの女がその（自由を得る）ために償い金を与えても、両人とも罪にはならない」を根拠としている。妻からの希望によって離婚できる形態ではあるが、妻は多くの代償を支払う必要があるし、そもそも夫がこれを拒否すれば離婚することができない。

身請け離婚は、一度で確定的な離婚を成立させるので、元夫が復縁を望んだ場合には、新しく婚姻契約を結ばなければならない。

（3）裁判官の判決による離婚

以上のように、妻の側からの離婚は、夫の同意を得る必要があるため困難であるのだが、結婚生活が維持できなくなるような正当な理由があれば、妻は裁判官に訴えて、離婚の判決を得ることが可能である。たとえば、婚姻完了後に、肉体的・精神的な欠陥が発覚したとき、夫からの婚資や扶養が支払われないとき、夫による虐待が認められたとき、夫の長期の不在が確認されたとき、夫による性交拒否を訴えたときなどである。ただし具体的な要件については学派により大きな違いがある。

（4）待婚期間

待婚期間とは、離婚後に元妻が再婚を許されるようになるまでの期間のことである。取り消し可能な離婚であれ、確定的な離婚であれ、あるいは離婚の形式が夫からの一方的離婚であれ、身請け離婚であれ、待婚期間は必要である。なぜならば、離婚後に子が生まれた場合、その父親を確実にするための要素の一つとして、女性の側が一定期間、性交渉を控える必要があるからである。待婚期間は、クルアーン第2章228節のなかの「離婚された女は、独身のままで3度の月経を待たねばならない。また、神が胎内に創られたものを、隠してはならない」を典拠として、3度の月経を見るまで他の男性との再婚は許されない。もしもすでに妊娠していれば、クルアーン第65章4節「妊娠している者の場合、その期間はかの女が重荷をおろすまで」にしたがって、その子を産み落とすまでとなっている。また、死別の場合には、クルアーン第2章234節「もしあなたがたの中死後に妻を残す者があれば、かの女らは独身のままで4カ月と10日間を待たなければならない」が適用される。

3度の月経をどのように数えるのかなど、法学派による見解の相違は様々なレベルで見られるが、基本的には、元妻本人の申告によるとされている。したがって、元妻が再婚相手を見つけるまでの生活費を確保するために、月経の申告をせずに待婚期間を延ばすことも可能ということになる。ただし、取り消し不能な離婚が成立している場合の待婚期間においては、元妻に扶養料請求権があるか否かは学派による相違がある。

4　父子間と母子間の権利義務

イスラーム法においては、子に対して父と母がそれぞれどのような権利と義務をもつのかが詳細に規定されている（小野 2019）。前節で、イスラーム法における離婚規定の主要な部分に、生まれてくる子の父親を確定する目的が含まれることを見てきた。子にとって、父親を明らかにすることは、扶養や後見、教育などを受ける権利を保障するためにとても重要だからである。しかも、クルアーンが養子を認めなかったため、子は実子に限られ、その確定の方法について、法学者たちは詳しい議論を行うこととなった。

（1）父子関係の確定方法

いずれの学派においても、出産の日からさかのぼって6カ月前に婚姻が成就していれば、夫と生まれた子の父性の推定が成立する。実際の標準的な妊娠期間からすれば、少し短いようにも思われるが、この規定は、後に第3代正統カリフとなるウスマーンと第4代正統カリフとなるアリーにまつわるハディースにもとづく。これによれば、クルアーン第46章15節「懐胎から離乳まで30カ月かかる」と、第2章233節「母親は乳児に満2年間授乳する」の二つの聖句より、30カ月から24カ月（2年）を引いた6カ月が最短の妊娠期間とみなせるというのである。

では、離婚後に生まれた子の場合、それが元夫の子の可能性もあるわけだが、これについての規定も少々奇妙である。妻が再婚していないか、または再婚していても後夫の父性の推定が成立しないという条件の下で、その出産が、離婚してから2年以内であれば元夫の子とみなす、あるいは4年以内、5年以内、7年以内など不思議な諸説があるのだ。

妊娠の最短期間にせよ、最長期間にせよ、それが実際にはあり得ないほど長く設定されていることは、子を父のない状態にしないようにという配慮であるともいわれている。子が生きていくにあたっては、父の存在が不可欠であるという価値観を反映しているのだろう。

（2）父子間の権利義務

子が生まれたとき、その父には、男子なら成人するまで、女子なら結婚して婚家に移るまで扶養の義務が生じる。扶養義務は相互のもので、父が困窮していて子に財産があれば、子は父を扶養する義務を負うことになる。相続もまた父子間で相互に権利がある。子は、生きて生まれたことを条件に、胎児の時点から相続権をもつ。

父はその他に、子に対する後見の権利を有する。後見にはいくつかの種類があり、子が成人し熟慮（ルシュド）を備えるまで、その財産を管理する財産後見と、女子や未成年の男子の婚姻契約を結ぶ婚姻後見が主なものである。次項で述べる監護権は、基本的には母が優先されるものの父が持つことも可能であるが、多数説によれば、母は法定後見人には含まれない。父が存命であれば、他の親族に権利が移ることもないので、父による強い権限であるといえよう。

また後見には、礼拝などの宗教儀礼についてのしつけを行う義務や、子を学校に通わせるなどの教育を施す義務も含まれる。父方の系譜に連なることを重視するイスラーム以前のアラブにおける慣習は、イスラーム法においてもかなりの程度で存続したといえる。

（3）母子間の権利義務

では、子と母との関係はどうだろうか。クルアーンやハディースは、子にとっての母の重要性を述べているが、イスラーム法はそれらをどのような規定として定めたのだろうか。

生まれたばかりの子にとって、母による授乳が好ましいことは、法学者たちも認識していたようである。ところが、母は必ずしも授乳を義務とされなかった。クルアーン第2章233節に、「母親は、子に満2年間授乳する」とあり、さらに同節に「両人が話し合いで合意の上、離乳を決めても罪にならない。またあなたがたは子を乳母に託すよう決定しても、約束したものを公正に支給するならば罪にならない」とあるからである。授乳に関しては、法学者たちの見解の相違が大きいが、母の権利ではあっても、それを強制されることはない。

同様に、子の身の回りの世話をする監護*の権利についても、母にその役割が強制されることはないが、最優先で権利をもつ。このことは、預言者ムハンマドが「母と子を引き離す者は、神は審判の日に彼とその愛する者とを引き離されるだろう」と語ったというハディースなどに由来する。子の監護期間は、法学派によって7歳ぐらいまでから、男子なら成人するまで、女子なら結婚するまでと幅がある。監護権は、主に母方の親族が優先するとする法学派が多い。母が父と同じ町に居住し、再婚していない限りは、母が第一位の監護権者であり、つぎに母方の祖母に監護権が移る。

母には子に対する扶養義務はないが、子は母が困窮すればその扶養の義務を負う。しかし、相続については、相互に権利がある。母に子を扶養する義務がないのは、女性が稼ぎを得ることを想定していないイスラーム法全体の考え方の現れであるとされる。

5　イスラーム法における性の規範

（1）成人の定義

ここまで、イスラーム法における結婚や離婚、そして子の養育にかんする法規定を見てきたが、男女共に成人*を境にして、その権利義務関係に大きな変化が現れる。そもそもイスラーム法は、基本的には「神によって義務を課された者（ムカッラフ）」を対象とし、ムカッラフとなる最大の条件が、成人であることなのである。

イスラーム法における成人は、身体的成熟をもって判断される。女性であれば初潮を迎えて以降、男性であれば最初の射精以降がその基準となる。それらの身体的変化が見られない場合には、補助的に年齢（15～18歳の間で、男女別に学派による見解の相違がある）が目安となるが、基本的には生殖能力を備えて初めて、宗教的儀礼行為から財産行為、婚姻、刑罰などのあらゆる規定の対象となるのである。

現代では、各国の家族法において具体的な成人年齢が規定されており、イスラーム法のこうした成人の定義はほとんど継承されていない。その意味においてイスラーム法と現代家族法は断絶したと捉えることもできよう。しかしながら、性にかかわる規範は、具体的な法律の有無にかかわらず、社会通念として広く共有されている。次に挙げる姦通罪についても同様のことがいえる。

（2）クルアーンに示された姦通の戒め

姦通罪は、婚姻外の男女による性行為にたいして科せられるもので、クルアーン第24章2節の「姦通した女と男は、それぞれ100回鞭打て」にその根拠がある。イスラーム法には、その条件や内容の詳細が定められたが、実際にどのような形での刑罰が執行されていたかは明らかでない。というのも、姦通罪の立証には、本人による自白か、4人の公正な証人が現場を目撃したことを証言する必要があり、それはあまりに困難である。しかも、証言を揃えることなく訴えを起こした場合、逆に姦通中傷罪を問われてしまうのである。

同性間の性行為の忌避については、旧約聖書にも登場するロトにまつわる物語がクルアーン第7章80～81節などに登場するのだが、これを姦通として禁止する規定を記述するイスラーム法学書は意外に少ない。むしろ、歴史上有名なエピソードとして同性愛者（とくに少年愛）にまつわる話がイスラーム社会においては豊富にあったし、同性愛を賛美する詩も多く残されている。

姦通を戒めるクルアーンの教えは、罰則を伴う規則よりは、日常的な社会習慣により色濃く反映されたように思われる。夫婦でない男女が接触する機会をなるべく減らそうとする傾向や、女性の魅力的な髪を覆うヴェールなどの習慣である。それらはまた、結婚という形を男女関係の理想とすることへもつながっていくのである。

おわりに

神の法であるシャリーアは、人間の行動を正しく導くために神によって立法されたとされている。しかし、神の真意を探りつつ具体的な行為規範を示したイスラーム法（フィクフ）は、人間によるものである。イスラーム法は、神と人間との関係を定める儀礼的規範（イバーダート）と人間同士の関係を定める法的規範（ムアーマラート）で構成されている。本章で述べてきた婚姻や離婚は、ムアーマラートの一部であって、人間同士の契約である。カトリック教会の「結婚の秘蹟」のような、神の恵みのしるしといった考え方とは異なるものである。

イスラーム法は、性的な成熟を成人の定義とし、法的な能力を完全に備えるための重要な条件とした。男女の性的な関わりについての様々な法規定は、人間の欲望そのものを制限するものではなく、生まれた子の父親を曖昧にしないという意味をもっていた。そのため、婚姻契約に際しては、後見人と証人を立てることが求められ、**結婚披露宴***を行うことで二人が夫婦となったことを広く知らせることが推奨されたのである。

イスラーム法学者たちは、結婚という男女の結びつきについて詳細な議論を尽くすと同時に、親子それぞれの関係についても具体的な指針を定めた。夫と妻、そしてそこから生まれる子どもとの絆を強く意識する規範は、形を変えて現代の法律に継承された。

現代のムスリム諸国が家族法典を作成する際には、古典イスラーム法の規定が参照され、取捨選択されて影響を及ぼした。法典に定めのない点については、古典イスラーム法が適用されることも想定されている。さらには、クルアーンやハディースを新たに解釈し直し、現代の状況に合わせる形でイスラーム法が再構築される傾向も出てきている。それぞれの国において、あるいは時代の流れの中で、イスラーム法は異なる形で生き続けているのである。

コラム5

シャリーアとイスラーム法

小野仁美

シャリーア＊とは、イスラーム教徒が守るべき規範であり、「イスラーム法」と日本語で訳されることが多い。ただし、シャリーアという語も、イスラーム法という語も、それぞれ複数の意味を含み、人によってその指し示すものが異なることがある。イスラーム法研究者の柳橋は、「シャリーアはしばしばイスラーム法と訳されるが、この訳語はあたっているようでもあるが、必ずしも正確でないともいえる。イスラーム法という訳語はむしろ**フィクフ**＊という別の概念に与えるほうが適切である場合も多い」と述べている（柳橋 2003: 78-83）。「イスラーム法＝シャリーア」であるとする立場も、「イスラーム法＝フィクフ（シャリーアを理解するための学問）」であるとする立場も、どちらも間違いではないが、その意味するところは異なるということである。ではそれぞれの語を、研究者たちはどのように理解しているだろうか。

「シャリーア＝イスラーム法」であるとしたうえで、これを、聖典**クルアーン**＊と**ハディース**＊を典拠として法学者たちが形成した体系と説明する書物は多い（佐藤 2009: 55; 大河原・堀井 2015: 5 など）。この場合のシャリーアは、神が下した啓示と、それを人間が解釈したものの両方を含むことになる。そして、人間の解釈は多様であり、シャリーアも多様な形で現れてくるという理解となる。

一方で、「イスラーム法＝フィクフ」と捉えて、シャリーアをより抽象的な神の命令と考える論者もいる。たとえば、イスラーム法学者の中田は、「シャリーアは具体的にはクルアーンとハディースのかたちを取った預言者ムハンマドに啓示されたイスラームの教えそのもの」であり、「イスラーム法はシャリーアの全体ではなく、シャリーアの行為規範の部分にのみ関わるもの」と述べている（中田 2015: 21）。この立場からは、シャリーアは、神に由来する絶対の規範であり、あくまでも一つであるということになる。人間の解釈によって導かれたイスラーム法が、多様な形を取りうるのはフィクフの意味においてである。

シャリーアとイスラーム法の語の用法をめぐる立場の違いを説明した著作もある。たとえばイスラーム政治思想研究者の小杉は、イスラーム法の語をシャリーアの訳語としたうえで、「ムスリムは通例、〝シャリーアはあらゆる場所、あらゆる時代に有効である〟と確信している。それは、神の書であるクルアーンがシャリーアの究極的な根源であることによる。しかしその一方で、法学者の解釈は社会的現実を反映するものであり、時代や地域差にも対応している。そのため、クルアーンに示されている一般原則が〝不変の法〟としてのシャリーアであり、法学者の解釈（法学）による具体的な規定はシャリーアそのものではないとする考え方もある」としている（小杉 2002）。

比較法学者のオットーは、シャリーアの理解を四つに分類した。①天啓の、抽象的なものとしての神の教え、②10世紀頃までにほぼ完成されたフィクフの体系、③歴史の中で継承されたり追加されたりしてきたフィクフ、④現代の解釈を含むより広い意味でのイスラームの教え（Otto 2010: 25-26）の四つである。

「シャリーア＝イスラーム法」と捉える立場においては、シャリーアを①②③④のいずれをも含むことができるが、「イスラーム法＝フィクフ」とする立場においては、シャリーアは①であり、イスラーム法は②と③である。論者によっては、現代における新しい解釈を含むシャリーア理解としての④もフィクフと呼ぶかもしれない。

シャリーアやイスラーム法の語を、いずれの意味において使用するにせよ、それらが現代の私たちが考えるような「法律」の範囲を超えた、より広い概念であることに注意しなければならない。クルアーンやハディースに照らして導きだされた学説は、礼拝や断食などの儀礼行為から、商取引の方法、裁判の手順、犯罪行為の内容と刑罰、そして本書で扱うような結婚や離婚にかかわる規範などを含んでいた。

イスラーム法学者と呼ばれる人々は、多数の法学書を著したし、それらが学派ごとの枠組みによって継承されたが、前近代においては、法学者による学説が「法典」として統一されることはなかった。たしかに法学書に記された法規定は、裁判規範という意味での法として機能もしていたが、それはムスリム社会の唯一の法ではなかったことも重要である。イスラーム圏の大部分の地域では、イスラーム法学者の解釈にもとづく法が高い権威を有してはいたが、その他に国家制定法や慣習法が行われていたのである（柳橋 2003: 91; 大河原・堀井 2015: 19-21）。

19世紀以降になると、法の多くの分野で西欧近代法が導入されるようになった。植民地支配を経て独立したイスラーム諸国は、前近代のイスラーム法学者による学説を取捨選択する形で取り入れ、それぞれの国の法を整備していった（堀井 2004: 207-54）。そうした中、法や慣習のうちで、イスラームの教えに由来したものについては、それが啓示そのものであれ、法学者の解釈したフィクフであれ、「シャリーア」と呼ばれて、世俗的な近代法とは異なる価値観を含むものとして認識されるようになっている。

私たちは、シャリーアやイスラーム法にかかわる文章を読む際に、それらの用語が何を指示しているのかをまず把握する必要がある。そうすることで、イスラームについても、ムスリム社会についても、より正確な理解を得ることができるのではないだろうか。

特論1

歴史に見るムスリムの婚姻契約
——19世紀から20世紀初頭にかけての結婚

大河原知樹

19世紀から20世紀初頭までのムスリムの結婚といっても、地域や時代によってさまざまな様態があったことが想像される。ただし、地域間または時代間の比較はそれほどなされていない。特論1では、まず第1節で、結婚の社会的な側面について、20世紀初頭のシリアを事例として、次いで第2節で、婚姻契約文書の書式と婚資について19世紀イランの事例から、最後に第3節で、ムスリムの婚姻が行政上どのように扱われていたかを、19世紀から20世紀初頭のヨーロッパ部ロシアを事例に、それぞれ考察する。

1　20世紀初頭のシリアの結婚

シリアの都市ダマスカスの昔話のくだりである。

ひとりの若者が同じ街区の娘に一目ぼれ。日に日につのる恋慕の情。ついに若者はお父《とう》にその娘との結婚*を相談したんだとさ。じゃがな、娘の父親は街区の名士、かたや若者の家は今でいうミドル・クラスさ。お父《とう》は「おめえがおっちんで街区の土くれになるまで待ったって、結婚できるわけがない」と言ったんだと。若者はお先まっくら、町はずれの庭園や農家で夜な夜な街区の若い衆とつるむようになっちまってさ、ついにはいかがわしい女と酒を飲んで身を持ちくずしてしまったんだとさ。

どこかで聞いたような話だが、これは、かつて社会規範として配偶者選択に一定の制約があったことを示唆する教訓譚ととらえられよう。出会いの場はそれほどあるわけではなく、男性にとっては、日常的には、たまたま家の前の道路を掃除中の女性、それを除けば年に一度のラマダーン月の夜の儀式、誰かの婚約式の席上や結婚式場への道中くらいだったという。

筆者は、１９９０年代に、ラマダーン月の27夜（力の夜）にダマスカスのとある家で催されたスーフィー教団の儀式に参加したことがあった。預言者讃歌や狂言回しのような小人の奇行がおこなわれたあとで、皆で手をつなぎながら「アッラー・ハイッ」と唱えながら中庭を廻るのだが、筆者がふと上を見上げると、２階からかなりの数の女性がこちらを見下ろしているのがわかった。今思えば、女性たちは「いい男」がいないか探していたようにも思える。少し年配にみえる女性は自分や親戚、近所の娘のお相手を、未婚の娘は将来の伴侶となるかもしれない素敵な男性を。

20世紀初頭のダマスカスで、昔話のような男女の偶然の出会いが仮にあったとしても、若者は自分の父母、家族はもとより、相手の父母、家族を納得させられるだけの器量を必要とした。先ほどの父が若者の結婚に反対したのも、不釣り合いだというのが理由だったのもうなずける。特に、街区の名士、宗教関係財産（ワクフ）管財人、軍将校の娘とミドル・クラスの若者との結婚は難しいとされていた。なぜならば、当時のダマスカスでは、結婚とは、何よりも女性が妻として夫である男性の家に入ることを意味し、妻が夫の父母や兄弟姉妹と同居することもまれではなかった。したがって、結婚とは、家と家との結びつきに他ならなかった。

当然のことながら、嫁探しには、父か母の意向が強く反映される。しかしながら、父親と母親の意向はかなり違っていたといわれる。まず、父親には、主に二つほどの心づもりがあった。一つは、「釣り合い」(カファーア/クフウ)のよい家からの嫁取り、例えば自分が職人や商人であれば、同業組合の親方や参事、古参職人、やり手の商家の娘をもらおうと考える。それは、自分の商売取引や組合での立場を強化することが期待できるからである。もう一つは、自分の兄弟の娘を息子の嫁とする、いわゆる「父方平行イトコ(ビント・アンム)婚」である(第9章参照)。実際、父方のイトコのみならず、親戚同士の結婚は中東では一定程度見られる結婚である。これには、預言者ムハンマドの娘ファーティマとその父方オジの息子アリー(第4代正統カリフにして初代イマーム)との近親婚(預言者ムハンマド自身も父方オバの娘ザイナブと結婚している)が理想化され、好まれるようになったという説、夫婦の家柄の「釣り合い」がおのずと保証されるからという説、さらには一定の財産、特に不動産を有する家族がシャリーアの均分相続による財産分割防止のために積極的に進めたという説などが唱えられている。そうだとすれば、父親は事業拡大のための「攻め」の姿勢か、資産防衛のための「守り」の姿勢で、息子の嫁取りを探ったということになろう。しかし、よく考えてみると、父親の取りうる選択肢は、それほど多くはなかったことになる。

父親の嫁探しがうまくいかなかったときは、母親の出番である。母親としては、自分自身がイトコ婚でやって来たのでないかぎりは、夫の親族との縁組みに気乗りしないとされる。こうした母親は、夫の姉や妹のいろいろな口出しに閉口しており、その娘を息子の嫁にもらうなんて真っ平なのである。その意味で、

「夫の近親は毒虫だ（アルアカーリブ・アカーリブ）」という諺は、いい得て妙である。母親は、まずは隣人、知人女性の娘の中に息子の嫁候補がいないかと考える。うまい具合にいかないときは、母親は結婚相談を生業とする中媒（ハティーバ）に相談することとなる。母親は、中媒に紹介してもらった適齢期の娘の身体つき、容姿、歯ならびから口臭に至るまで徹底的に調べあげる。気にいった娘がいないときは、別の娘を紹介してもらい、同じように調べる。これという娘が見つかったときは、家族構成から親兄弟の職業、隣人・知人関係まで確かめるのが普通だったという。

父と母のいずれが見つけた嫁候補にせよ、その嫁候補で良いかどうか考える最後の決め手としての方法もいくつかあったという。一つめの方法は占いである。占い師は娘と両親の名を聞き、おもむろにクルアーン*を開いて少し誦んで閉じ、2回跪拝してまた開き、7頁と7節先の節の意味を講釈して結婚の吉凶を告げるという。その他の方法として占星術や姓名判断がある。結果が芳しくないときは、残念だが嫁探しは振り出しに戻る。嫁側の家でも、夫側の家について吉凶占いをすることがあったようである。

さて、相手が決まると、相手の父親の、既に父親がいないときは父親の男性親族が務める後見人*の承諾が必要となる。その承諾の手続きを進めるのは新郎の父である。父は男性親族や街区の名士と相談をして、正式な結婚申込の日取りを決める。両家の顔合わせの場には、それぞれの街区の主だった面々が同席して、菓子や果物、タバコが勧められる。歓談が一段落すると、結婚の申込と承諾の文句が交わされる。その後は、婚資*の額や嫁入り道具の内容、婚姻契約*書の作成、式の日取りなどが具体的に話しあわれる。

当時は、婚姻契約を締結するには、イスラーム法廷*から婚姻許可状を発行してもらう必要があり、しかも発行から8日以内に行わねばならないという決まりであった。新郎の父は、契約時に払う前渡し婚資を集め、契約式の招待状印刷・配送を済ましておく。婚姻契約式が行われる街区の一軒家では、クルアーン読誦や預言者讃歌が詠じられる中で招待客に菓子や果物などがふるまわれる。宴たけなわの頃、新郎（または父、後見人）と新婦の父（または後見人）が一室に集まる。両家の結合を示すため白布の下で握手したまま、婚姻契約締結人に婚資額や婚姻条件を伝え、結婚契約書が作成される。このとき、別室に娘がいて、結婚を承諾するかどうか確認されるが、言葉によるだけでなく、沈黙による意思表示も認められている。婚姻契約締結人が双方の承諾を確認して契約が成立する。祝福と祈願が唱えられてから新郎の父が婚資の入った金袋を渡し、証人たちが契約書に署名すれば、手続き完了である。契約書は2通作成され、新郎の家と新婦の家がそれぞれ1通ずつ保管することになっていた。

新婦の家族は、前渡し婚資で嫁入り道具や婚礼衣装を準備し、新婦の手足にヘンナで化粧をほどこす。しばしば公衆浴場でお別れの宴会が催されたという。嫁入り行列は、送り出す街区の長（ムフタール）を先頭に、街区の導師（イマーム）、名士、クルアーン運搬役、嫁入り道具一式の順で進んでいく。道具は、錦の刺繍入りの絹の包み、絨毯、鏡などからなり、新居となる新郎の家に運び入れられる。

新郎の方でも婚礼前に公衆浴場で身だしなみを整える。式当日になると、夜の礼拝の後に親族か名士の家で、衣装がえの儀式を行う。その後に新郎は、街区の若い衆とともに、アラーダとよばれる行進を披露しながら「女の宴」が催されている別の家にむかって進んでいく。衣装がえの家から新婦の待つ自宅までの行進が「男の宴」のクライマックスであり、剣や棒を持った街区の若い衆や灯り持ちが2列で先導しながら、ときに口上、お囃子、ときに剣舞（サイフ・ワ・トルス）を披露する。彼らに囲まれるようにして新郎や街区長、礼拝導師、名士、父、オジたちも進む。道中、わざと回り道をしながら街路をまんべんなく練り歩くのは、新郎を街区の全住民にお披露目するためだろう。「女の宴」の家の門に到着し、もうひと口上してから、新郎と父を家に押し込んだら行進は終わる。

「女の宴」の場は新郎の家であることが多く、新婦を囲んで女性たちが食事をし、歌い踊る。新郎が到着すると、しばらくたってから新婦をともなって寝室へ行き、床入れ*をする。床入れが済むと、新婦は再び「女の宴」に戻ってそこで夜明けを迎える。新郎の方は仮眠した後に公衆浴場へ行って身を浄め、モスクで父とともに夜明けの礼拝を行う。これで一連の結婚式の儀礼は終了する。これらのことが如実に示すように、20世紀初頭のダマスカスの一般的な結婚とは、単に二つの家の間の関係にとどまらず、両家にかかわる地域コミュニティをまきこむ非常に重要な儀礼だったのである。

2 19世紀イランの婚姻契約文書に見える婚資

阿部尚史

イスラーム法において、婚姻は有償契約である。柳橋博之によれば、婚姻とは、「性交から得られる快楽と婚資*が対価関係に立つ一種の有償契約」であり、また「夫による婚資の支払い義務と、妻が夫に対して負う服従義務とが対価関係に立つ有償契約」ともされる（柳橋 2001:12, 179）。この定義で注目したいのが、「婚資」と「契約」である。日本語で通常「婚資」と訳されるアラビア語の「マフル／サダーク」は、イスラーム法に基づく婚姻に不可欠な要素である。なおこの語は、英語では本来（女性の側からの）「持参財／嫁資」を意味するdowryと訳出されたり、より実態に近いbride-wealthと訳されることもある。日本人の語感からすると「結納金」に近い。ここで重要なのは、婚資はあくまでも新婦の個人財産になるという点である。これゆえにイスラームは、女性の財産権を一貫して認めていたとする。

婚資は必ずしも金銭である必要はなく、「有価物」であればかまわないとされているが（ただし一般的に価値があるとされる酒や豚肉はイスラーム法上違法なので、ここでは含まれない）、婚資は「必ず」支払われねばならない（ただし、「いつ支払われるべきか」は後見人*も含んだ当事者間の交渉に依存している）。ともあれ19世紀イランの法廷記録を見ると、多くの場合婚資はお金で算定されている。

次に、「有償契約」という側面に注目してみよう。非キリスト教徒が多いはずの日本人の間でもキリスト教会での結婚式は広がっており、そこでは結婚が「神の前での契約」と表現されることがあるので、意外に違和感はないかもしれない。それはともかく、日本法では一般に婚姻は「契約」ではなく、「制度」と理解されているのに対し、イスラーム法では厳然とした「有償契約」である。婚資に対して、性交に応じる義務や服従義務が対価に立つかどうか、現代の日本の価値観からみると違和感があるだろうが、夫には、婚資支払いのほかに妻子に対する扶養義務なども課されている。いずれにしても、契約であるゆえに、新郎新婦の間で「契約書」が取り交わされることも多々ある。そこで、現物が豊富に伝世しているイランを例に、１９３０年代に民法が制定される以前に作成された、いわば「伝統的」な婚姻契約書の実例を紹介したい。ハーヴァード大学で中東研究およびジェンダー学の教鞭を執るアフサーネ・ナジュマーバーディーは“Women's World in Qajar Iran”（http://www.qajarwomen.org/en/）という近代イランの女性に関連するデジタル・アーカイヴを運営しており、そこでは２０１９年1月の時点で、７００件以上の婚姻文書を閲覧することができた。ここから2点を取り上げよう。婚姻契約*文書は一枚の料紙の場合が多いが、冊子状になっているものもある。また売買など他の契約文書に比べて彩色されたものが多いのが特徴である。

文書１（通常の婚姻）

文書1は、上部にある「慈悲深く慈愛あまねき神の御名において」に続く2行と装飾の下の13行から構成されている。最初の8行に、神と預言者への賛辞、結婚の利点に関わるクルアーン*の引用（第24章32節）や預言者のハディース*などが記述されたのちに、ようやく本題に入る。「法的に適正な婚姻契約が締結された」と記されたのちに、契約当事者として、新郎のアーカー・サイエド・アフマド（故サイエド・モハンマド＝タキーの息子）と新婦のファーテメ・ベゴム（故アーカー・サイエド・サーデクの娘）が明記され、婚資（サダーク）は14トマンと記されている。そのあとに、契約の合法性が再確認され、1293年ラマダーン月26日（1876年10月15日）に締結されたことが記される。文書によっては、新郎新婦の後見人が明記される場合もある。文書に記されている情報は、婚姻契約が合法的に成立したことを除けば、その当事者である新郎新婦とその両者の父親の名前、および婚資の額である。13行の文書本文の半分以上が儀礼的な文章から構成されているのである。なお、本文の右側には、婚姻契約に立ち会った証人の名前が記され、本文の左上には、契約を仲介した法学者が契約を認証している。実質的な情報として婚資を明記することが重要であったことが読み取れるが、婚資の授受の詳細については書

文書1（通常の婚姻）
出典：http://nrs.harvard.edu/urn-3:FHCL:33927276
(Middle Eastern Division. Widener Library. Harvard College Library)

かれていない。筆者の調べたところでは、19世紀イランでは婚姻時に婚資が全額支払われることは少なかったとみられ、婚姻締結時にはごく一部しか渡されない事例が多かった。

文書２（一時婚）

ここで取り上げているイランでは、イスラームのなかでも少数派のシーア派が人口の大半を占めている。婚姻におけるシーア派とスンナ派の大きな差異として、「一時婚[*]」（mut'a）の存在がある。イスラーム法では、1人の男性は同時に4人の女性を妻帯することができる。この点はシーア派にも多数派のスンナ派にも共通している。それに対して、一時婚はシーア派のみに残った婚姻形態であり、婚姻期間を設定した婚姻である（原義は「快楽婚」）。この一時婚は、しばしば売買春の隠れ蓑という批判もなされるが、シーア派が多数を占めるイランでは現在でも合法の婚姻形態である。以下では、一時婚の婚姻文書を見てみよう。

一時婚の契約文書（文書2）は、一目見ただけで前出の婚姻文書1との違いがわかる。まず装飾がなく簡素で、さらに文字数が少なく必要最低限の事項が書か

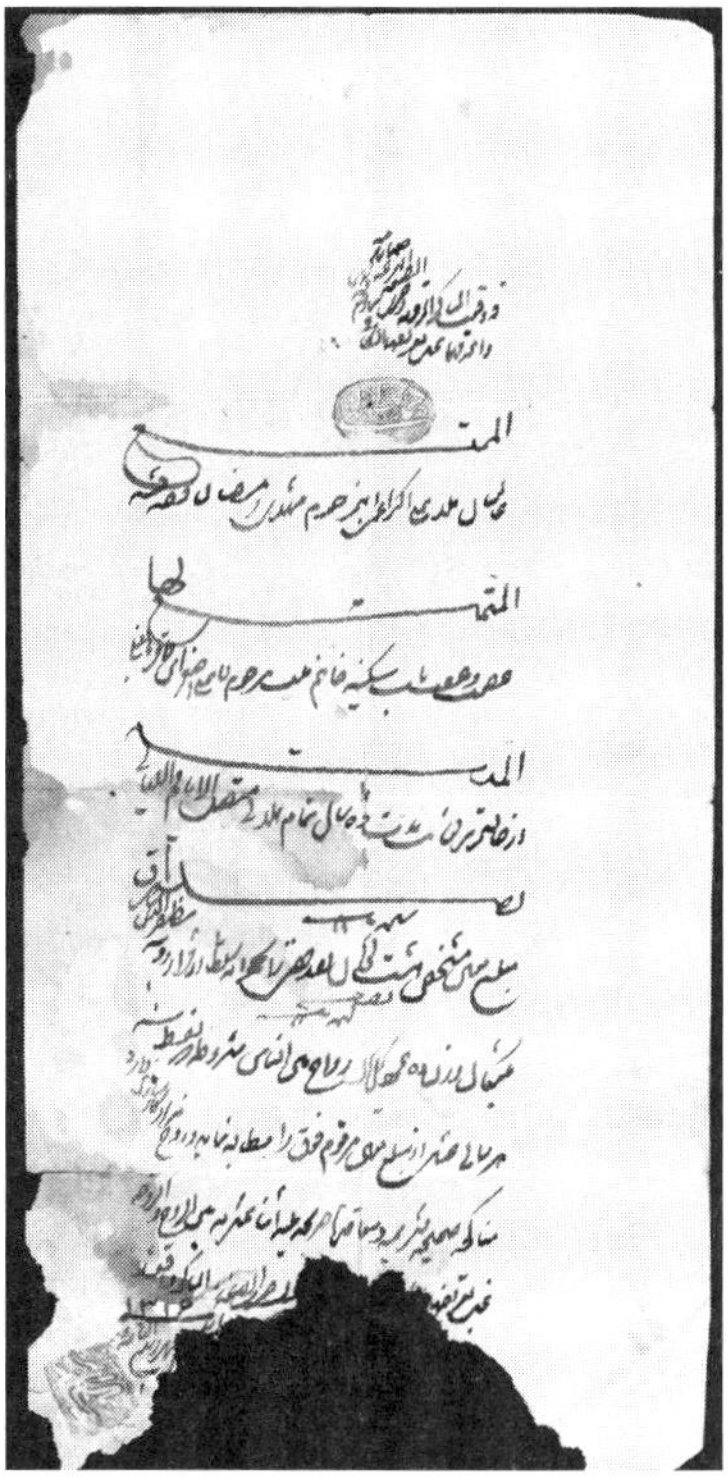

文書２（一時婚）
出典：http://nrs.harvard.edu/urn-3:FHCL:33927746 (Middle Eastern Division. Widener Library. Harvard College Library)

れるのみで、さらに、一目で必要事項がわかる作りになっている。まず、「一時婚する人」という項目が大きく書かれ、その下に一時婚する男性名モッラー・アリーアクバル・アアマー（故マシュハディー・ラマザーンの息子）が明記される。その下には「一時婚される人」という項目が書かれ、女性名サキーネ・ハーノム（故アーカー・アリーアスガルの娘）が明記される。そのあとに、婚姻期間が太陽暦で10年間であり（イスラーム暦は太陰暦であるが、太陽暦で算定）、婚資が8トマン（銀貨換算）とされている。興味深い特徴として、文書2では婚資を毎年「10分の1」すなわち８０００ディーナールを受け取るようにと定めている。したがって、婚姻文書1に比べて、婚資の支払いが厳密に規定された契約であることがうかがえる。

以上の2例からも婚資はイスラームにおける婚姻に必須な要素とされながらも、実際の運用の差異が見て取れる。ここからも、イスラームの婚姻に関わる共通性と差異を体現する要素の一つが婚資であることがわかるだろう。

3　19世紀から20世紀初頭のロシアにおけるムスリムの婚姻と法……磯貝真澄

ロシアには、ウラル山脈を境として西側をヨーロッパ部、東側をアジア部とする考え方がある。そのヨーロッパ部ロシアを流れるヴォルガ川の中・下流域と、ウラル山脈の南麓――ヴォルガ・ウラル地域――は、テュルク系ムスリム（現在のタタール人、バシキール人）の居住地であって、ロシアが初めて統治下に収めた非スラヴ・非キリスト教徒の集団の地域である。それは16世紀中頃のことだった。18世紀後半、クリミア・ハン国併合やポーランド分割でさらに多くの様々な人々を統治下に入れたエカチェリーナ2世期のロシア帝国では、正教以外の多様な宗教・宗派も公認する国家体制の基盤が整備された。それはつまり、臣民によるイスラーム信仰をも公認する体制である。19世紀前半に編纂された帝国の法典である「ロシア帝国法律集成」は、そうした体制が反映されたものであり、ヴォルガ・ウラル地域やクリミアのムスリム臣民を対象に、イスラーム法に由来する規範の適用を部分的に保障する規定を含んでいた。

そして、その法制度で認められるイスラーム法由来の規範とは、何よりもまず、婚姻・離婚や遺産相続といった家族法*分野のものだった。このことは、現代ムスリム諸国の法制度を研究する専門家が、研究対象の国・地域における自立的な法の近代化改革や、植民地としての宗主国法の移植の歴史などに言及したうえで、特にその家族法に対するイスラーム法の影響の大きさを指摘することを想起させる（伊藤2016: 103; 堀井2016: 79)。それはさておき、まず、そうしたロシア帝国の多元的、または複合的な法制度を、ムスリムの遺産相続を例に瞥見しよう。

「ロシア帝国法律集成」の第10巻第1部は「民事法律集成」であり、つまり民事法である。その第１３３８条（１８５７年版以降）は第1文で、「マホメット教徒の〔死〕後に遺された財産の分割は、彼らの法に従って行われる」と規定する。ムスリムの死去で遺された財産の分割にイスラーム法が適用できることを明確に定めており、これは国家の法制度としては、ムスリムの遺産分割がイスラーム法に照らして合法ならば、それを国家法によって合法化するという論理構造である。オレンブルグ・ムスリム宗務協議会は、こうした法制度の運用を担当する司法・行政機関の一つで、ヴォルガ・ウラル地域とシベリアのムスリムを管轄した。

ここで宗務協議会を中心とする司法・行政制度をごく簡単に説明したい。宗務協議会はウラル南麓のウファ市に所在し、その組織の中心は、「ムフティー」または「議長」と呼ばれる1名と、「カーディー*」または「委員」と呼ばれる3名で構成されていた。ムフティーはムスリムではあっても、必ずしもイスラーム法の専門家が務めたわけではないが、カーディーの方はウラマー*から選任された。宗務協議会の管轄地域は「マハッラ」と呼ばれる教区に分けられ、原則として、マハッラ一つに集会モスクが一つ設置され、集会モスクに「ムスリム聖職者」とみなされるイマームが1名任命された。そして、イマームがマハッラの人々の婚姻・離婚や遺産相続にかかわる手続きを行ったのである。イマームはもちろん、ウラマーから選任された（磯貝真澄 2014）。

　ムスリムの婚姻や離婚の手続きは、イマームが担当し、教区簿（教区簿冊）に登録した。教区簿冊は元来、西・中欧のキリスト教諸国で、教区民の洗礼・婚姻・埋葬の記録として作成され始め、普及したものである。ロシア帝国の教区簿は、それを参考にした行政の主導で、18世紀前半に正教徒臣民を対象に法制化され、正教の教区に徐々に導入された。宗務協議会管轄地域のムスリムの教区簿は、１８２８年に法制化され、宗務協議会の管理・監督のもと、マハッラのイマームがテュルク語で作成するようになった。19世紀末のムスリムの教区簿は、出生記録、婚姻記録、離婚記録、死亡記録の4部で構成されていた。

　婚姻記録の部には、婚姻の月日、新郎新婦の年齢、新郎新婦とその父・祖父の名、姓を持つ者については姓、および身分、また新郎新婦の婚姻回数、**婚姻契約***を締結する本人または代理人と証人の名・署名、**婚資***の全体額と即時払い・支払い期限付きの額、婚姻手続きを担当したイマームの署名などが記載された。婚資額の記入欄では、誰が支払い期限付きの婚資（いわゆる後払いの婚資）を債務として負担するのか明記するよう、指示されていた。離婚の部には、**一方的離婚***または**身請け離婚***をする夫婦の名とその父・祖父の名、姓を持つ者は姓、および身分、また身請け離婚の場合は身請けの対価、離婚理由、離婚回数、証人とその父の名・署名、離婚手続きを担当したイマームの署名などが記録された（磯貝 2018）。

先の第2節で阿部尚史氏は、イランの婚姻契約文書について、婚資額の明記が重視されたことを指摘するが、ロシア帝国ヴォルガ・ウラル地域のムスリムの教区簿でも、婚資額を明記することが重視されたと言えるだろう。しかも、婚姻時の支払い期限付きの婚資額とその債務者や、身請け離婚時の身請けの対価を記載するような細かい指示があったことから、宗務協議会が、婚姻・離婚当事者に婚姻の有償契約としての意味を認識させ、婚姻・離婚時の経済的弱者を少しでも保護する意図を持っていたのではないか、と想像することも可能である。

また、教区簿の離婚記録の部には、離婚する夫婦の名等の記載事項が単純に列挙されるのではなく、当事者の一人称の承認や、申し込みと承諾の文言、つまり法律行為の文言が記された。これは中央アジアのシャリーア法廷で作成された契約証書の文面に近いスタイルであり（磯貝 2018）、このこと自体が、ヴォルガ・ウラル地域と中央アジアの間の、イスラーム法運用のための知識の継受関係を推測させるものである。いずれにせよ、ロシアのムスリムの婚姻をめぐっては、その法制度についても、実践実態についても、研究が開始されたばかりであり、ここで紹介したような法文や教区簿を利用した、今後の研究の進展が期待される。

コラム6

「カイラワーン式婚姻」
——チュニジアの伝統的な一夫一婦制

小野仁美

イスラーム法において、**一夫多妻婚***が許されていたことは有名であるが、歴史の中で実際に、どのくらいのムスリム男性たちが複数の妻を持っていたのかは、それほど詳しくはわかっていない。しかし、古くから一夫多妻を妻の側から制限していた地域があるという。チュニジア中部の古都カイラワーンである。

カイラワーンは、670年にアラブの軍営都市として築かれ、800年にアグラブ朝の首都となると、イスラーム諸学の学問的中心地となった。とくにマーリク派のイスラーム法学においては、サフヌーン（777〜855）やイブン・アビーザイド（922〜966）といった著名な法学者を数多く輩出した。そのようなイスラーム法学のお膝元で、この珍しい慣行は長らく続いていたと伝えられている。

「カイラワーン式婚姻」は、**婚姻契約***に際して、夫が2人目の妻を娶らないという約款を付す異色の慣習である。しかもそこには、もし夫がそれに反して二人目と婚姻契約を結んだ場合、妻が彼女を離婚する権利を持つという条件まで加えられたという。イスラーム法においては、いずれの**法学派***においても、婚姻契約に約款を付すこと自体は認められている。しかし、イスラーム法で明確に許された一夫多妻婚や夫の離婚権にあからさまに反するような約款については、これを認めないと考える法学派が多かった。

アッバース朝第2代カリフ・マンスール（713?〜775）の妻ウンム・ムーサーは、カイラワーンの出身であった。「カイラワーン式婚姻」で約款を付してマンスールと結婚し、彼女が先に亡くなるまで、第二の妻も妾も決して持たせなかったと、歴史家たちは伝えている。

また、後世の法学者たちも、こうしたカイラワーンの婚姻慣行について、2人目の妻をめぐる係争の具体的な事例をいくつも伝えているし、約款のひな型まで残している。

○○の息子○○（新郎の名）は、○○（新婦）に対して、意志をもって自発的に、彼女への愛と彼女の幸福のために約束する。彼女以外の妻を娶ったり、側室や子持ちの女性を所有したりしない。もしも上記のようなことが起これば、諸事は彼女の手の中にある。彼女はその女の契約に介入できるし、奴隷であれば、その女を売るのであれ、留めるのであれ、解放するのであれ、その諸事もまた彼女の手の中にある。（イブン・アッタール〔942～1009〕『証書と文書の書』より）

チュニジアの著名な歴史家ハリン・フスニー・アブドゥルワッハーブ（1884～1968）は、「カイラワーン式婚姻」の習慣は近現代まで続き、そのため同地では、一夫多妻婚が少ないのだと述べている（Talbi 1998）。また、チュニス大学の女性史研究家ラルゲーシュは、19世紀後半のカイラワーンにおける法廷記録を調査し、確認できた約1万件の婚姻契約のうち、80％に多妻を禁じる約款が付されていたことを報告している。しかもその中には、夫が誓約を破って2人目を娶ったため、妻が彼女を離婚させるに至った例もあったという（Larguèche 2011）。

「カイラワーン式婚姻」については、このような研究がいくつもあり、チュニジア国内においてはおそらく既に知られたことだったのだろう。にもかかわらず、チュニジア「**身分関係法***」（1956年制定）が、イスラーム法に反して一夫多妻制を禁じたことは、ブルギーバ初代大統領の功績とされ、チュニジア国家の先進性を示す代表的なシンボルとなった。人口の9割以上をイスラーム教徒が占める同国においては、それまでイスラーム法を規範とした**結婚***・離婚が行われており、「身分関係法」の作成にあたっても、多くの条項がイスラーム法の影響を残していた。そのような中で、一夫多妻を含むいくつかのイスラーム法規定が改革され、ブルギーバ大統領はこの革新的な家族法を、女性の権利拡大の象徴として誇ったのである。

　チュニジアでは、すでに20世紀前半より、こうした女性解放論が唱えられたこともあった。イスラーム改革思想家ターヒル・ハッダード（1899〜1935）は『我々の女性』（1930年刊行）で、**クルアーン***第4章3節の「あなたがよいと思う2人、3人、または4人の女を娶れ」のあとに続く「ただし公平に扱えないのであれば1人だけ」の部分をもって、神は一夫一婦制を命じたのだという再解釈を提示した。同書は**ウラマー***たちの批判を浴び、ハッダードは公証人の職務を追われることになったのだが、「身分関係法」の制定以降、その思想はチュニジアにおける女性解放論の先駆けとして高く評価されるようになる。新しい時代にイスラームを適用するために、イスラーム法の古い解釈を見直すべきであるとする言説が、チュニジア国内で共有されていったのである（小野 2010）。

　近代以降の社会変動の中で、チュニジアの結婚・離婚が法制度や人々の実践が、著しい変化を伴って展開しているのは事実である。しかしながら、「カイラワーン式婚姻」に見られるように、千年以上にわたるイスラームの歴史の中でのムスリムたちの日々の営みもまた、豊かな多様性を持っていたのではないだろうか。それを知るための史料は、今のところ、ごく限られたものでしかない。今後、より多くの証拠が見つかり、それらにもとづく分析が進めば、私たちはまた違った形のイスラームの結婚を発見するのかもしれない。

特論 2

近代家族法の誕生

20世紀に入り、イギリスが植民地とするインドとロシア帝国との間に位置していたオスマン帝国およびガージャール朝ペルシャは、直接国境を接したくないイギリスとロシアの緩衝地として植民地となることはなかったが、欧州諸国に恩恵的特権（キャピチュレーション）を与えることにより、経済的な支配を受けるようになる「西洋の衝撃」にさらされることになる。欧米諸国と同じ法制度ではないとして、不平等条約が締結され、外国人には治外法権が認められた。欧米諸国は、それまでそれらの地域で機能していたイスラーム法を否定し、自らが持つ法制度や社会・経済制度が「近代的」でスタンダードな制度であるとした。

「西洋の衝撃」に伴った法改正は、まずは裁判所を分けるところから始まった。それぞれ名前や種類は異なるが、一つは「世俗法廷」で、外国人や外国と関係のある紛争に関してはこちらが管轄した、もう一つは「シャリーア法廷*」というイスラーム法が適用される法廷である。家族法や財産法などムスリム間の法的問題はこちらの法廷で採決がなされることになった。しかし、二つの裁判所で二つの法体系が存在するという状況により様々な場面で混乱が生じた。その後、欧米の法律を模した新たな法律の編纂がなされることになり、憲法や刑法などの公法の分野と民法や商法が扱う私法の分野でも新たな法典化がなされることになった。

なかでも家族を形成することに関わる結婚や離婚、子どもの問題に関する法律はその社会の持つ文化を色濃く反映する。日本でも「イエ」制度を規定した民法の改正は第二次世界大戦終結を待たなければならなかった。特論2では、それぞれ名前は異なっているが、イスラーム法を色濃く反映する家族に関わる法律が、トルコ、エジプト、イランを例にして20世紀以降にどのように法制化していったのかを明らかにする。

1　トルコの家族法

村上　薫

(1) シャリーアと西洋法の出会い——1917年オスマン家族法

トルコ共和国（1923年建国）における近代家族法*の出発点は、オスマン帝国末期に制定された家族法にたどることができる。19世紀半ば、「西洋の衝撃」にさらされたオスマン帝国では、中央集権的近代国家に生まれ変わるために司法改革が焦眉の課題であった。民法典の編纂をめぐっては、シャリーア*（イスラーム法）に基づくか、それとも西洋法によるかが議論され、最終的にシャリーアを下地とした条文形式のオスマン民法典（メジェッレ）が編纂された（大河原・堀井 2015）。ただし結婚*や離婚など家族法の分野については、非ムスリムにシャリーア規定を適用することはできないとして民法典には収められず、改革派エリートの「青年トルコ人」が政権を握った後、１９１７年に家族法（Hukuk-u Aile Kararnamesi）として法典化された（Ünal 1977）。

同法は、非ムスリムも含めたオスマン帝国の全住民を対象に、結婚、離婚、その他の家族関係を規定するものであり、シャリーアを基本的枠組みとしつつも、時代の要請にこたえ急進的な要素を取り入れるものであった。女性は結婚契約に際し、夫が第二夫人を持つことを禁じ、これが守られなかった場合には自動的に離婚を請求しうることが明記され、複婚*に制限が設けられたほか、強制による結婚と離婚の無効や、妻が離婚を申し立てるための条件の緩和（夫の性的不能に、夫の行方不明や性病り患、不仲などを追加）が盛り込まれた。また信教の自由のために教会法と律法が採用され、それぞれキリスト教徒とユダヤ教徒に適用される一方、非ムスリムの法廷はシャリーア法廷*に統一されることにより、司法の緩やかな一元化が実現した（Aydın 1998; 新井 2001）。

同法の制定は、19世紀後半以降の社会経済変容への対応という実際的な必要性を背景としていた。とりわけ１９１４年に第一次世界大戦が勃発すると、出征した夫が生死不明のまま、多くの女性が離婚できず再婚もできず困窮するという状況に追い込まれた（Aydın 1998）。複婚反対の世論も家族法の制定を後押しした。19世紀後半から20世紀初頭にかけて、複婚はイスタンブルではほとんど行われなくなっていた。にもかかわらず世論が盛りあがったのは、男女平等と近代的西洋的な生活様式を求めるイデオロギー闘争の中で複婚が象徴的な価値を持ったことによる。「青年トルコ人」の代表的イデオローグであるズィヤ・ギョカルプは、男女平等——ギョカルプによれば古代トルコ文明の「伝統」でもあった——にもとづく「新しい家族」の制度化を通じた国家再建を訴え、家族法論議を牽引した（Duben and Behar 1991）。

結局、同法はムスリムにも非ムスリムにも歓迎されず、1919年6月に廃止された（1918年10月のムドロス休戦協定により英仏の委任統治領となったイラク、レバノン、シリアなどでは、同法の適用が続いた）。ただし前年に制定された細則は引き続き適用され、トルコ共和国においても1926年に新民法典が制定されるまで、家族法の役割を実質的に担った（Ünal 1978）。同法は短命で、また親権や離婚後の財産分与は含まないなど家族法のすべての分野を網羅するものでもなかったが、女性の地位向上という観点からは大きな意義を持つものであった。

（2）ヨーロッパへの道——1926年トルコ民法典

オスマン帝国の解体と独立戦争（1918〜23年）の勝利を経てトルコ共和国が建国すると、カリスマ的指導者で初代大統領のムスタファ・ケマル・アタテュルクのもとで急進的な世俗化改革が実行され、スイス民法典に基づくトルコ民法典（法律第743号）が制定された。

同法は、民事婚のみを正式な婚姻手続きとして認め、宗教婚は民事婚をしていることを条件に認めた。また複婚を禁止し、離婚を申し出る権利と親権を夫と妻に等しく認め、相続の男女不平等を解消した。その一方で、夫に家長として妻子を扶養する義務を課し、家族の居所を定める権利と義務、および親権の最終的な決定権を与えた。そして妻は夫を扶助し家事を担い、就労には夫の許可を必要とし、また夫の姓を名乗るとした。

当時の法務大臣の「この民法典によってトルコは古い文明の扉を閉じ、現代文明に入る」という言葉が端的に示すように、同法は家族や個人生活にかかわる諸制度のヨーロッパ化を通じて、近代国家の仲間入りを果たすという意義を与えられていた。ただしそれは必ずしも平坦な道のりではなかった。民法典をシャリーアにもとづいて制定するか、それとも西洋法によるかは依然として大きな問題であったし、スイス民法典をモデルとすることが決まってからも、複婚は最初の草案では判事の許可により認められ、最終案でようやく違法とされたのだった（大河原・堀井 2015; Duben and Behar 1991）。

（3）フェミニスト運動の果実――2001年トルコ民法典

男女平等化を一定程度達成しつつも、家族の中で夫に優越的な地位を保証する民法典の家族モデルは、憲法の両性間の平等規定に反するとして、とりわけ1990年代以降フェミニスト運動の高まりとともに批判を浴びるようになる。CEDAW（女子差別撤廃条約。トルコは1985年批准）など国際的な女性運動の成果を資源として効果的に動員するフェミニストのロビー活動は、1994年の妻の就労への夫の許可条項の廃止や、1998年の家庭内暴力防止の法制化（法律第4320号）に結びついた（Koğacıoğlu 2005）。2001年には憲法が改正され家族は互いに平等な夫婦によって築かれると明記されたのに続き、民法典も改正された。

新民法典（法律第4721号）は、1926年民法典の家族モデルを大幅に修正し、さらなる男女平等化をはかるものであった。家長条項は廃止され、妻に新姓との併用を条件に旧姓使用が認められ、夫と妻に等しく居所の決定権と親権が認められた。また離婚に際しては、婚姻中に形成した財産は夫婦の共有財産とみなし、均等に分割するとした。これは女性の家事労働が労働として評価されることを意味した（Koğacıoğlu 2005）。結婚できる年齢は男女とも18歳以上に統一された（それまでは男性17歳以上、女性15歳以上）。

2　エジプトの「家族法」

後藤絵美

（1）身分関係法の成立

エジプトで近代的な司法制度や法律が導入されたのは19世紀後半のことである。フランス法をモデルとして民法（家族関係を除く）、商法、刑法、民事訴訟法、刑事訴訟法などが制定され、1875年に外国人を含む当事者間の訴訟をあつかう混合裁判所が、1882年には、エジプト人同士の訴訟をあつかう国民裁判所が開設された。ただし、家族に関係する訴訟は、宗教別の裁判所が担当した。ムスリムの場合、シャリーア裁判所*と呼ばれる場所で、古典イスラーム法のハナフィー派の主要な学説に基づいて判断が下されていた。

1880年代頃から、家族関係の問題のうち、とくに扶養や離婚について、ハナフィー派の主要学説に従うことで女性たちが大きな不利益をこうむる場合があるという指摘が聞かれるようになった。たとえば、古典イスラーム法では夫が妻を扶養する義務を負うとされるが、夫がそれを怠った場合、ハナフィー派以外の学説では滞った扶養内容を負債とし、妻は遡って請求することができる。しかし、ハナフィー派では、扶養内容が夫婦の合意あるいは裁判官の判断で定められていない限り、その請求ができないというのである。また、離婚について、ハナフィー派では女性からの裁判離婚の訴えが認められるのは、婚姻契約*が正しく成立しなかった場合（床入り*が完了しなかった場合）か、夫が棄教した場合に限られるが、他の法学派*ではそれ以外のいくつかの理由も認められていた。

こうした指摘をきっかけに成立したのが、1920年法律第25号「扶養料と身分関係諸事の規定に関する法律」である。扶養と待婚期間*、失踪、疾患による裁判離婚、離婚された女性に関する規定の4章、計13条から成る同法では、ハナフィー派以外の学説が採用される形で、扶養は妻が夫に身を任せたときから、夫がそれを履行するか、妻が免除する場合をのぞいて、妻に対する夫の債務となること（第1条）、夫が扶養を怠り続けた場合（第4条）や、失踪した場合（第7条）、あるいは治癒が困難であり、同居により害をこうむる病にかかった場合（第9条）には、妻からの裁判離婚を請求できると明記された。

続く1929年法律第25号「身分関係規定の一部に関する法律」は1920年法を補うとともに嫡出訴訟や監護*などの新たな項目の規定を加えた9章、全25条から成るものであった。この中では離婚をめぐって重要な二つの動きがあった。一つは、夫による妻への離婚宣言が、わずかながらも、限定されたことである。古典イスラーム法では、夫は離婚に関して大きな権限をもつとされており、離婚を一方的に宣告するだけ（一方的離婚*）でそれが成立すると言われてきた。とくにハナフィー派の場合、夫に離婚を成立させる意思があるかないかにかかわらず、離婚にまつわる一定の言葉を述べることで、その離婚は有効とされた。これに対して1929年法では、（他の法学派の学説を根拠に）酩酊や強制による場合や、離婚の意志がない場合の離婚宣告は無効とするという条文が示された（第1条、第2条、第4条）。

二つ目は、妻から裁判離婚を訴える際の新たな理由が加わったことである。以下は同法第2章（夫婦生活の不和および害悪による離婚）の一部である。

妻は、同一水準の夫婦にとって、その生活を継続しえないような害悪を夫から受けたと主張するとき、裁判官に婚姻の解消（tafrīq）を求めることができる。害悪が証明され、和解が成立しない場合、裁判官は取り消しえない離婚により妻を離婚するものとする。この請求が棄却された後、妻による訴えが続くとき、裁判官は（中略）２人の調停者を派遣する（第６条）。

これによって妻は裁判所に赴き、「夫からの害悪」の存在を主張し、かつ、それを証明することができれば、自ら婚姻の解消を求めることができるということになった。

また、第20条では、子の監護について定められていた。監護とは、古典イスラーム法において、家での保護や身の回りの世話、訓育や教育のこととされる。ハナフィー派の通説では女性（おもに母親）のもとに監護権があるのは、男子は7歳まで、女子は9歳までとされるところ、第20条では、必要があると判断された場合には、男子は9歳まで、女子は11歳まで延長されることが示された。この監護期間は、ハナフィー派以外の学派の通説とも異なっており、監護期間を最も長く設定するマーリク派の通説（男子は成年に達するまで、女子は結婚し床入りが完了するか、適齢期に達するまで）などを鑑みて、独自に判断された可能性がある。

こうして古典イスラーム法の学説を継承しつつ、その中から一部を選択したり、それをもとに新たな規定をつくったりするという形で、夫婦生活や離婚、扶養や監護、相続を含む、家族に関係する法律、エジプトにおいて「身分関係法*」と呼ばれるものがかたちづくられていった。

（2）離婚された女性たち、離婚できない女性たち

身分関係法の成立から半世紀を経た1975年、『解決策がほしい』というタイトルの映画が公開された（*Urīdu Hallan*, サイード・マルズーク監督）。主人公のドリヤは、エジプトでは一握りに過ぎない富裕層に属する女性である。一人息子が留学のために外国へと旅立った日、彼女は20年間連れ添った夫に向かって

「離婚してほしい」と告げた。夫の同意は得られず、ドリヤは裁判所に通い始める。

高校を卒業する前に、父親の紹介で結婚した夫のミドハトは浮気症で、彼の周りにはつねに何人もの愛人がいた。別の女性と熱い抱擁や接吻をする夫の姿をドリヤは何度も目にしていた。夫は酒を飲み、時には、彼女に手を挙げたり、物を投げたり、ののしり言葉を発したりもした。最近では夫婦生活もなく、同じ家にただ暮らしているという状態であった。

夫婦の不和を理由に裁判離婚を訴えるドリヤに対して、裁判官は夫婦生活を継続しえないような害悪を夫から受けた証拠を求めた。「彼に叩かれたことは？ ののしられたことは？ 夫婦生活は続いていたのか」。こうした問いを投げかけられたドリヤは、息子の父親の欠点や夫婦生活の有無について言葉にできないと口をつぐんでしまった。

映画『解決策がほしい』は当時の身分関係法が抱えていた多くの問題を浮き彫りにし、その改正を求めるものであった。同法を扱ってきたシャリーア裁判所は1955年に廃止され、離婚を含む家族関連の訴訟も、統一された普通裁判所が管轄するようになった。映画の中でドリヤが赴いたのも、カイロの庶民街にある地方裁判所であった。そこは、一見して貧しい階層とわかる女性たちとその子どもたちであふれかえっていた。

ある初老の女性は、年若い妻を娶った夫から突然離婚され、住む場所もなく、日々貧窮にあえいでいることを裁判官に訴えた。しかし、すでに離婚から1年経っているため解決策はない、と言われてしまう（1929年法第17条に「離婚の日から1年以上経つ待婚期間の扶養料の請求は、これを審理しない」とある）。絶望的な表情で彼女は言う。「30年間連れ添い、何も悪いことをしていないのに」。また、夫が扶養義務を果たさないと訴える女性や、離婚に際して子どもを手放したくないと願う女性たちもいた。問題の一つは、いずれの場合にも、審理に長い時間がかかることである。２人の子を連れた女性は、扶養義務について言い逃れようとする夫に「あの子たちに何を食べさせればいいの」と詰め寄った。

ドリヤの訴えの審理もなかなか進まなかった。離婚を望む理由を詳しく話さないかぎり、願いが叶うことはないとわかると、ドリヤは弁護士にアドバイスを求め、夫の性癖や夫婦の様子を知る友人たちに証言を依頼した。最後に彼女は判事に向かってこう訴えた。「私は20年以上奪われてきた尊厳ある生活を取り戻したいだけなのです。20年間嫌悪しながら共に暮らしてきた人から遠ざかりたいだけなのです」。

判決が下されたのは、ドリヤが裁判所に通い始めて4年以上経った後のことだった。やっと自由になれるという期待に胸を膨らませながら法廷に臨んだドリヤに、裁判官は、彼女の訴えが棄却されたこと、敗訴したドリヤ側が裁判費用を支払うことを告げた。同じ日、30年間連れ添った夫から離婚され、路上で生活をしていた件《くだん》の女性が失意のまま亡くなったことをドリヤは知った。

（3） 身分関係法の改正

映画『解決策がほしい』は、扶養や離婚の問題がエジプトの多くの女性を苦しめていること、現行の身分関係法では有効な「解決策」が見出せないことを訴えるものであった。この作品をきっかけの一つとして、１９７０年代後半には、それまで長らく変化することのなかった身分関係法を改正しようという動きが強まった。

その成果の一つが、１９８５年法律第１００号「身分関係法諸規定の改正事項」である。ここでは、扶養に含まれる内容やその喪失事由の制限などがより詳細に規定された（１９２０年法第1条、１９２９年法第16条の改正）。また、扶養の訴えが提起された場合、２週間以内に執行力をともなう扶養料支払い命令が下されるという、判決の迅速化も謳われた（1929年法第18条の改正）。夫からの安易な離婚を制限するための改正も随所に示された。離婚に際し、夫は30日以内に離婚登録を行わねばならないこと、その妻に離婚された旨が通知されねばならないことが示された（1929年法第5条追加規定）。また自分に落ち度がないにもかかわらず、夫によって離婚させられた妻は、最低2年間の扶養料に相当する慰謝料を受け取る権利があること、離婚した夫は、未成年の子どもとその監護を行う妻やそれ以外の女性に対して、適当な住居を提供しなければならないことも盛り込まれた（同第18条追加規定）。

女性からの離婚については、相変わらず、夫婦生活を継続しえないような害悪を夫から受けたという証拠の提示が求められた。1929年法では、ドリヤのように離婚の訴えが棄却され、その後も女性が繰り返し訴えを起こした場合、裁判所は調停により夫婦の和解を試みることになっていた。それがうまくいかず、妻があくまでも離婚を望んだとき、裁判所は離婚を宣言するのである。1985年法においては、そうした裁判離婚の際に、妻は、通常の一方的離婚によって得られる金銭上の権利の一部または全部を失すること、また、必要な場合には、加えて夫に慰謝料を支払うことが記された（同第11条追加規定）。女性が離婚を望んだ場合、その成立には8年から10年の時が必要であった。また、裁判や調停にかかる費用はかさみ、経済的にも、女性からの離婚は大きな困難を伴うものであった。

そうした状況を変えたのが2000年法律第1号「身分関係諸事に関する法的要件と手続きに関する法律」第20条であった。そこには以下のような条文があった。

夫婦はフルウ離婚*（身請け離婚）について合意することができる。もしも合意が成立せず、妻がそれを求める訴えを起こし、イスラーム法が（離婚に際して）定めるすべての金銭的権利を放棄し、夫から得た婚資*を返却した場合、裁判所は夫婦の離婚を宣告する。

フルウ離婚とは古典イスラーム法でも知られる離婚の一形式で、妻が対価を支払うことを条件に婚姻を解消する方法である。古典イスラーム法の通説では、フルウ離婚には夫の合意が必要であったが、2000年法では夫の合意が得られずとも、妻が訴えを起こし、その対価を支払うことで、裁判離婚が成立するとされた。同法においても、裁判所による審理や、調停による夫婦の和解の試みが必要不可欠となっていたが、それに要する期間は1929年法や1985年法が定めた加害離婚と比べてはるかに短くなった。

こうした流れの中で、2005年『フルウ離婚がしたい』と題する映画が公開された（*Urīdu Khul'an*, アフマド・アワード監督）。主人公は小学校の音楽教師のマハである。職場で表彰されて意気揚々と帰宅した彼女を待っていたのは、子どもたちが散らかした家と、怒りを爆発させた夫だった。夫は冷ややかな表情で、「表彰もされたことだし、ちょうどいい機会だから、仕事をやめてこれからは家のことをきちんとするように」と告げた。家庭生活に息苦しさを感じたマハは、フルウ離婚法が成立したことを知り、最初の利用者となるべく動き出す、という筋書きである。こうした作品を見ると、フルウ離婚は、経済的に余裕のある女性のためのものと思われるかもしれないが、2000年代前半のエジプトで調査を行った人類学者のナディア・ソネフェルトによると、フルウ離婚を求めて法廷を訪れる者の大半は貧困層の女性であったという。彼女が出会ったある女性は、失業中でありながら、2人目の妻をめとり、しかも債務が返せずに投獄された夫をフルウ離婚によって離婚した。夫からの婚資はわずか4分の1ポンド（数円程度）だった。そこで、おまけをつけて1ポンドくれてやった、とその女性は言ったという（Sonneveld 2012）。『解決策がほしい』の公開から四半世紀を経て、女性たちは『フルウ離婚がしたい』と言えるようになった。こうして、ようやく一つの「解決策」が示されたのであった。

エジプトのムスリム家族法は、不文法である古典イスラーム法のハナフィー派の学説と、1920年以来少しずつ制定され、改正されてきた身分関係法の二つから成っている。身分関係法の条項の中には、先に述べたように、扶養請求や女性からの裁判離婚の訴えなど、ハナフィー派以外の法学派の学説を採用したものもあれば、監護期間やフルウ離婚など、古典イスラーム法の語彙を用いながらも独自の解釈によるものもある。加えて、「2週間以内の扶養料支払い命令」や「30日以内の離婚登録」「最低2年間の扶養料に相当する慰謝料」など、ハナフィー派に限らず古典イスラーム法にはない、新たな文言や規定もみられる。

エジプトの家族法の一部として新たに書き加えられてきた身分関係法の条項の数はさほど多くない。しかしそれらは、女性にとっての不利益や、女性たちの苦悩を取り除きたいと願った人々の、その時々の努力の結果といえる。その文言や規定が今後どのように変わっていくのか、どの条項が削除され、改訂され、そこに何が加筆されていくのか。家族法の問題を扱う次なる映画の登場とともに、注目していきたいところである。

3 イランの家族保護法

森田豊子

(1) イラン民法の誕生

オスマン帝国だけでなく、ガージャール朝ペルシャ（1796〜1925）もまた「西洋の衝撃」に悩まされた国の一つである。北にはロシアと南東にはイギリス植民地下のインド（現パキスタン）で国境を接しているイランは、北はロシアから南はイギリスからの進出を受け、治外法権だけでなく、国王が鉄道産業や石油産業などの利権を外国人に売り渡すことによる経済的な従属を強いられた。そんななか、民衆による憲法と議会の制定を求めた立憲革命（１９０６〜１１）によって、イランには憲法が生まれた。

憲法制定後、イランでは刑法や商法などの法の近代化が進められたが、民法典の制定が始まったのは１９２８年になってからだ。民法は基本的にフランスやベルギー、スイスなどを参考にして作成される中で、国内の宗教勢力からの反発により調整の必要があったからであるといわれている。イラン民法制定前に一般に適用されていたイスラーム法では、女性は９歳、男性は15歳で結婚*できる年齢であるとされていたが、１９２８年制定のイラン民法では女性が15歳、男性が18歳で婚姻可能であるとなっている。民法制定にあたって、イスラーム法をそのまま適用するところ、イスラーム法とは異なる規定にするところ、それぞれ国会での議論を経て作成されたことから、民法制定完成が１９３５年と制定作業はガージャール朝からパフラヴィー朝（１９２５〜７９）に移行してからも続けられたことになる。

（２）家族保護法の誕生

パフラヴィー朝初代国王レザー・ハーンは西洋化政策を推進した。西洋的な学校教育制度が整えられ、高等教育機関であるテヘラン大学は１９３２年に開校した。テヘラン大学では開校の翌年から女子学生を受け入れた。女子学生たちの中には、海外留学を経て後に国会議員になる者も生まれた。イランの女性参政権は、第二次世界大戦中に即位した二代目の国王モハンマド・レザー・パフラヴィーになってから、１９６３年に国王推進による農地改革などを含めた「白色革命」のプロジェクトの一つであった。

1963年にイラン最初の上院議員になったメフランギース・マヌーチェフリヤーン（1906〜2000）はテヘラン大学を卒業し、弁護士になった人物である。彼女は西洋近代化を推進する他の議員と共に民法改正案を提出し、法案が女性雑誌などで紹介されると大きな反響を呼んだ。国王の双子の妹アシュラフ・パフラヴィー（1919〜2016）が主催する「イラン女性機構」は、この法案に賛成し、法案成立に協力し、ウラマー*たちはこの法案に反対した。その中でもウラマーのモルテザー・セタッハリー（1919〜79）は女性雑誌の中で、法案の内容がイスラーム法に反するものであり、イスラーム的な観点からの女性の権利についての連載記事を掲載した。そのような賛否両論が飛び交う中、民法改正案は1967年に「家族保護法*」という特別法の形をとって成立した。特別法とは適用対象がより特定されており、一般法に優先する法律のことである。イスラーム法において夫が3度、離婚を宣言することで離婚が成立していたが、家族保護法では離婚の際に夫婦が裁判所から「和解不能証明書」を得なければ離婚ができなくなり、イスラーム法では認められてこなかった、女性から離婚が請求できる条件が提示された。さらに、妻のいる男性が別の女性と結婚する際に裁判所の許可が必要になるなど、より女性の権利に配慮した内容になっている。この法律は1975年に改正され、改正家族保護法では、妻から離婚請求できる条件が増え、これまで認められることがほとんどなかった、離婚後に妻が子の後見人*になる道も開かれた。さらに、2人目の妻と結婚したい場合、最初の妻の同意が必要であると定められ、婚姻年齢が女性は18歳、男性を20歳に引き上げている。

（3）イラン革命後

1979年にイラン革命が成立し、イランは「イスラーム共和国」となった。国会、大統領、裁判所という三権分立の制度は残したまま、国会で成立した法律を専門家評議会でイスラームに適っているのかどうかを審査するという特別な体制が取られた。革命の指導者ルーホッラー・ホメイニー師（１９０２～８９）は家族保護法を「反イスラーム的」な法律であると宣言し、革命政権は家族保護法の運用を停止した。そのうえ、民法上の最低婚姻年齢もイスラーム法に基づき改正され、女性は９歳、男性は15歳となった。その後、この状態は２０１３年の新たな家族保護法改正まで実に30年以上も続いた。

家族保護法改正案が国会に提出されたのは２００７年であった。改革派のモハンマド・ハータミー（１９４３～）の大統領任期終了後であるが、この法案が準備されたのはハータミーが大統領であった第６期国会である。２００８年には、女性たちがこの法案にあった婚資*への課税や２人目の妻との結婚を裁判所が認定するだけで可能になる条項へのデモなどの反対運動を起こし、最終的にこれらの条項が法案から削除されるなど、女性による運動の成果が得られた。２００９年のイランにおける大規模な体制への抗議活動期間中に審議が中断するなどの過程を経て、新たな家族保護法は２０１３年にようやく成立した。

このように、イランでは、１９３０年代からの民法典における家族法規定から始まり、イラン革命前にイスラーム法規定をある程度制限する形で家族保護法という特別法が制定されるが、イラン革命で運用停止になり、その後30年以上の時を経て、２０１３年になってようやく改正家族保護法が成立したという過程をたどっている。その後もイランでは家庭内暴力などの女性や子どもの人権を守る法律の制定が続けられている。

※詳細については貫井・森田（2014）、家族保護法の日本語への翻訳については、早稲田大学イスラーム地域研究機構『イスラーム地域研究ジャーナル』5-8（２０１３～２０１６年）を参照。

コラム7

アタテュルクの離婚

宇野陽子

「結婚*はヨーロッパ風、離婚はトルコ風」。トルコの初代大統領ムスタファ・ケマル・アタテュルク（以下ケマル）と妻ラティフェの離婚に際して、ラティフェの母はそう呟いたという。

実のところ、二人の離婚にまつわる事実関係は不明な点が多い。当事者の証言や記録は公開されておらず、それぞれの関係者が断片的に語った内容だけが手がかりだからである。そこで本稿では、従来あまり触れられてこなかった妻ラティフェ側関係者の証言や考察を中心にこの離婚劇について考えてみたい。

ケマルは1923年1月にイズミルの豪商ウシャキーザーデ家の長女ラティフェと結婚した。ラティフェはフランス語と英語を操る才媛で、ごく短期間ながらフランスでの留学経験もあるエリート女性だった。若く裕福で才能に恵まれた富豪の娘と、たたき上げながら戦乱を勝ち抜き一躍国のリーダー最有力候補に躍り出た気鋭の軍人との結婚は、新しい国家の誕生に花を添えるはずだった。しかし二人の間にはやがてすき間風が吹き始め、ついに2年半という短い期間で結婚生活に重大な危機が訪れた。

不仲となった二人はまずは別居を決意し、1925年7月にはラティフェが実家のあるイズミルに移った。しかしこのときまだラティフェには離婚の意思はなく、夫婦間の緊張状態を緩和するための一時的な別居と考えていた。そのため、ラティフェは多くの私物を公邸に残したままにしていた。ところが、2週間ほど経ったある日、ケマルの旧友でラティフェの従妹の夫となっていたアリー・ルザ議員が、ケマルからの離婚申立書と私信を携えて訪ねてきたのだった。離婚を意図していなかったラティフェは抵抗したが、最後には周囲の説得に折れざるをえなかった。つまり、離婚に際して当事者同士の十分な話し合いや両者の納得があったとは言えず、夫側から妻側への**一方的な離婚***の申し出が行われたわけである。

しかしながら、彼らの離婚は、公式には、二人の合意に基づくものとされている。１９２５年８月１１日付で内閣に対し「ウシャキーザーデ・ラティフェ嬢とともに、我々は、２年半続いた夫婦生活を終わらせて互いに離別することを決定しました」との文書が、「大統領ガーズィ・ムスタファ・ケマル」名義で送られている。この文章の主語は「我々」であって、ケマルが一方的に「決定した」形にはなっていない。しかし、ラティフェの甥オケが強調するように、文章は確かに「我々」を主語としているが、末尾の署名はケマルだけで、もう一方の当事者であるはずのラティフェの署名はないのである（Öke & Bayhan 2011: 346-347）。

さらに、伝記作家チャルシュラルによれば、ケマルは離婚に際し複数の文書を用意し、中立書だけでなく私的な手紙もラティフェに送っている。この手紙には、離婚は本意ではなく周囲の状況によってやむを得ず行うという弁明と併せて、ラティフェが大統領公邸に残してきた私物の返還や月額５００トルコリラの生活費支給について書かれていたという（なお、生活費支給については、ラティフェは固辞している）（Çalışlar 2006: 306-307）。

こうしたいささかちぐはぐに見える公式文書の署名や一見丁寧な元妻への扱いは、どのような理由によるのか。

考えられる理由の一つは、曖昧な法規制の状況である。離婚は１９２６年２月のトルコ民法制定よりも前の出来事で、１９１７年に発布された法令に基づいて行われている。しかし、この時期にはすでにトルコ民法の準備が始められており、離婚は夫婦双方の合意に基づくという新法の趣旨をケマルが理解していなかったはずはない。また、ラティフェは新法制定の原型となったスイス民法の翻訳に携わっていたため、当然彼女も新法の趣旨を熟知している。そのような状況下で、ラティフェの十分な合意がないまま離婚したことが露見することははばかられたのではないだろうか（特論2の第1節参照）。

第二の理由として、ケマルの近代化路線に対する外国の視線への意識があると考えられる。1923年10月の共和制宣言以来、ケマルは脱イスラーム路線の近代化を進めていたが、諸外国にとりラティフェはそのシンボル的存在だった。たたき上げのケマルとは異なり、ラティフェは、西洋式の教育を受け、西洋事情に精通し、複数のヨーロッパ言語を操る、近代的知識人女性として捉えられていたのである。ことに女性解放政策においてラティフェの影響力は注目されていた。そのためケマルは、離婚という私的な領域すら近代化路線に矛盾しないよう、現実を粉飾する必要があったのだろう。

ケマルの伝記で知られるキンロスは、ケマルを「西洋風に考え東洋風に振る舞う」人物と評し、この気質がラティフェとの結婚には悪影響を及ぼしたと述べている。離婚にみられた「トルコ風」な部分は、ケマルのこうした二面性の結果なのかもしれない。

コラム8

カッザーフィー体制下の女性と結婚

田中友紀

リビアでは、2011年までムアンマル・カッザーフィー（通称、カダフィ大佐）が42年間にわたって権力の頂点に君臨してきた。これまで「独裁者」と評されてきたカッザーフィーであるが、女性の地位や結婚をどのように考えていたのだろうか。**結婚***をめぐる政策や法の変遷に着目してみよう。

第二次世界大戦の終結までイタリアに支配されていたリビアは、1951年にサヌースィー教団の指導者を王に推戴し独立を果たした。ところが、1969年になるとカッザーフィーら若手将校たちがクーデタを決行、リビアにはアラブ社会主義に基づく共和国が樹立された。そして、人民による直接統治「ジャマーヒーリーヤ」が発足、1975年からその体制の支柱となる三部作、『緑の書（グリーンブック：アル・キターブ・アル・アフダル）』が隔年で発表された。

社会主義とアラブナショナリズムに影響された『緑の書』には、わざわざ女性について一章が割かれている。カッザーフィーは男女の地位について、「人間であるという点ではどちらも平等である」としたが、一方で女性には男性が持ちえない生物学的能力、つまり妊娠・出産・育児の能力があることについて何度も説明し、賛美した。また、結婚については、「結婚が集団内部でおこなわれれば、集団の結束は強まり、集団全体が社会的要因と合致して発展するということは否めない」と制度的な側面を強調した。

だが、これで終わらないのがやはりカッザーフィーである。『緑の書』の中では結婚後の生活にまで言及し、たとえば人工中絶や母乳以外の育児を「生命を冒瀆する行為につらなっており、殺人にも値する」と断罪し、また母親以外の人物による育児についても、「子どもを母親から隔離し、託児所につめこむのは、子どもをあたかもブロイラーの鶏のように扱うことだ」と一方的に非難した。

とはいえ、1984年に発令された**家族法***（法律第10号）では、結婚や離婚における男女の責任が示された（第17条）。そこで妻の責任は、「夫を慰め、身体的および心理的幸福を保障し、すべての家庭および育児責任を負う」と定められ、反対に権利として「夫から財政的支援を得る権利、自らの所得と資産を管理する権利、そして心理的または肉体的暴力から解放される権利」が保障された。さらに1997年には「ジャマーヒーリーヤにおける女性の権利と義務憲章」が発表され、「女性は婚姻、離婚、**監護***権、就労の権利、社会保障、財政的自立において男性と同等の権利を有する」と明示された。

時代の変化に即して結婚や家族に関する法律を改定してきたカッザーフィーは、独善的な部分が多く見受けられるものの一貫して女性の立場を案じてきた。時にメディアや研究者から「カッザーフィーはフェミニスト」だと揶揄されたその政治姿勢は、彼が生まれ育った環境と無関係とは言い難い。

カッザーフィーはレーガン米大統領から「砂漠の狂犬」とも呼ばれ、マッチョなイメージがあるが、意外なことに3人の姉を持つ末っ子であった。そのうえ、母親に対する思いが人一倍強く、自伝には貧しいながらも愛情深く育ててくれた母親に対する思慕や尊敬の念が綿々と語られている。『緑の書』に見られた女性が持つ産み育てる能力への称賛は、1974年に亡くなった母親へのオマージュだろうか。

また、カッザーフィーは同時期に2人以上の女性と婚姻関係を結んだことはない。最初の妻と離婚したのち、1970年にサフィーヤ・

ファルカーシュと再婚した。そして、サフィーヤとの間にできた7人の実子のなかで唯一の娘であるアーイシャを溺愛し、息子たちと同等の教育を与えた。父の期待を一身に受けたアーイシャは、弁護士として活躍し、また2009年には国連開発計画（UNDP）の親善大使としてリビア女性の地位改善を求めて活動した。

カッザーフィーはその若かりし日、女性とは「物静かで、愛らしく、また容易に涙ぐんだり驚いたりする」と独自の印象論を『緑の書』に綴り、育児以外の仕事を女性が求めることについて「自由意志によってではなく、必要に迫られて余儀なくそうしている」としたが、それでも女性の社会進出を阻むことはしなかった。

たとえば、2000年以降のリビアのジェンダー不平等指数（GII）は、数字の上では隣国のチュニジアよりも低く、全国人民委員会書記（閣僚相当）や全国人民会議の代表（国会議員相当）に多くの女性が就任し、女子教育拡充によって専門職に就く女性も王政期に比べ圧倒的に増えた。さらに、2004年にリビアが「女子に対するあらゆる形態の差別の撤廃に関する条約（CEDAW）」の選択議定書を他のアラブ諸国に先駆けて批准したことは、画期的な出来事であった。

しかし、現在のリビアは、底なしの内戦状態から抜け出せる気配すらない。イスラーム過激主義系の民兵が跋扈する状況下、2014年には女性の政治参加を推進する有名女性弁護士が暗殺され、そのときを境に女性たちの活動範囲は一気に狭まってしまった。カッザーフィー時代を生きた女性たちは、現在の状況をどのような思いで見つめているのだろうか。

第Ⅲ部

現代社会の変化と多様な結婚の形

第6章

インドネシアにおける結婚
——一夫多妻婚、秘密婚、異教徒間の婚姻

大形里美

はじめに

東南アジアの大国インドネシアは、総人口2億6000万余の9割近くがイスラーム教徒で占められる世界最大のイスラーム社会だ。同国ではイスラームは国教とはされていないが、建国五原則の第一原則に「唯一神信仰」を掲げているため世俗国家ではない。ちなみに同国では1978年以降、身分証明書に設けられた宗教の欄に、国が定める公認宗教のいずれかを記載することが、全ての国民に義務付けられている。これは1965年に共産党によるクーデター未遂事件（9・30事件）後に、アリラン・クプルチャヤアン（「信仰諸潮流」の意）とよばれる土着のシンクレティックな宗教の諸潮流が同事件への関与を疑われるようになり、最終的に1978年、アリラン・クプルチャヤアンは宗教ではなく文化であると定め、それらを宗教として認めないことで影響力を抑えることを目的としたものであった。そして公認宗教は長らく、イスラーム、キリスト教カトリック、キリスト教プロテスタント、仏教、ヒンズー教の五つとされて

いたが、２０００年に、１９７８年以降、公認宗教から外されていた儒教が再び公認宗教に追加され六つとなり、さらに２０１７年には、やはり１９７８年以降、公認宗教から外されていたアリラン・クプルチャヤアンが「信仰者」として追加され七つとなった。

独立時に、イスラームを国教としない選択をしたインドネシアでは、その選択を不服とするイスラーム主義（イスラーム法に基づく政治体制を実現しようとする思想）勢力が、その後１９６０年代半ばまで、イスラーム国家樹立を目指す分離独立運動を国内各地で起こし、政府はそれを鎮圧するのに苦労した。そうした事情を背景に、政府はイスラーム原理主義の芽を摘むために、１９８０年代末まで国立学校（ただし宗教学校は除く）の女子生徒にスカーフ着用を禁止する世俗主義的な政策を取っていた。

しかし１９９０年代に入り、政府がイスラーム宥和政策へと転換したことによって状況は一変した。都市部の女子学生を中心にスカーフを着用する若い女性が急増し、今や当時大学生だった世代が母親世代となり、母と娘がオシャレなムスリム・ファッションを一緒に楽しむ時代となっている。結婚式でもスカーフを着用する花嫁や女性たちの姿が多く見られ、国内最大のファッション・イベントでも、ムスリム・ファッションのブースが一番賑わっている。インドネシアでは１９８０年代までは、スカーフは時代遅れで田舎者といったイメージがあったが、今やムスリム・ファッションが最先端のファッションとなり、スカーフがもつイメージは全く違ったものとなっている。

また、ここ30年ほどの間に、インドネシアのイスラーム社会全体も大きく様変わりした。モスクやイスラーム銀行、イスラーム関連の出版物などが急増し、ＴＶには若くてイケメンのイスラーム系アーティストやイスラーム説教師らが登場する時代となった。イスラーム的であることを示すことが素晴らしいことだという価値観が社会に普及し、それがインドネシアの好調な経済成長に支えられて、今同国にはイスラーム・カルチャー・ブームが到来している。

現在インドネシアでは一夫一婦制を原則とする1974年婚姻法が施行されているが、イスラーム教徒の結婚*・離婚・相続のあり方は1991年に宗教省から公刊された『イスラーム法集成（*Kompilasi Hukum Islam*：KHI）』によって規定されている。同書は、基本的に伝統的なイスラーム法の規定を集大成したもので、当然のことながら一夫多妻婚*を条件付きで認める内容となっており、一夫多妻婚が許される際の具体的条件を規定している。

本章では、ここ30年ほどの間に大きく変貌した現代インドネシアのムスリム社会において、一夫多妻婚や異教徒間の婚姻が、婚姻法の中でどのように規制されているのか、また秘密婚と呼ばれる違法な一夫多妻婚が社会にどのように捉えられ、どのように規制されようとしているのかなどを見ていきたい。

1　現代インドネシアにおけるイスラーム教徒たちの一夫多妻婚に関する意識

（1）意識調査の結果から

最初に、インドネシアのイスラーム教徒たちが一夫多妻婚についてどのような意識をもっているのかを理解するために、筆者が2006年から2007年にかけて同国内の6地域（ジャカルタ、ジョクジャカルタ、ジョンバン、ウジュンパンダン、マドゥラ、ロンボック）からそれぞれ200人、合計1200人のイスラーム教徒を対象に実施した意識調査の結果を見ておきたい。同調査結果から、一夫多妻婚についての意識は、性別や地域によって、かなり大きく異なるということがわかる。

図1は、先述の6地域から各200人、合計1200人のデータを男女別に集計した結果である。また

図１　一夫多妻婚についての見解（６地域1200人全体）

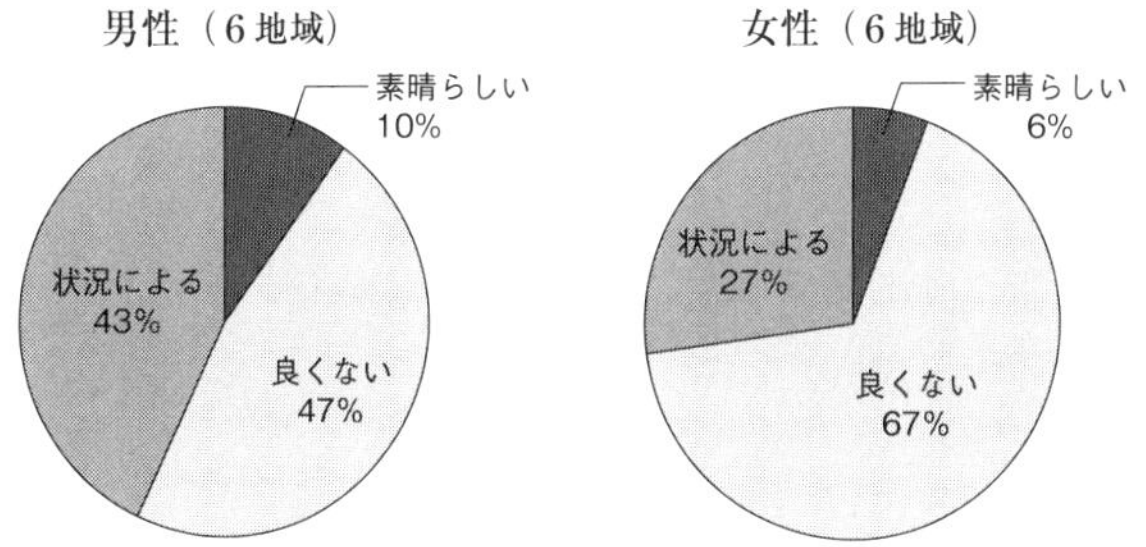

図２　一夫多妻婚についての見解（首都ジャカルタ）

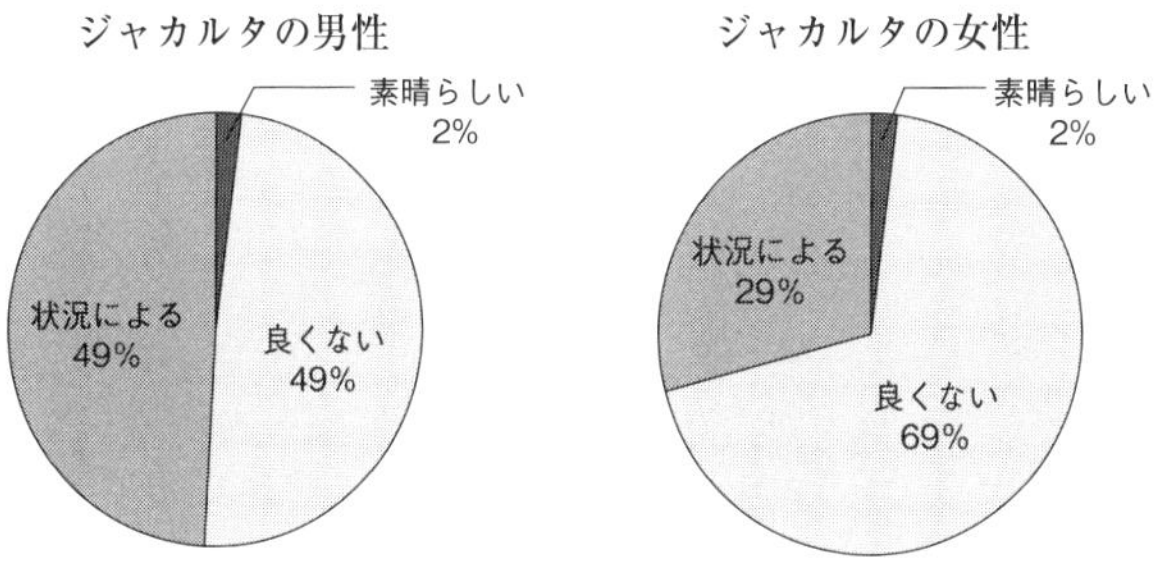

図３　一夫多妻婚についての見解（ロンボック農村部）

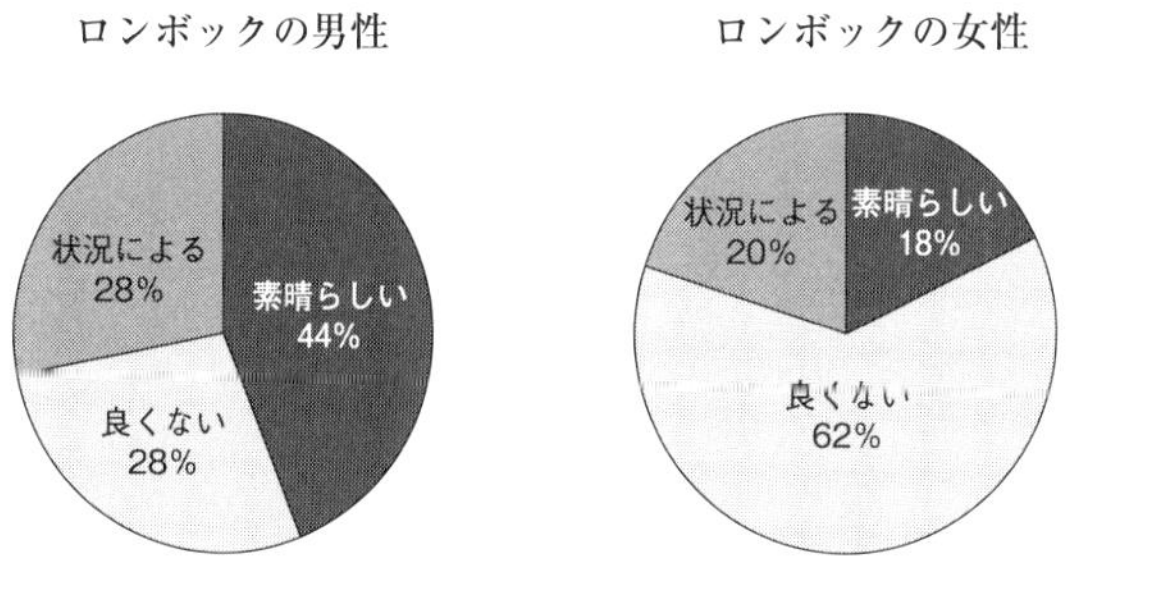

※同意識調査は、平成16〜18年度にかけて文部科学省の科学研究費を受給して実施したものである（大形 2010）。

図4　一夫多妻婚についての賛成派、反対派、それぞれの主張

〈賛成派の主張〉
- クルアーンに４人まで妻をもってよいと書かれている。
- 妻たちを平等に扱うことが条件だが、完全に平等にできないことはクルアーンにも書かれているので、できる限りの平等でよい。アッラーは能力以上のことを人間に求められることはない。
- 一夫多妻婚は預言者ムハンマドの慣行であり、未亡人を救う教えである。
- 一夫多妻婚は信者の模範であり、実践することはよいことである。
- 男性には性欲が強い者がいる。
- 不倫よりも責任ある行為であり、女性のためである。

〈反対派の主張〉
- クルアーンに、公平にできそうになければ、妻は１人だけにしておくのが一番よいと書かれている。
- そして妻たちを平等にしようと思っても平等にはできないと書かれている。
- 預言者ムハンマドの慣行を模範にするというが、他の慣行は模範にせず一夫多妻婚だけを模範にするのはナンセンスである。
- 預言者の時代、4人の妻帯は、戦争による寡婦と孤児を救うという社会福祉的意味があったが、近代国家においては社会福祉制度を整えるべきである。
- そもそも寡婦ではなく、若い女性を第二夫人にしているではないか。

出典：一般的な議論を踏まえて筆者作成。

図2と図3は、それぞれ首都ジャカルタとロンボック農村部について男女別に集計した結果である。

(2) 一夫多妻婚に関する一般的な議論

次に一夫多妻婚について、賛成派・反対派が一般的に挙げる理由を図4にまとめて紹介しておく。インドネシアではかつて、１９７４年婚姻法が制定されるまで、一夫多妻婚の扱いをめぐって、１９５０年代、60年代に国会が紛糾するほど激しい論議が繰り広げられた経緯があるが、その当時から現在に至るまで賛成派・反対派、それぞれの主張内容はほぼ変わらない。民主化時代を迎えたインドネシアにおいても、一夫多妻婚をめぐっては、賛成派・反対派によって同様の主張が繰り返され、両派の主張は平行線を辿るのが常である。

2 婚姻法改革をめぐる動き

（1）1974年婚姻法成立とその意味

インドネシアではオランダ領東インド時代から、男性の身勝手による一夫多妻婚と高い離婚率が女性たちにとって深刻な問題となっていた。1928年に、ジョクジャカルタで第1回「インドネシア女性会議」が開催されたときから、婚姻に関わる問題は、女子教育の問題と並んで女性運動の主要課題として位置づけられ、その後、男性の身勝手による一夫多妻婚や離婚を規制する新たな婚姻法を制定することが女性たちの長年の悲願となっていた。またオランダ領東インド時代の婚姻法は、民族や地域によって異なっていたため、独立後は民族を問わず全ての国民に適用される婚姻法を制定する必要があった。

1953年には、インドネシア国民党の党首であったスカルノ大統領（在任期間：1945〜65年）が第二夫人ハルティニと秘密裏に結婚していたことが発覚し、女性たちを大きく失望させた。一夫多妻婚は女性の尊厳を貶める行為である、というのが女性活動家らの共通認識であったため、女性活動家たちは強く抗議した。とりわけインドネシア国民党の女性議員らは、当時一夫一婦制を原則とする婚姻法案を準備していた最中の党首スカルノの裏切り行為に大きなショックを受けた。

やがて1957年、インドネシア国民党の女性議員スマリらが、一夫一婦制を原則とする婚姻法案を国会に提出し、1959年2月、同婚姻法案の審議が始まった。すると、一夫多妻婚を完全に禁止する内容の同婚姻法案に、イスラーム政党の議員らが猛反対した。一夫一婦制を原則とすべきだとする国民党の議員らは共産党の議員らと共闘し、イスラーム系政党の議員らと激論を交わした。結局、国会は政治的混乱で閉鎖され、同法案は1960年に無効とされた。

その後1960年代に、宗教省がイスラーム教徒のための婚姻法案を、司法省が民族宗教を問わず全ての国民に適用される婚姻基本法案を準備し、それぞれ1967年と1968年に国会に提出した。そして1973年、スハルト大統領が主導し、強引に成立させたのが1974年婚姻法であった。

スハルト元大統領は1998年まで、約32年の間、開発独裁と呼ばれる政治体制を敷いていたが、スラカルタ王室出身の妻を娶り、この妻が一夫多妻婚に反対だったこともあり、一夫多妻を厳しく取り締まるために1974年婚姻法を成立させたとも言われている。実際に、当初の法案では、第2条において「婚姻は婚姻登録官の前で執り行われ、同登録官が婚姻登録リストの中に登録すれば合法である」、すなわち世俗法によって成立するとされ、世俗法をイスラーム法の上位に位置付けていた。しかし、イスラーム勢力の強い反対によって内容は大きく変更され、婚姻は宗教法に則って行われることで合法となること、そしてその後で政府の出先機関に届け出ることが定められた。その結果、世俗派の女性活動家らの期待を大きく裏切る形で、イスラーム教徒の結婚・離婚・相続に関してはイスラーム法が適用されることとなった。さらに1989年には宗教裁判所の地位が格上げされたために、それは決定的なものとなった。つまり、1974年婚姻法の内容は、その後のインドネシアのイスラーム社会のあり方を大きく方向付ける意味を持つものであった。

(2)『イスラーム法集成(KHI)』の編纂

1974年婚姻法の制定当時、イスラーム教徒の結婚・離婚・相続に関するイスラーム法の運用実態にかなりの地域差があったため、そうした地域差をなくすために、政府は国内の宗教裁判所の判例などを集め、イスラーム学者らによる協議も重ね、『イスラーム法集成』を編纂した。同書は１９９１年に宗教省から公刊され、以後、宗教裁判所が判決を下す際の指針とされている。

同書では、一夫多妻婚をする際には、ⓐ妻が妻としての義務を果たせない、ⓑ妻が身体的障害を負った、あるいは不治の病にかかった、ⓒ妻が不妊であるという条件のいずれかを満たし、ⓐ妻（たち）からの同意がある、ⓑ夫が妻や子どもたちの生活を保障する能力をもつ、ⓒ妻たち子どもたちに対して平等な扱いをすることができる、という条件をすべて満たすことが義務付けられている。

しかしながら、違反した際の罰則規定が軽すぎるために、違法な一夫多妻婚が後を絶たないという実態がある。当初の議論では、違法な一夫多妻婚に1年間の禁固刑を科す案もあったが、最終的に禁固刑は削除され、罰金刑のみとなった。ちなみに罰金額はわずか７５００ルピア（現在のレートでは56円程度）で、現在に至るまで当時政令に定められたままだ。そこで国民の模範となるべき公務員に対しては、別途、１９８３年に第10号政令が交付され、一夫多妻婚をすることが認められるための諸条件を遵守することと、一夫多妻婚をするに際しては上司から許可を得ることが義務付けられることが定められた。

また『イスラーム法集成』には、男女を問わずイスラーム教徒と異教徒の婚姻を禁止する内容が記載されたため、同書が公刊されて以後、それまで民事登録所に登録すれば可能であった異教徒間の婚姻は実質的に不可能となった。そして、宗教が異なるカップルが結婚するためには、どちらかが相手の宗教に改宗しなければならなくなった。

（３）離婚には宗教裁判所による裁定が必要

１９７４年婚姻法では、離婚には宗教裁判所による裁定が必要であることも定められた。このことによって、その後インドネシアの離婚率は大きく低下した。インドネシアの中央統計庁のデータによれば、1954年に47・45％だった同国の離婚率は1975年には32％、1982／83年には17％、1994年には8・4％、と大きく低下している。

ちなみに、このように大きく離婚率が低下した背景には、「結婚・離婚相談所（BP4）」による一夫多妻婚と離婚の件数を減らすための地道な活動もあった。「結婚・離婚相談所（BP4）」は、1950年代から活動していた民間組織であったが、これを政府が1961年に半官半民で運営する公的な機関として現在に至っている。

しかしながら、インドネシアの中央統計庁のデータによれば、2000年代半ば以降、離婚率は再び急増し、2015年には17・7％まで上昇している。離婚（成立）件数で見てみると、2001年には14万5000件で2004年までは横ばいであったが、2015年には約34万7000件まで増加している。とりわけ、近年は女性側からの申し立てによる離婚件数が急増していて、宗教省の研究開発＆教育研修局が公表しているデータによれば、2001年には女性側からの申し立てによる離婚件数が、男性側からのそれの1・35倍であったのが、2015年には2・5倍になっている。

民主化時代に入り、一夫多妻婚をする議員や政治家が目立つようになったことで、一夫多妻婚をすることへの心理的ハードルが下がり、一夫多妻婚や秘密婚をする者が増えた可能性や、堅調な経済成長を背景とした女性の経済力の向上などがその要因として考えられるかもしれない。夫が一夫多妻をする場合、あるいはしていたことが発覚した場合、妻に経済力があれば離婚を求めるケースが少なくないからだ。

（4）民主化時代の婚姻法改革の動き

1998年以降、民主化時代を迎えたインドネシアでは、一夫多妻婚については原則禁止、あるいは現在よりも厳しい条件を付けて違反者に対しては厳罰を科すべきだと主張するリベラル派イスラーム勢力と、一夫多妻婚をより容易にできるようにすべきだと主張する保守派イスラーム勢力の対立が表面化している。後述するように、民主化時代に入り、婚姻法改革に関連して、リベラル派勢力が一夫多妻婚を厳しく取り締まる内容の法案を提出して、保守派勢力から猛反対を受けて頓挫するということが2004年と2010年に起きている。

リベラル派イスラーム勢力とは、民族的にも宗教的にも多様なインドネシア社会に相応しい現実主義的なイスラームのあり方を志向する勢力で、スハルト政権下から歴代の宗教大臣や国立イスラーム大学の幹部には、リベラル派が多いとされている。しかし、民主化時代のインドネシアにおいては、抗議活動を活発に行う過激派や発言力が高まった保守派勢力の意向に配慮する必要性が高まり、宗教政策に関連して政府が難しい調整を迫られる場面が目立っている。以下は、そのことを示す具体例である。

①2004年「『イスラーム法集成』対抗法案」の公開とその挫折

2004年は、『イスラーム法集成』の法制化が国家開発計画の一つとして位置付けられていたが、同書がそのまま法律化されてしまうと女性の権利が損なわれてしまうとして、リベラル派イスラーム勢力は危機感を高めていた。同書の内容が、古色蒼然としたものであったためだ。そこでリベラル派イスラーム学者の一人で宗教省ジェンダー主流化班のリーダーであったムスダ・ムリアを中心として、ジェンダー平等の観点からイスラーム女性法学を見直す作業が進められ、2004年10月、『イスラーム法集成』の法制化に先んじる形で、ムスダ・ムリアらによってとりまとめられた「『イスラーム法集成』対抗法案」が公開された。

　しかしその内容は、多数派のイスラーム学者らにとってあまりにも革新的すぎたため、とても受け入れられるものではなく、危険な内容であるとして、たちまち大騒動となってしまった。例えば、一夫多妻婚は例外なく禁止とし、21歳以上の女性には後見人*の許可なく婚姻ができる権利を認める内容とされていた他、「夫は家長である」という文言は削除され、夫婦の権利と義務は同じであるとする内容となっていた。また、夫に対しても妻と同様に待婚期間*を定め、婚資*についても男性側から女性に贈るだけでなく、女性側から男性にも贈ることができるとするなど、イスラームの伝統的な婚姻のあり方を大きく改変する内容となっていた。さらに、インドネシア・ウラマー*協議会（MUI。以下、MUIとする）がハラーム（禁忌）としてきた異教徒間の婚姻や、一時婚*も認める内容になっていた。

　そのため、保守派イスラーム学者らは、同対抗法案はイスラーム家族法を崩壊させるものだと危険視し、瞬く間に国中が大騒ぎとなった。MUIは、宗教大臣に対して、同対抗法案の内容はイスラーム法と大きく矛盾するものであるとして、これを回収・凍結し、社会への普及活動を禁止するよう要請した。それを受けた宗教大臣は、同対抗法案の内容は宗教省のイメージを損なうものであったとして、ムスダ・ムリアに対して注意勧告を行うとともに、同対抗法案を凍結し、議論する際には宗教省の名前を出すことがないよう指示を出した。

　この事件は、その後のインドネシア社会に重大な影響をもたらした。同事件をきっかけに、リベラル派イスラームは危険だというイメージが社会一般に広がることとなったからだ。その後開催されたインドネシアを代表する二大イスラーム組織の全国大会において、それぞれの執行部からリベラル派とされる幹部が一掃された。そして翌2005年7月に開催されたMUI全国総会では、リベラル派の影響力を抑え込むことを主要な目的として、宗教的多元主義、宗教的自由主義、宗教的世俗主義をハラームとするファトワー*（法的見解。インドネシアでは法的拘束力を持たない）が出された。

保守派イスラーム勢力の間では、リベラル派イスラーム勢力は、イスラームの伝統的価値観を崩壊させることでイスラーム社会を崩壊させようとしている西欧の手先として認識されている。イデオロギー色が際立っていたインドネシア解放党（HTI。政党ではなく、カリフ国家樹立を目指す国際的なイスラーム運動で、2017年7月に政府によって危険組織と認定され解散させられた政治色の強い宗教組織）の指導者などは、この法案を「イスラーム法に対する信徒の見方をリベラルにするための植民地主義者による隠された大きなアジェンダだ」と明言していた。

②2010年 通称「秘密婚（ニカ・シリ）法案」とその挫折

2010年には、再び婚姻法関連の法案が公開されたが、これもまた保守派イスラーム勢力からの激しい反対を受け、お蔵入りとなった。同法案の正式名称は「婚姻分野の宗教裁判関連法案」であったが、とりわけ秘密婚と一時婚を違法とし、これらに刑罰を科す内容だったため、通称「秘密婚法案」と呼ばれ、議論された。同法案には、裁判所の許可なく一夫多妻婚を行った者には、最長6カ月の禁固刑と最大600万ルピアの罰金刑を科すこと、また一時婚を行った者には3年間の禁固刑、あるいは最高1200万ルピアの罰金刑が科される案などが含まれていた。

ちなみに、秘密婚に関しては、2008年にMUIが「婚姻の条件を満たしているので合法であるが、弊害があればハラームである」「弊害を防ぐための予防措置として、管轄の役所に届出をしなければならない」とするファトワーを出していた。一方、一時婚については、イスラームでハラームとされる姦通（婚外交渉）を避けるために、若者や学生たちの間で行われていることを受けて、それをハラームとするファトワーが1997年にMUIから出されていたが、近年アラブ人旅行客らが保養地などで現地女性と一時婚を行うことで、「合法的」に女性たちを性的搾取の対象としているという新たな問題もあり、一時婚を禁止し、違反者に対して罰金刑を科す案となっていた。また同法案では、インドネシア人女性と結婚する外国人男性に対して、5億ルピア（現在のレートで約370万円）の保証金の支払いを課す内容も盛り込まれていた。

秘密婚の場合、政府の出先機関に届けが出されないため、離婚した場合に女性は婚姻期間中に夫婦で築いた財産の分割を受けられない他、子どもが生まれても、教育や相続の権利が認められないなど多くの問題が伴う。そのため大多数のイスラーム学者らは秘密婚を規制するという目的は素晴らしいとした。しかしながら、宗教的に許されない姦通や同棲に刑罰が科されない一方で、宗教的に「合法」な秘密婚に刑罰が科されるというのは合理的でないという立場から秘密婚に刑罰まで科すのは行き過ぎであると反対した。

結局、この「秘密婚法案」の内容についても、国を挙げての大騒動となり、最終的には宗教大臣が、同法案はまだ正式なものではなく「違法」なものであったため以後議論することを禁止すると宣言し、苦し紛れの異例の幕引きとなった。

③異教徒間の婚姻の禁止について

異教徒間の婚姻については、インドネシアでは1970年代までは民事登録所に届け出ればよかったが、1980年にはMUIが異教徒間の婚姻をハラームとするファトワーを出し、1989年には同国の二大イスラーム組織の一つムハマディヤーも同様のファトワーを出したことで、次第に困難になっていった。さらに1991年には異教徒間の婚姻を禁止する内容を含む『イスラーム法集成』が公刊され、宗教裁判所における裁判の指針とされることが命じられたことで実質的に不可能となった。

ちなみに隣国マレーシアでは、イスラーム教徒の男性には、相手が生まれながらのキリスト教徒の女性であれば結婚が認められているが、インドネシアでは男女ともに異教徒と結婚することが認められていない。そのため、異教徒間のカップルは、どちらかが相手の宗教に改宗しなければ結婚できない状況がある。インドネシアではイスラーム教徒が他の宗教に改宗する自由は認められているものの、家族の合意が得られない等の理由で、なかなか結婚することができないカップルも少なくない。

こうした状況について、近年インドネシア大学法学部の学生と卒業生ら4人が、異教徒間の婚姻を禁止する1974年婚姻法の内容は基本的人権を侵害するもので憲法違反である、とする訴えを憲法裁判所に起こしていたが、憲法裁判所は2015年6月これを退ける判決を下した。

異教徒間の婚姻に関してはマスメディアでも取り上げられ、リベラル派イスラーム・ネットワーク（JIL）の設立者で、リベラル派イスラーム学者として著名なウリルは、TVのトークショーで、異教徒間の婚姻はクルアーンにもそれを認める章句（食卓章第5節には啓典の民の女性との婚姻を認める啓示がある）があり、基本的人権であるから、国は異教徒間の婚姻を行おうとする者に寛容であるべきだと発言している。

それに対して、保守派のイスラーム学者らは、他のクルアーンの章句（雌牛章第221節、試問される女章第10節など）においては異教徒間の婚姻は禁止されており、食卓章は最後に下された啓示であるため特殊なケースとして考えられるべきであるとイスラーム系のインターネットサイトなどで反論している。異教徒間の婚姻が許可されるには、イスラーム布教の利得が認められ、夫の信仰心が強く、妻と子どもたちに対して権力を持っていることが条件となっており、婚姻による利得よりも弊害が大きいならハラームとなるという主張だ。

ちなみに、インドネシアで１９８０年代に異教徒間の婚姻を禁止するファトワーが出された背景には、１９６５年に起きた９・30事件（共産党クーデター未遂事件）の後、海外からキリスト教布教活動のための資金が大量に流れ込み、キリスト教徒人口の割合が急増したことに対するイスラーム教団体関係者らの強い危機感があった。夫がイスラーム教徒で妻がキリスト教徒である場合、夫や子どもたちがキリスト教に改宗するケースが少なくないことが同ファトワーを下す根拠として付されている。

キリスト教布教を目的とした海外からの資金の流入が、結果としてインドネシア国内の宗教的寛容性を失わせることにつながったと見ることも可能であろう。

3　著名人による一夫多妻婚、秘密婚の事例に対する社会の反応

（1）オーナーによる一夫多妻婚で人気が急落したレストラン

２００３年にイスラーム系女性雑誌『アマナ（信託）』は、４人の妻をもつ実業家プスポ・ワルドヨに「一夫多妻賞」なる賞を授与して物議を醸した。フライド・チキンのレストラン、「ウォン・ソロ」の経営者で全国にフランチャイズ店舗を展開していたプスポ・ワルドヨの「一夫多妻賞」受賞のニュースは、政治家らの一夫多妻を非難し、一夫多妻婚の政治家には投票しないよう呼びかける運動を展開していた女性活動家たちに大きなショックを与えた。彼女たちは直ちに「一夫多妻は女性と子どもに対する暴力である」とする横断幕を掲げて街頭デモを行った。結果、それまでフランチャイズで全国に30ほどの店舗を展

開していた同レストランの人気は一気に凋落し、一夫多妻婚に反対している人はまず選ばないレストランとなった。

（2）政治家らによる一夫多妻婚、秘密婚

2000年代初めには、一夫多妻というプライベートなことに国が干渉するのは民主化時代には合わないから、公務員の一夫多妻婚を制限する政令は廃止すべきだと主張する女性大臣も現れたが、女性活動家らから強い非難を浴び、そうした声は消えた。しかし2001年7月には、3人の妻をもつハムザ・ハズ副大統領が選出され、政党党首や政治家にも一夫多妻者が目立ち始め、これでは国民に示しがつかないと女性活動家らは不満を募らせた。

とりわけ、福祉正義党（2002年に正義党から改称）の政治家たちに一夫多妻婚の者が目立ったが、これは、同党がイスラームの宗教テキストを字義的に解釈することを特徴とするサラフィー主義思想の影響を受けていることと関係している。クルアーン*やハディース*の章句を字義的に解釈する傾向の強いサラフィー主義では、婦人章第3節の「あなたがたがよいと思う2人、3人または4人の女を娶れ」という章句を根拠に一夫多妻婚に対して肯定的な立場をとるからだ。

2003年から2015年まで同党の書記局長を務めたアニス・マッタ、2009年から2014年まで同党の総裁を務めたルトゥフィー・ハサン・イスハークも含め、同党幹部には3人妻と10人以上の子どもをもつものが珍しくない。3人目の妻の存在については、秘密にされていて汚職事件の取り調べを受ける中で発覚するケースもあった。福祉正義党の一部の幹部たちが妻の合意なしに、また合法的な後見人なしに一夫多妻婚を行っているとする証言も報道されている。

ちなみに、福祉正義党員の妻たちも、教義理念としては一夫多妻を受け入れていたとしても、実際に自分の夫が一夫多妻を行えば受け入れ難いのが現実だ。2007年、夫による一夫多妻婚によって苦しむ福祉正義党員の妻たちのカウンセリングを長年行ってきた同党の最高幹部99人の1人チャフヤディ・タカリアワンが、『ひとりの妻で自らを幸せにしなさい』というタイトルの著書を出版し、党内は一時大騒動となったが、その後も同党幹部には一夫多妻婚をする者が少なくない。

もちろん一夫多妻婚をする者は福祉正義党関係者だけに限らない。2006年には当時の国会副議長が、すでに妻と3人の子どもがいたにもかかわらず、2人目の妻との結婚を公開の場で行ったことがマスメディアに報道され、最終的に副議長の座から降ろされるという事件もあった。

(3) イスラーム説教師による一夫多妻婚、秘密婚、不倫疑惑など

2000年代前半、西ジャワ出身の人気説教師アア・ギムは2006年12月に第二夫人を娶ったことで人気が地に堕ちた。それまで彼は国内で最も人気のある説教師としてマスメディアに頻繁に取り上げられ、名声を博していたが、一夫多妻婚をしたことで女性ファンたちにそっぽを向かれた。政治家の間にも一夫多妻婚をする者が目立ち、女性活動家らが一夫多妻婚の政治家には投票をしないよう呼びかけていた時期でもあり、人気説教師アア・ギムの一夫多妻婚に対しても、SNSやメールを通じて数多くの抗議が寄せられた。アア・ギムの一夫多妻婚に対しては、女性たちによる街頭デモまで繰り広げられ、説教師の一夫多妻婚は歓迎されないことが証明された。

近年では、説教師たちの秘密婚や不倫疑惑もマスメディアに取りざたされるところとなっている。2017年2月には、イスラーム擁護戦線の指導者ハビッブ・リジック・シハッブの不倫疑惑がTVでも大き

くスクープされた。ハビッブ・リジックは、不倫疑惑の相手とSNSのチャットでポルノ画像のやり取りをしていたことが、ポルノ規制法に抵触するとして逮捕されかけ、海外へ逃亡した。ハビッブ・リジックは、現在もサウジアラビアにいるが、預言者ムハンマドの子孫であるハビッブ（「ハビッブ」は、預言者ムハンマドの子孫に与えられる称号とされる）が不倫などするわけがないとして、不倫疑惑報道がハビッブ・リジックを貶めるための捏造であったと信じる者も少なくない。この他、2017年3月には、アル・ハブシという説教師が、妻に隠れて7年間も秘密婚を続け、子どもを2人も儲けていたというニュースなども注目された。

しかし、最近自らの一夫多妻婚をオープンにする人気説教師も現れた。2019年5月に49歳で病死したアリフィン・イルハムという説教師は、2017年3人の妻たちとの写真を公開し、自らのフェイスブック上に3人の妻たちに宗教講話をしている動画をアップロードした。彼は、一夫多妻婚を、能力のある者だけに許された最高レベルの婚姻であると主張していた。「（一夫多妻婚には）百万の叡智があるが、理解しない者には弊害もそれだけ多くある」「一夫多妻婚は最高レベルの婚姻である」「もし能力がなければ、ひとりの妻だけで我慢して幸せに暮らす方がよい」。これらの言説は、2017年9月『ニカ・シリは合法か、否か？』というタイトルのTV番組（TVOne）が放映された際に、彼が中継で一夫多妻婚について意見を求められ語った言葉である。

アア・ギムが2006年に一夫多妻をした際には大々的なデモが起こり、人気を失ったのに対して、アリフィン・イルハムの場合には好意的な反応も少なくなく、人気にあまり影響が出ていなかったといわれる。アア・ギムの一夫多妻婚のニュースから10年以上が経ち、人々の意識が変化し始めているのだろうか。それともSNSが普及して意見対立がさまざまな形で可視化される時代、一夫多妻婚に好意的な人々の声も見えやすくなったということなのだろうか。

彼の事例は、一夫多妻婚をオープンに実践し、推奨する説教師も活躍できる時代になったことを示しているが、今後、こうした説教師がどこまで社会に受け入れられるかは未知数だ。

4　多数派イスラーム学者らの一夫多妻婚、秘密婚に対する考え方

多数派のイスラーム学者は、一夫多妻について完全に禁止することには同意しないものの推奨はしていない。ここで多数派のイスラーム学者の考え方として、国内の二大イスラーム組織、NU（ナフダトゥール・ウラマー）とムハマディヤーの一夫多妻婚と秘密婚に対する考え方と姿勢をみておきたい。

インドネシア最大のイスラーム大衆団体で、伝統派イスラーム組織であるNUについては、支持母体であるプサントレンと呼ばれるイスラーム寄宿学校において、二世代くらい前までは指導者（キヤイ）たちの間で一夫多妻婚が珍しくなかったと言われるが、現在一夫多妻婚を実践している指導者はきわめて少数だ。実際、2017年10月にはNUの公式ウェブサイト上では、一夫多妻婚についてのイスラーム法的な見方を質問する読者に対して以下のような見解が掲載されている。すなわち、ハナフィー派では妻たちへの平等な扱いを確かなものとするという条件付きで一夫多妻婚を許しているが、シャーフィイー派とハンバーリー派では、妻たちに対して不公平になる危険性があるため一夫多妻婚への扉を閉じていて、一夫多妻婚は奨励されておらず、一夫一婦制を理想的としている、というものだ。ちなみにインドネシアではシャーフィイー派が主流である。また秘密婚に関しても、2013年、公式ウェブサイト上で「秘密婚をしないように」という呼びかけを行っている。イスラーム法的には合法であるが、実行法上は違法であり、

さまざまな行政サービスが受けられなくなるからというのがその理由だ。秘密婚に関しては２０１５年にＮＵのシニア女性の組織であるムスリマットＮＵが全国作業会議を開催し、秘密婚は女性と子どもを犠牲にするものであり、一夫多妻婚の慣行を助長することにつながるため行うべきでないという見解を確認している。

一方、国内第二のイスラーム大衆団体で、近代派イスラーム組織の代表であるムハマディヤーにおいては、一夫多妻婚に対する見方はＮＵよりもはるかに厳しく、タブー視されてきたと言ってよい。そうした考え方と態度は、ムハマディヤーでは「(一夫多妻婚は) 夢に見ることさえハラームだ」と若い頃に教えられたというムハマディヤーの幹部たちの語りにも表れている。ちなみに設立者アフマッド・ダフランは一夫多妻であったが、その事実について語ることは半ばタブー視されており、知る者もごく一部に限られている。

ムハマディヤーは、純粋に信仰に関わる分野ではサラフィー主義的な思考をもつため、福祉正義党などサラフィー主義系の組織と思想的に親和性があり、実際にそれらの組織関係者にはムハマディヤー出身者が少なくない。しかし、社会的な問題については合理主義的な思考をもっているため、一夫多妻婚については福祉正義党とは考え方が異なる。かつて２０００年代半ば頃、元会長のアミン・ライス氏が第二夫人を娶りかけたことがあり、傘下の女性組織の幹部たちから猛反対を受けて断念したという事件もあったが、ムハマディヤー幹部には、今のところ一夫多妻婚の実践者はいない。

元憲法裁判所長で、秘密婚に刑罰を科すことを提案した一人であるジムリー・アッシディキはムハマディヤー系の法律学者であるが、彼は秘密婚について「それぞれが5分で足りるような欲望に耽ってはいけない」とメディアのインタビューで語っており、当然一夫多妻婚にも反対の立場だ。こうした考えの幹部がいる間は、一夫多妻についての同組織の見解が近い将来変わることはないと思われる。

おわりに

インドネシアの女性たちは、独立以前から男性の身勝手による一夫多妻婚と離婚に永らく苦しんでいたが、１９７４年婚姻法の成立によって一夫多妻婚には厳しい条件が課せられた。さらに離婚するのにも裁判所の裁定が必要と定められ、「結婚・離婚相談所」が１９５０年代から効果的に機能してきたこともあり、一夫多妻婚と離婚の件数は20世紀後半から末にかけて大きく減少した。１９７４年婚姻法は、違法な一夫多妻婚に対する罰則が軽すぎるという欠点はあったものの、公務員に対しては一夫多妻婚を厳しく制限するための政令も出され、国民に対して一夫多妻婚は可能な限りすべきでないというメッセージが送られていた。

しかし、民主化時代を迎え、政府高官や政治家に一夫多妻婚の実践者が目立つようになり、状況が変化し始めている。インドネシアの多数派のイスラーム学者らは、一夫多妻婚は完全には禁止すべきでないとする立場で、一夫多妻婚については完全に閉鎖することはしないが、あくまでも非常口として捉えるという点ではほぼ一致している。しかし、秘密婚と呼ばれる違法な一夫多妻婚をどこまで厳しく取り締まるべきかについては意見が分かれ、秘密婚を厳しく取り締まる法律を制定することが困難な状況にある。そして秘密婚によって不利益を被る女性や子どもたちの問題を解決するために、一夫多妻婚の条件を緩和すべきだと主張する一夫多妻婚推進勢力も出現してきている。また民主化時代に誕生したサラフィー主義系の福祉正義党の幹部たちなどの間で、一夫多妻婚の実践者が目立つなど、一夫多妻婚を肯定的に捉える政治家たちも一部に現れてきている。

一方で、現代のジェンダー平等と人権の観点から、一夫多妻婚は完全に禁止されるべきであり、異教徒間の婚姻も認められるべきだと考える勢力も健在である。1974年婚姻法制定当時とは異なり、そのように考えるのはもはや世俗派だけではない。リベラル派イスラーム学者らもそうした立場に立っている。

また新しい動きとしてリベラル派イスラーム学者らと思想を共有する革新的な女性イスラーム学者らのネットワークも形成されている。2017年には女性イスラーム学者ら700名ほどが全国各地から自腹で集まり、「第一回インドネシア女性ウラマー会議」を開催し、「一夫多妻婚は家庭内暴力であり、イスラームの伝統ではない」とする内容の決議を採択している。また本章では扱わなかったが、同ネットワークは幼女婚についてもイスラームの伝統ではないとして、その廃止を目指し、女性の初婚年齢が16歳から18歳に引き上げられるよう積極的にアドボカシー活動を展開している。

婚姻証明書を手にする新郎新婦

その結果、現代インドネシアにおけるイスラーム教徒の婚姻法をめぐる対立の構図は、1974年当時の「イスラーム勢力」vs.「世俗派勢力」から、現在では「保守派イスラーム勢力」vs.「リベラル派イスラーム勢力＋革新派女性ウラマー勢力＋世俗派勢力」へと変化している。イスラーム婚姻法の改革には、リベラル派・革新派イスラーム学者らの知識が不可欠であり、彼ら・彼女らは世俗派勢力にとって強い味方となっている。

しかしながら、リベラル派イスラーム学者らによる婚姻法改革の内容は、多数派イスラーム学者には受け入れ難い内容であり、リベラル

結婚式披露宴にお祝いにやってきた客たちが、新郎新婦と握手をする順番を待ちながら記念撮影をしている風景

派イスラーム学者らによる婚姻法改革は容易ではない。既述の通り、リベラル派イスラーム学者らの人権に対する考え方は、西欧的な人権意識とも共通するところが大きく、実際、西欧の財団から資金援助を受けてリベラルな思想を普及する活動をしているリベラル派イスラーム組織は少なくない。しかし、こうした西欧諸国からの資金の流れは、保守派イスラーム勢力に不信感を抱かせる原因となっている。保守派勢力の知識人たちは、長い植民地支配がイスラーム世界に残した負の遺産を共通の歴史的経験として共有し、西欧諸国によるイスラーム社会への関与に対して強い警戒感をもっている。現在に至るまでイスラーム教徒の無辜《むこ》の同胞たちが西欧諸国による資源争いや利害対立の犠牲になっている現実を十分認識しているからだ。西欧諸国の利害が深く関与する現代イスラーム諸国の不安定な情勢が、インドネシアのリベラル派イスラーム勢力によるジェンダー平等な婚姻法への改革を困難にしている側面があるということを指摘しておきたい。

以上見てきたように、婚姻法をめぐっては、民主化以降、リベラル派イスラームと保守派イスラームの意見の対立が際立つようになり、状況が硬直化し、改革が困難な状況にある。しかし、今後、革新派女性ウラマーたちによる活動が影響力を拡大していけば、そうした硬直した状況に変化をもたらすことも可能かもしれない。一夫多妻婚や秘密婚、幼女婚などによって被害を受けている女性たちの実情に目を向けイスラーム法の再解釈を行う革新派女性ウラマーたちの今後の活躍が注目される。

コラム9

エジプトのウルフィー婚
——個人的経験から見た信仰心のジレンマ

鳥山純子

ウルフィー婚*の「ウルフ」とはアラビア語の慣習を意味する単語と理解されている。そこでウルフィー婚をあえて日本語に訳せば、慣習婚となるだろう。しかし私が調査を行うエジプト都市部では、ウルフィー婚といえば、非公式で、後ろ暗い、場合によっては犯罪の匂いさえ漂うスキャンダラスな意味で受け止められることが多い。その背後には、婚姻関係内にない性交渉への否定的な評価がある。ただし、ウルフィー婚をだれもが非社会的行為と見なすかといえば、ことはそう単純ではない。現代エジプトでは、ウルフィー婚は、イスラーム教の教えに背くことなく、かといって面倒な社会的手順を踏まず、結婚*によって生じる社会的責任も背負うことなく性交渉を行う戦略的アレンジメントとも見なされており、ここに、国家法、社会的慣習、イスラーム教の教えをめぐる一筋縄ではいかない関係を見ることができる。

たとえば2018年エジプトでは、ある政治家がウルフィー婚の違法化を唱えたが、宗教界から大きな反発を受けたという（*Egypt Today* 2018.8.21）。この提案で問題視されたのは、ウルフィー婚が妻に保障する権利（夫による妻の扶養、離婚、子の認知、夫の死亡時の妻の遺産相続など）が、国家に登録される「公式」の結婚に比べて極端に制限されることであった。学術的にウルフィー婚が議論される際に焦点化されてきたのもたいていこの問題である。

しかしそもそも、ウルフィー婚とは何がどのように行われるものなのか。こうしたウルフィー婚の実態は、実はこれまでほとんど明らかにされていない。一口にウルフィー婚といっても、口頭での契約締結（結婚の意思を口頭で確認しあうもの）から、当事者によるメモ書きの書類作成、弁護士を介した契約締結、さらには国家に登録する以外は「公式」婚と同じ手順を踏むもの（公証人による書類作成や結婚式を含む）まで様々な形態があると言われている。エジプトのように、国家に登録することなく生きる人々（非登録民）が普通に存在する場所では問題は一層複雑である。私が暮らしていた、エジプト・ギザ県のある村では、国家に登録しないことを選んでいた人々は出生証明書やIDを持たず、学校にも通わず、婚姻も登録しない。しかし宗教的知識のある人間による**結婚契約書***の作成や、多くの人々を招いての結婚式は実施していた。彼らの婚姻も現代エジプトではウルフィー婚の一形態と見なされるのが普通である。

本稿では、1999年にウルフィー婚を行った筆者の経験（筆者が行ったのは、弁護士による結婚契約書の作成によって行うもの）を記述することで、ウルフィー婚の実態解明の一助としたい。

❖ウルフィー婚の流れ

「パスポート持っているよね。うん。じゃあそれを持って来て。忘れないで。あ、あとお金も。100エジプトポンドはいらないよ。50くらいかな」

1999年1月初旬カイロ郊外、全ての発端は前日に交わされたそんなやりとりだったように思う。その後夫となったエジプト人男性（以後カレと記載）にこう言われた私は、翌日、言われた通りパスポートと少し多めの現金を用意しカレの家へと向かった。するとそこには、カレとそのイトコがいた。イトコだという男性が待っていた。そのイトコは「今日のドライバー」として紹介されたが、初対面の親戚を前に、私はどのようにふるまうべきか戸惑った。

午後2時半ごろに集合し、まずはイトコの車の整備をすべくガソリンスタンドに向かった。

ただし、行先はこちらが聞くまで知らされず、その瞬間にはどこに何の目的で向かっているのかは私にはわかっていなかった。車の整備を終えた後、どこか目的地があるという様子もなく、小さな路地からなる住宅街の中、短い距離だけ車を走らせては、車を停め、カレだけ車を降りてしばらくして戻ってくる、ということを繰り返していた。結局、私たちはどこかにたどり着くということがないままその日は解散することになった。1999年1月初旬はまだ日が短く、ラマダーンの断食明けの時間となる午後5時が迫っていた。

カレの家で断食明けの食事をごちそうしてもらいしばらくたったころ、カレはまた、急に件《くだん》のイトコと出かけると言い出した。外はすでに真っ暗だった。車に乗るほどでもない距離を車で移動した後、今度は全員で車を降りた。そこにはカイロ郊外の庶民街の一画に立つ、他の民家と見分けがつかないような建物があった。手作りのコンクリート階段を上ると、何やら入り口に看板を掲げた寒々しい8畳ほどのワンルームオフィスがあり、中には、眼鏡をかけた体格のいい初対面の中年の男性が座っていた。

私たちが部屋に入ると、この男性は私にパスポートを出すように促した。男性はパスポートを見ながら紙に何かを書き留めると、コンピューターでの書類の作成に着手した。男性は数分で書類を2部作成し、私とカレにその両方に署名するよう告げた。私が署名し、続いてカレも署名した。私は書類と引き換えに、言われるがままに50エジプトポンド（当時の日本円にして1600円程度、ただ物価感覚としては7000～8000円くらいに感じていた）をその男性に支払った。その男性が弁護士だったと知ったのはしばらく後のことである。オフィスを出るときに、扉の横に立っていたイトコに「結婚おめでとう」と声をかけられたのを覚えている。私はそこで初めて、自分が婚姻契約書を作成していたことを知った。こうして私はウルフィー既婚者となった。

断っておけば、私は決して騙されていたわけではない。カレとは結婚の話も（ぼんやりだったが）していたし、日本の両親にもそのことを報告してはいた。そして何より、結婚したことをうれしく思っていた。唯一の不満は、弁護士費用を負担したのが自分だけだったという点だった。

実は、その書類には誤った情報が2カ所記載されていた。書類を作成したのは記憶では1月8日のラマダーン中だったが（1998年のエジプトのラマダーンは12月20日から翌1月18日まで）、作成日として記載されていたのはラマダーン後の日付だった。これはおそらく、ラマダーン月を避けたものだと思われる。ラマダーン月には、日中、飲食だけでなく性行為や非道徳的行為一切が禁止されると広く考えられるため、近年のエジプトではラマダーン中に結婚することは避けるのが普通である。また当時私は無宗教を自認しつつエジプトで提出する書類には常に仏教徒と書いていたが、書類上の宗教はキリスト教となっていた。書類の形式上、あらかじめイスラーム教、キリスト教、ユダヤ教のどれかから宗教を選ぶようになっていたようだったが、それにはおそらく、イスラーム教徒の男性は啓典の民の女性としか結婚できないという当時のエジプトの一般的なイスラーム理解が反映されていたのだと思われる。すなわち私たちの書類は、よりイスラーム教に適したものとなるよう「改ざん」されていたのだった。

❖ウルフィー婚が果たす役割

その年の8月、私たちは妊娠を機に公式婚（正式に役所に届けを出し受理された結婚）をした。その間約8カ月、シナイ半島のダハブでの生活では、そのとき作ったウルフィー婚の書類（サイン済みの結婚契約書）を使用していた。シナイ半島では、当時、結婚していない男女が共に宿泊込みのサファリツアーや夜間シュノーケルツアーに出ただけで、エジプト国籍保有者が拘留されることがあった。そんな状況下で、私たちのウルフィー婚の書類は重要な免罪符となった。その書類があればホテルで同じ部屋に宿泊することができ、家を借りるときも夫婦として契約することができた。またカレが留置場に入れられたときも（シナイ半島でもカイロ郊外でも、20代男性が運とタイミングが悪いだけで留置場に連れていかれることは珍しいことではなかった）、その紙を持参しカレの救出を弁護士に依頼した。その書類によって、拘留の危険に怯えずに夫婦として社会生活を営むことができた。

しかしいつからか、エジプトでは夫婦として宿泊施設を利用しようとすれば、チェックイン時に公式の結婚証明書だけでなく、私のパスポートに貼られた配偶者ビザまで提出を求められるのが普通になっていた。おそらく、２００３年にはそうなっていたように思う。つまりウルフィー婚の書類の価値は、２０００年代初頭の数年間で、国家が発行する書類に近いものから、公的には意味のないものへと変化を遂げた。ただし、１９９９年に公式婚をした私には、残念ながらその変化を自分のこととして敏感に感じ取ることはできなかった。

❖ウルフィー婚にまつわる信仰心のジレンマ

日常的な感覚からいえば、ウルフィー婚の多くは正しい行いをしたいという宗教心に根差した行為であり、そこでイスラーム教が大きな意味を持っていることは自明視されているようである。カレがウルフィー婚を行ったのにも当然そうした意図があった。後に私は、あの日何件かの弁護士に書類作成を断られていたことを知った。断った弁護士たちは一様に、自分の信仰心がそれを許せないと答えたらしい。中には、信仰心が篤くなるラマダーン月であったために断った弁護士もいたかもしれない。あるいはラマダーン中で営業を早めに切り上げたい弁護士がそう発言した場合もあったかもしれない。それでもまた、弁護士の対応が語られる際にさえ、信仰心が中心的役割を果たしていたことは注目に値する。そこには、たとえ「非公式」とのそしりをうけながらも宗教的義務を果たさなければ性行為を果たすべきではないという信仰心と、登録婚を避けつつ性交渉を果たすことに対する信仰心に基づく嫌悪、という二つの異なる信仰心の発露が見えてくる。この二つの立場は、どちらがより信仰心に篤いのかを一概に示すものではなく、宗教解釈の多様性を示すものであると共に、人々の生活が宗教と国家をはじめとする複数の権力主体のもとに営まれ、その間に存在する相克を示す一つの事例といえるだろう。

第7章

映画に見る現代の結婚事情
――『エジプトの二人の娘』から

後藤絵美

はじめに

日本で晩婚化や未婚率の上昇が社会問題となり、女性たちを中心に「婚活」（結婚に向けた積極的な活動）という言葉が流行し始めたのは、２０００年代後半のことである。国勢調査によると、過去20年の間に日本の30歳から34歳の女性の未婚率は、13・9％（１９９０年）から最高34・5％（２０１０年）にまで上昇した（表1）。この状況に比べると、エジプトの同年代女性の未婚率の変化は、5・1％（１９８８年）から最高6・9％（２００８年）と、統計的には微増に過ぎない（表2）。それでも、とくに２０００年代後半以降、エジプトにおいても、女性の結婚難*――とくに高学歴で専門職に就く女性たちの状況――が社会問題として大きく取り上げられるようになっていた。以下では、女性たちの結婚難という状況を巧みに描いたムハンマド・アミーン監督の『エジプトの二人の娘』（*Bintēn min Maṣr,* ２０１０年）（図１）を題材に、２０００年代後半のエジプトの結婚事情の一端を見ていくことにしたい。

図1 『エジプトの二人の娘』DVD ジャケット

表1 日本における女性の未婚率（%）

	25～29歳	30～34歳
1990	40.4	13.9
1995	48.2	19.7
2000	54.0	26.6
2005	59.1	32.0
2010	60.3	34.5
2015	61.0	33.7

出典：国勢調査結果をもとに筆者作成。

表2 エジプトにおける女性の未婚率（%）

	25～29歳	30～34歳
1988	15.6	5.1
1995	13.4	5.1
2000	16.2	6.1
2005	18.7	6.0
2008	17.7	6.9
2014	12.9	6.8

出典：エジプト人口保健調査報告（Egypt Demographic and Health Survey）をもとに筆者作成。

『エジプトの二人の娘』の舞台は2008年のカイロ。主人公はハナーンとダリアという二人の未婚女性である。ハナーンは30歳、カイロ大学医学部の図書室に勤務している。ハナーンの従姉ダリアは32歳。同じくカイロ大学医学部に勤務する医師である。中流階層出身の二人は、ともに父親のいない家庭で、それぞれ母親と兄や弟と一緒に暮らしている。

映画のストーリーは結婚を強く望むハナーンとダリアが経験する、いくつかの出会いと別れを中心に展開していくが、同時に、二人やその周囲にいる数多くの「結婚を望みながらもそれが叶わない」女性たちの苦悩や、彼女たちが直面する困難が描かれている。

1　婚約期間はお試し期間

ハナーンは27歳のときに、見合いをした相手と婚約*した。ところが3カ月ほどで「経済的な問題」から婚約は解消となった。以来、良い話は途絶えてしまったようである。30歳の今、男友達は一人もいない。男性と付き合った経験もゼロ。「娘」すなわち、処女である。

エジプトの社会規範においては、通常、婚前交際が許容されていない。これはしばしば、国内で多数派を占める宗教であるイスラーム教の教義と結びつけられて説明されてきた。イスラーム教の文脈で結婚は「信仰の半分」とも言われ、つねに奨励されてきた。一方で、婚姻外の性交渉は「姦通」と呼ばれ、健全な家族関係を破壊する行為、社会全体を堕落させ、共同体の弱体化をまねく醜悪な行為として、多神崇拝や殺人と並ぶ大罪の一つに数えられてきた。これを防ぐために、婚姻外の男女が二人きりになることや、親しく交わることが忌避されるのである。

神の前での結婚の約束である婚約を交わすことで、男女は宗教的にも社会的にも「合法」な形で相手と交際することができる。ただし、その間、たいていの女性は婚約者の男性との身体の接触を避ける。相手の言動に幻滅したり、結婚観や人生観の食い違いを見出したりして、婚約が解消されることが少なくないからである。「清い身体」を保っておけば、婚約の解消によって女性の名誉が傷ついたり、次の婚約が難しくなったりすることもない。

ただ、女性たちの結婚が遅れる場合、「清い身体」を保ち続けること自体が容易ではなくなってくる。

2 「家族にも内緒の婚姻契約」という選択

『エジプトの二人の娘』の設定では、ハナーンとダリアに加えて、二人が勤める大学医学部の図書室や医局の30歳前後の同僚女性は皆、未婚であり、処女である。そして、それぞれがいびつにも見える形で、性体験への期待感や、それが得られないことに対する不安感を表現している。

ハナーンは24歳のときから未来の夫のためにセクシーなランジェリーを買い溜めてきた。30歳になった今では、クローゼットが未使用の下着でいっぱいになっている。ダリアは暇さえあれば鉛筆で男女が抱擁するシーンをスケッチしていた。ある寒い晩のこと、夜勤で病院につめていたダリアは、同じ医局に勤めるホワイダが、若い男性医師と倉庫部屋の中で密会している場面に遭遇する。驚いて言葉もないダリアに、ホワイダは「私と彼は（家族にも内緒の）婚姻契約*を交わしている」と説明する。ホワイダはおそらく、相手と二人で、あるいは証人の立ち会いのもとで、神の前に婚姻契約を結ぶという形の結婚をしたのだろう。こうした結婚は、現代において、「正式」な結婚とはみなされていない。「正式」になるためには、神の前での契約に加えて、保護者の合意や政府機関での登録、婚資*の支払い、世間への公表などが必要とされているからである。

ホワイダもまた、自分の婚姻が「正式」ではないことを十分意識していた。彼女はダリアにこうも言っている。「私はまだ処女なの。彼と完全な関係を結ぶことはできない。だって、いつか正式な結婚をするかもしれないから。そのときに私は処女でなければならないから」。

3　結婚の意味

なぜ結婚がそれほど重要なのか。たとえば映画の中では、ハナーンが参加したピアカウンセリングの場で、「結婚しないことについて、何が一番不安か」というカウンセラーの問いに対して、ハナーンと同じく「高学歴で専門職に就く容姿端麗な女性たち」の一人は、こう答えている。「自立した人間として認められないこと、未婚を理由にいろいろな制限を受けること」。未婚の自分がタバコを吸うと「はしたない」と家族に罵られる。しかし、既婚の姉が吸っていても、「いいのよ、あれは結婚しているんだから」となる。こうしたいわれのない差別を受けて生きていくことが不安だと彼女は言う。

また別の一人は言う。自分は人一倍努力してキャリアを積んできたが、このまま結婚せずに孤独感を抱いているかぎり、これ以上向上することはできない、目標に近づくことはできないとわかった、と。

また、母親になれない人生など耐えられないと言う女性や、「男性のいない人生は考えられない、一生、性的な体験を得られないなんて想像できない」と語る女性もいる。そして、最後の女性はこう答える。女性が結婚にまつわる夢や希望を失う時期は、ちょうど、彼女が両親を亡くす時期と重なっている。「結婚しないこと、それは人生の辛い出来事すべてを一人で耐えていくということ」、と。

4　結婚難の背景

結婚を強く望みながらも、なぜそれが叶わないのか。この問いには、さまざまな答えがあるのだろうが、ここでは、『エジプトの二人の娘』に描かれているいくつかの背景を挙げていきたい。

結婚難の原因の一つは、適齢期の若者が直面する社会経済的な困難にある。結婚にはある程度の自己資金と将来への展望が必要である。結婚前に、カップルは新居を整えなければならないし、「婚約式」「結婚契約式」「床入れ式」といった名で数度にわたって行われる挙式の費用も必要である。花婿とその家族は、こうした費用の大半を負担することが期待されるうえ、花嫁への慣習上の贈り物（金製の指輪や腕輪など）を用意したり、ムスリムであれば花嫁に婚資を支払ったりする。結婚成立までにかかる費用の総額が、花婿の年収の数倍におよぶ場合も少なくないという。さらに、花婿は結婚後の生活を支えていかなければならない。エジプトでは「夫が妻を扶養し、妻は夫に従順である」という夫婦関係のあり方が、社会通念の面でも、法律の文言の面でも定着している。

図２　ハナーンが結婚相談所で登録をする場面

ところが、映画に登場する20代から30代前半の男性は皆、大学を卒業したものの就職口がなく家でぼんやりと過ごしていたり、国内の労働市場に見切りをつけて外国で働くことに希望をつないだりしている。彼らにとって結婚は目下の選択肢に入っていない。

ハナーンやダリアの前にあらわれる花婿候補はすべて、それなりの収入と将来性のある30代後半から40代前半の男性である。問題は、彼らにとって、二人のような、高学歴で専門職に就く30代の女性が、理想的な花嫁ではないらしい、ということである。

映画の中でハナーンは、結婚相談所に登録するが（図2）、その際プロフィールに「婚資は不要、結婚費用の半分はこちらで出します」と記している。また、職場に気になる男性があらわれると、彼の前でこれ見よがしに、「妻はとにかく夫に従うべき。それが正しい夫婦関係のあり方」「『男女平等』だとか『女性の自己実現』なんて言葉は社会を混乱に陥れるためのもの」と言ってみせる。自分は夫に対して経済的な支援ができる、夫に従順な、理想的な花嫁であるとアピールしているようである。

ところが、結婚相談所からは音沙汰がなく、職場の男性にはずっと年下の女性との仲立ちを頼まれてしまう。やがて上司の紹介で39歳の大学教員と出会うが、結婚を目前に「僕には女性への強い不信感がある。やはりあなたとも結婚できない」と言われてしまう。

5　体制の腐敗と結婚難

社会経済的な困難、不利な社会通念、不運としか言いようのない出会い。これらに加えて、結婚難の原因として映画の中で描かれているのが、２０００年代当時の「体制の腐敗」である。

ダリアは、同じ「ガマール」という名をもつ三人の男性と知り合う。一人目は、ダリアが「出会い」を求めて参加した反政府運動グループの一員である。二人は活動を共にする中で親しくなっていった。いよいよ愛の告白をと思ったところで、彼が反政府運動に潜りこんだ政府の内通者だったことが判明する。

二番目のガマールは、38歳の自称通訳である。インターネットのチャットで知り合った二人は、顔も見ないままに親しくなっていく。ただ、過去に治安警察から理由もなく暴行を受けたため、社会に絶望し、「家族も未来も持たない」と心に誓っていた彼とのあいだには、なかなか進展が見られない。しかしついに二人が顔を合わせることになった日、ダリアの目の前で、ガマールは反政府的な見解をネット上で広めたとして警察に連行されていく。

三人目は、ダリアが結婚相談所を通じて知り合った40歳の農業技師である。沙漠の農地化を目指して、政府から事業資金を借り入れつつ、農作物の改良に取り組んでいた彼の実直さと素朴さに惹かれたダリアは、彼からの求婚を受け入れる。ところがその直後、政府へのローンの返済が滞ったとして、3年の禁固刑が決まる。刑の執行を免れるため、ガマールはダリアに別れを告げ、国外へ逃亡する。

医師として人に尽くし、自分にも人並みの幸せをと願ったダリアの想いを阻んだのは、当時の政府であり、政治であった。その頃のエジプトでは、政府を批判する人間を監視するため、治安警察の「密通者」が職場や大学、その他組織の中に送り込まれていたという。公に、あるいは私的に政府を批判する者たちは、政治犯として捕えられ、禁錮刑に処されたり、拷問を受けたりした。こうした状況がなかったとすれば、ダリアは最初の二人のガマールとの不幸な別れを経験せずに済んだかもしれない。

また、当時のエジプトでは、ムバーラク大統領の周辺にいる政治家や閣僚、ビジネスマンが国内の富の大半を不当に独占する一方で、国民の多くは貧困や生活苦にあえいでいた。そうした政治的腐敗がなければ、あるいは、せめて政府が第三のガマールのような人々に何らかの救済措置を準備していれば、ダリアの人生は大きく変わっていたであろう。

おわりに

『エジプトの二人の娘』には、2000年代の後半のエジプトで、結婚を望みながらもそれが叶わないことに苦悩する女性たちの姿が描かれている。妻となること、母となること、社会の中で「一人前」として認められること。あるいは、性的な体験や、人生を共に歩むパートナーを得ること。劇中の女性たちは、そうした事柄を社会的に重要なものとして理解し、また、それが必要だという想いを内面化していた。その一方で、高学歴で専門職に就いている彼女たちは、時に自らが、社会の中で理想的な花嫁ではないということを突きつけられた。また、時に、政治的・社会的な状況が、結婚というごく「個人的」な事柄に影響を与えうるということも思い知ったのであった。

本作が、実際の人々の経験や想いをどれほど反映しているのかはわからない。しかし、ここに示されたストーリーや語られたセリフの一つ一つは、同時期に「婚活」の時代を迎えた日本の状況に照らしても、現実の一片を示しているように思われる。

『エジプトの二人の娘』は高学歴で専門職に就く女性たちの物語であったが、2008年のエジプトの統計で30代前半にして未婚だという6・9%には、学歴や職業に関して状況の異なる女性も含まれていたであろう。あるいは、必死の「婚活」によって未婚枠を「辛うじて」免れたという女性たちも少なからずいたのではないだろうか。本作の向こうに、結婚という人生の一大事を前に、さまざまな苦悩や希望をその胸に抱く、大勢のエジプトの「娘たち」の姿が見えてくるのである。

コラム10

変化する一時婚制度

森田豊子

一時婚*とは、一時的に**婚姻契約***を結ぶことであり、**婚資***の額と契約期間を数時間から99年まで定めて行われる婚姻契約のことである。イスラーム・スンナ派では禁止されているが、シーア派では禁止されていない。イランに住むムスリムの大多数が十二イマームシーア派であるが、そのイランの高名な**ウラマー***のタバータバーイー（1904～81）は「永続的な婚姻は一部の男性の本能的な性的欲求を満足させることがないこと、かつイスラームにとって姦通と姦淫が人間生活の秩序と純潔を破壊する最悪の害毒の一つであることを考慮し、イスラームは、特別な条件を付して一時婚を姦通・姦淫と区別し、害悪と腐敗から切り離したうえで、合法とした」と説明している（タバータバーイー 2007: 230）。

筆者は以前、イランで一時婚の結婚契約書を見せてもらったことがある。その家庭には子どももおり、外から見ると全く普通の**結婚***と変わらない生活をしていたが、妻がイラン政府の発行する身分証明書を持たないために、長期間の一時婚契約で結婚するしかなかったという。このように、普通の結婚と変わらない暮らしをする人々もいれば、他方、巡礼地や旅先での短期間の一時婚など、買春と変わらないような形態の一時婚も存在する（Haeri 1989: 78-83）。近代以降、各国で買春が犯罪行為として取り締まりの対象となると、イランでも西洋的近代化推進派の中から後者のような形の一時婚制度を問題視する動きがでてきた。

1928～35年にかけて成立したイラン民法にはイスラーム法の影響が色濃く残っていた。

当然、一時婚についての規定も定められている。第二次世界大戦後に西洋化が推進されたイランでは女性に参政権が与えられ、新たに女性議員が生まれた。彼女たちを含めた西洋近代化推進派の議員たちによる新たな**家族保護法***（1967年および1975年改正法）の中には一時婚という言葉は全く出てこなかった。それは「一時婚という言葉にあえて触れないことで、一時婚という制度を自然に消滅させせたい」という動きがあったからだという。

しかし、1979年にイラン革命によりイランが「イスラーム共和国」となると、一時婚について、別の説明がなされるようになってくる。モルテザー・モタッハリー（1919〜79）によると、昔であれば10代での結婚は珍しいことではなく、身体が成熟する年齢に達すればすぐに結婚できた。しかし、現在では、大学進学など20代後半にならなければ結婚できないような社会制度になっている。そのため、男性も女性も責任の伴う普通の結婚ではなく、避妊することも可能であるなど比較的自由な結婚である一時婚をすることによって、若者たちが不特定多数と関係を持つことを避け、特定の相手とだけ一時婚という関係を保つことで、性的欲求を満たすことができ、社会が混乱することが避けられるのではないかという言説である（Motahhari 2007: 50-51）。モタッハリーはイラン革命のときにホメイニー師の側近の一人であり、革命直後に暗殺された。イラン革命前の家族保護法が成立する過程で、家族保護法はイスラーム法から乖離しており、許容できないと反対し、彼が家族保護法反対のために書いた、イラン革命後の女性の権利について書いた本は現在でも読み継がれている。

ところが、今から10年ほど前から始まったとされる、未婚の男女間の同棲が見られるなど、第8章にあるような近年のイランにおける男女の性的な規範の変化は「性的な危機（bohran-e jensi)」と呼ばれイランでも問題視されている。あるウラマーは「この危機に対処するために一時婚は解決方法にはならない」と発言している。今後、イランにおける一時婚の意味づけが変わっていくのだろうか。

シーア派における一時婚について述べてきたが、スンナ派では一時婚が禁止されているので、一時婚は全く見られないのだろうか。そういうわけでもないようだ。スンナ派で禁止されたとはいえ、一時婚で結婚した場合の夫婦間に生じる権利義務関係もイスラーム法で定められており、婚資について、子が生まれた場合について、相続についてなど法学派間で異なっている（柳橋 2001: 99）。

ある時、インターネット上に「ハラール・セックス・ツアー」という言葉を見つけた。それは、ムスリム男性が外国などで一時婚を行い、一定期間女性と性的な関係を持つことをいうツアーである。そのムスリム男性の中にはスンナ派の男性も含まれている。一時婚はスンナ派で禁止されているということは、すっかり棚に上げて、婚姻なのだからイスラーム法に適った「ハラール」な関係であるというのである。

さらに、暗い気持ちになるのが、レバノンなどにいるシリア難民の女性たちが、10代で結婚させられるという現状である。ユニセフは10代で結婚する女性の数が内戦前の4倍に増加していると報告している。それらの結婚契約の中には、他国から来たムスリム男性が、シリア難民の女性と婚姻契約を結び、関係を持った後に、短期間で行方をくらましてしまうこともある。男性にとっては単なる一時的な快楽のためだけの関係にすぎない。内戦のために教育や職業訓練を受けることができずに自立が難しい女性と婚姻契約をし、行方をくらます。そのような卑劣なことが一時婚制度の名のもとでできてしまっている。

第8章

現代イランにおける様々な「結婚」
――女性の高学歴化に伴う晩婚化と若者に広がる「白い結婚」

山﨑和美

はじめに――現代イランにおける様々な「結婚*」のかたち

1979年のイラン革命後、家族保護法*（1967、1975年改正）が停止された（特論2の第3節を参照）。同革命を経た現在のイラン・イスラーム共和国（1979〜）では、女性の身分や家族に関わる領域でイスラーム法（シャリーア*）の重要性が増し、「結婚や離婚」については家族保護法成立前の民法（1928年）や婚姻法（1931年）が再適用された（森田 2013: 92-95）。「近代化」を経たイランでは、日本と類似の役所（婚姻時には婚姻登録所、離婚時には離婚登録所）で手続きする現代的で公的な「結婚」と、イスラーム法に従う伝統的な**婚姻契約***とが併存してきた。ムスリムの場合には現在でも、イスラーム法に基づく宗教上の婚姻契約が整えられて初めて、「結婚」が社会的に認められる。

こうした「結婚」に関わる社会認識には、慣習や宗教が大きく影響する。7世紀にアラブ人のイスラーム勢力にサーサーン朝（226〜651）が征服されて以降、歴史的に「ペルシャ」と他称されてきた地域の人々は、多くがイスラームを受け入れ、同時にアラブ的な部族社会の慣習も受け入れた。部族社会の慣習で代表的なものが「名誉」と「恥」の概念、性的名誉規範であり、イスラーム化された社会で最大のタブーとされてきたのが「姦通」である。法制度が「近代化」される前のイスラーム世界では、古典的刑法において「姦通」に科される懲罰が、ハッド刑（クルアーンに明記され量刑を変えられない刑罰）の中で最も重かった。現在でもイスラーム世界では、イスラーム法に従って婚姻契約を結んだ男女以外の性的関係は「姦通」と見なされ、同性愛もこれに当たる。女性の隔離は古代や中世のペルシャ帝国でも見られた慣習だが、アラブの部族社会の性的名誉規範や「姦通」の忌避概念と混合され、イスラーム法を論拠として正当化されるようになり、今日に至る。こうしてイスラーム世界には、親族以外の異性と接することのないよう女性を公の場から隔離するという慣習が存在してきたわけだが、ヒジャーブ（ヴェール）はパルデ（女性を公の場から隔離する帳）の一種と見なされるため、ヒジャーブを着用していれば女性は公的の場で男性と共に活動することができる。現在でも「姦通」を避けるために男女の空間が分離され、貞潔であること、宗教的に敬虔であることが美徳とされる。

様々な「結婚」のかたち。クルド人の結婚式（2004年5月20日、ケルマーンシャーで筆者の友人が撮影）

人々の一生のうちで、社会の核とされる家族を作る「結婚」はイスラーム社会で奨励されるばかりか、

「結婚」しないと一人前と見なされない。イラン社会にとっても同様で「結婚」はとても重要である。以上のことから本章では、現代イランにおける様々な「結婚」のありようを踏まえつつ、女性の高学歴化に伴う晩婚化と若者に広がる「白い結婚（Ezdevāj-e Sefīd）」など、近年の社会的変化を主にイラン映画や新聞記事などから検証する。「白い結婚」とはイスラーム法に従った婚姻契約を結ぶよりも前に同棲することであり、特に都市部に居住する若年層の一部に近年、急激に広まっている「結婚」のかたちの一つと言ってよい。前述のように「姦通」と見なされ重い刑罰が科される危険性があるにもかかわらず、西洋のライフスタイルを衛星放送やインターネット、SNSなどで知ることができる都市部の比較的経済力のある層（高学歴が多い）の間に「白い結婚」が広がっている。こうした現状を、イスラーム法を厳格に守るべきとする宗教的保守層が批判し、イラン政府は社会問題化して「白い結婚」ではなく「黒い同棲」と呼ぶよう訴えている。

なお本章で考察の対象となるのは、実質的にはイランの多数派である「シーア派十二イマーム派」の人々の「結婚」をめぐる状況であり、特に都市部住民の「結婚と離婚」ということになる。ただし、そのありように関しては、単にイスラームやシーア派の要素だけでなく、「ペルシャ文化（古代ペルシャ、ゾロアスター教など）」や近代西欧の影響をはじめ、様々な要素が混ざり合うことで現代までに時間をかけて醸成されてきた、「結婚」をめぐるイラン社会の多様性を看過してはならないだろう。

1 「姦通」を禁忌とする伝統的に「望ましい結婚」のあり方と急激な社会変化に伴う現実

第Ⅰ部「結婚・離婚をめぐる法と手続き、慣習」ならびに第Ⅱ部「歴史の中の婚姻とイスラーム法」で説明されているように、ムスリムであればイスラーム法に従って婚姻契約を結ぶことが推奨されてきた。現代イランでは「結婚や離婚」の際に、それぞれ婚姻登録所、離婚登録所で手続きをするという、現代日本とも共通する制度が法的に整えられている。そうした現代的で普遍的かつ公的な「役所での婚姻手続き」に加え、宗教的に実施されてきた伝統的な「イスラーム法に従う婚姻契約」を締結しなければ、社会的に「結婚」とは見なされない。イランの場合は国民の多数がシーア派十二イマーム派を信じており、十二イマーム派の法学派*はジャアファル学派である。イスラーム世界では夫側から妻側に婚資*が支払われ、前納の婚資は結納金、後納の婚資は離婚時の慰謝料を意味するが、イランでは通常、金貨で後納の婚資として支払われる。「イランの刑務所にあふれる離婚男性――一夫多妻*制の甘くない婚約事情」という日本の記事（2016年12月10日付『朝日新聞』）によれば、イランの婚資は、金貨を使い、婚前には払わないのが通例であり、婚姻契約時に双方の家族も含めて「離婚したら夫が妻に金貨~枚を払う」と契約を結ぶ。また、十二イマーム派のイスラーム法学派であるジャアファル学派でのみ一時婚*が許されている（コラム10参照）。財産相続や子どもの親権などで、普通婚よりも女性が不利な状況に置かれるため、イランの女性団体や女性活動家は一時婚に反対しているが、男性主体のウラマー*はジャアファル学派のイスラーム法学に適うとして擁護する。他方、スンナ派の人々や欧米諸国は、一時婚が「売春」の隠れ蓑になっているとして批判する。

他にも、イスラーム法に関わる「結婚」の問題として、児童婚も看過できない。イランで十二イマーム派の多くが女性9歳、男性15歳としてきた婚姻可能年齢は、法の「近代化」を進めたパフラヴィー朝（1925～79）期に、女性15歳で男性18歳（1928年民法）、女性18歳で男性20歳（1975年家族保護法）と引き上げられた。しかしイラン革命後の民法では、女性13歳、男性15歳（ヒジュラ太陽暦での満年齢。親の承諾と裁判所の判断が条件）となった。2016年12月16日付『イラン（*Īrān*）』紙4面「13歳以下の児童婚に関する法律の見直しに着手」によれば、児童婚は都市周辺のスラム街や貧困層が多く住む地域で行われ、18歳以下で嫁いだ少女は4万2000人に及び、国内の一部地域では5～6歳の少女が婚姻契約を結ぶ行為が常態化している。スィースターン・ヴァルーチェスターン州（パキスタンとの国境地域）などで、18歳以下の「結婚」が行われることが多く、貧困家庭や麻薬依存症に陥っている家庭で見られるという。テヘラン周辺のスラム街でも、少女たちを新郎の待つ部屋に送り込むなど児童婚を斡旋するような行為が行われているとして、同紙は教育の機会喪失や人身売買に悪用される恐れを指摘する。

歴史的「ペルシャ」社会では、イスラーム法に従った婚姻契約に加え、求婚、婚約*ならびに結婚披露宴*など、「結婚」に関わる様々な伝統的儀式や慣行が行われてきた（*Encyclopaedia Iranica* ホームページの“ʿArūsī”や“ʿAqd-Nāma”など参照）。しかしながら、現代イランに住む人々が全て、これらの伝統的な全ての儀式を行うわけではなく、どの儀式を行うか、どの程度慣行に従うかは、各個人や各家庭によって大きな差がある。例えば、宗教的に保守的な家庭であれば、イスラーム法に従った婚姻契約を厳格に実施しようとするだろう。一方、都市部の中間層以上で西洋的なライフスタイルに馴染んだ家庭であれば、イスラーム法に従う婚姻契約にはそれほどこだわりがないかもしれないが、中には豪華なものにすべく、結婚披露宴に力を入れる家庭もあるだろう。

したがって「現代イランの結婚」と言ったとしても様々なかたちがあり、さらには民族や宗教、居住地などの違いが要因の多様性も存在している。劇的に変化する現代のイラン社会では「結婚」のありようや家族の姿も多様化と変容を続けており、イランの映画や報道などのメディアがそれらを如実に表している。特に顕著なのは、女性の高学歴化に伴う晩婚化の進展や、都市部の若者の間に「白い結婚」が急速に広まっていることである。

そもそも、現代イランで望ましいとされる「結婚」とはどのようなものなのか。2015年11月9日付『ジャーメ・ジャム（*Jāme-Jam*）』紙によると、ペルシャ社会の文化や慣習として、「結婚」の申し出は、多くの場合まず女性側の両親に持ち込まれ、そこで両親が良縁であると判断した場合、はじめて正式なものとされる。また伝統的に、「結婚」前の男女交際は好ましくないとされ、相手は親や親族が決め、夫婦は「結婚」当日に初めて顔を合わせるのが理想とされてきた。「はじめに」でも述べたように、「姦通」が禁忌とされるイスラーム世界において、公的な婚姻手続きと宗教的なイスラーム法に従う婚姻契約を、親や親族が決めた相手と取り結ぶことが伝統的な「望ましい結婚」と言えるだろう。しかし、近年では都市人口の増加に伴い、生活様式や若者の考え方が変化し、女性の高学歴化と社会進出が進み、晩婚化や離婚の増加など、様々な現象が現れている。「姦通」を禁忌とする「望ましい結婚」という理想がある一方、急激な社会変化による「白い結婚」や一時婚による「自由恋愛」の増加という現実があり、この理想と現実がせめぎ合っているのが現在のイランだ。

こうした理想と現実を如実に表し、変容する現代のイラン社会における様々な「結婚」のかたちを示しているのが、イラン映画と報道である。「姦通」が禁忌であり、これを犯すと「名誉」が汚され「恥」とされる部族社会の因習が、後々イスラームと結びつき抗い難い慣習となって、現在でも人々を縛っている様子を知ることができるのが、以下のようなアスガル・ファルハーディー監督（１９７２〜）の映画である。

『彼女が消えた浜辺』（*Darbāre-ye Elī,* ２００９年、イラン）――第59回ベルリン国際映画祭銀熊賞（監督賞）など

『別離』（*Jodāī-ye Nāder az Sīmīn,* ２０１１年、イラン）――第61回ベルリン国際映画祭金熊賞（最高賞）と二つの銀熊賞（女優賞、男優賞）、第84回アカデミー賞外国語映画賞など

『セールスマン』（*Forūshande,* ２０１６年、イラン・フランス合作）――第89回アカデミー賞外国語映画賞、第69回カンヌ国際映画祭脚本賞など

多くの国際的な賞を獲得してきたこれらの映画では、西洋や日本とも共通するような普遍的な「結婚」に関わる諸問題が扱われ、登場人物たちは「近代化」された都市部に居住し、西洋的なライフスタイルを送るリベラルで世俗的な中流階級に見えるが、「名誉」と「恥」という伝統的な社会規範に依然として囚われ続けている（山﨑 2017: 18-19; 貫井・森田 2014: 75-100）。

以上のように、近年では都市人口の増加に伴い、生活様式や若者の考え方が変化し、伝統的な方法での「結婚」相手探しは現実と乖離したものとなってきている。２０１５／１６年の統

映画『バラ色の結婚』（*Ezdevāj-e Sūratī,* 2004年、イラン）の看板（2005年3月30日、テヘラン）

計によると、婚姻件数は前年度比で５・４％減少し、「結婚」適齢期の１１００万人以上が未婚状態で、平均初婚年齢が男性28・５歳、女性23・８歳となり、晩婚化の傾向が進んだ。特に大都市で顕著で、都市部の平均「結婚」年齢は男性31・１歳、女性27・２歳であるが、テヘラン市内でも地区によって違いがある。都市部と農村部、さらには同じ都市部でも地区によって、ライフスタイルに大きな違いがあるためで、例えば、富裕層や知識人が居住するテヘラン北部の平均「結婚」年齢は、男性32・４歳、女性29歳と、より晩婚化が進んでいる（２０１６年5月19日付『マルドムサーラーリー（*Mardomsālārī*）』紙）。このような「結婚」に関わるイラン社会の変容については、映画だけでなく、様々なメディアを通して知ることができる。以下、主に新聞報道から考察したい。なお、本章においてペルシャ語紙に関しては、東京外国語大学のウェブサイト「日本語で読む中東メディア」も参照した。

２　女性の高学歴化と社会進出に伴う晩婚化
――婚活サイトの盛況、婚資を払えず投獄される夫や離婚の増加

平均初婚年齢の高年齢化に伴い、近年のイランで顕著なのは、離婚の増加である。２０１５年12月22日付『マルドムサーラーリー』紙３面「薬物中毒と離婚は国が抱える社会病理」によると、離婚率はヒジュラ太陽暦（イラン暦）１３８４（２００５）年の10％から１３９２（２０１３）年の19％に上昇した。２０１６年８月25日付『ジャーメ・ジャム』紙１面「人口政策に国をあげて取り組むべき」は、１年間に発生する離婚の約14～15％が「結婚」１年目の夫婦によるもので、離婚の約５割は一緒に暮らし始めて５年以下の夫婦によるもの（１年未満で離婚する夫婦も含む）だとしている。２０１５年９月11日付『ジャーメ・

ジャム』紙によれば、こうした状況を金曜礼拝導師などが「メディアによれば1日に500件もの離婚が発生、つまり4件のうち1件が離婚に至っている」と批判し、「伴侶を選ぶ基準はイスラーム、相手の信仰心であるべきで、見た目やお金を基準にすべきではない」と主張している。

こうして近年のイランで上昇を続ける平均初婚年齢であるが、特に大都市に住む若者については、国全体の平均より高い。晩婚化のために高齢出産も増え、少子化の傾向も強まっている（2016年8月25日付『ジャーメ・ジャム』紙）。都市部での晩婚化の進展は、女性の高学歴化と社会進出が大きな理由である。晩婚化に伴い、結婚相談所や婚活サイトが盛況となり、SNSでの出会いも拡大している。40歳代でも未婚という男女が増え、彼らの多くが高学歴で経済的に自立しているため、「結婚」相手を選ぶ基準がより厳しくなるという。特に、高学歴女性の親は、求婚者や花婿など、娘の「結婚」に厳しい基準を求める傾向が強く、未婚の女性は男性よりも厳しい状況に置かれている。高齢になると出産が難しくなることもあり、女性は未婚であることに不安を抱くが、大学院を卒業するなど高学歴で有職の女性への「結婚」申し込みを躊躇する男性も多い。男性が年下の場合も増えてはいるが、年齢差は小さい方が「望ましい」とされる。ジン（精霊、幽鬼）などの迷信や占いを信じる母親といった親族や、離婚経験を隠すなど問題のある求婚者に、未婚の女性が悩む場合も多い（2015年11月9日付『ジャーメ・ジャム』紙）。

以上のように、イラン社会に近年変容をもたらしている最も重要かつ顕著な事象は、女性の高学歴化である。世界銀行の統計（2014年6月）によれば、イランにおける15歳以上の識字率は、1976年36・5%、1986年52・3%、1991年65・5%、1996年73・1%、2002年77%、2005年82・4%、2006年82・3%、2008年85%、2012年84・3%、と上昇してきた。特に、「イランのパラドックス」と言われるほどに、イラン革命後の女性の高学歴化が顕著で、大学合格者に占める割合は、1990年代後半以降、女性が5割となり、その後、一時期は6割以上を占め、現在も5割以上である。現ロウハーニー政権（2013～）は「女性活躍」政策を採り、女性副大統領や女性閣僚たちを任命し、2016年国会議員選挙（定数290）では、女性議員の数が従来の9人から17人へ増加した。とはいえ、政治や経済活動への女性の参画が著しく低いために、世界経済フォーラムのジェンダー・ギャップ指数（2014年10月）では、142カ国中137位となっている。同じランキングで日本は104位だが、教育分野のスコアに限ると、日本0・9781、イラン0・9574と大きな差はない。両国ともに、教育に限れば、男女格差はほぼ解消されていると言ってよいだろう。

こうして、現代イランでは女性の高学歴化が進み、特に高等教育に関しては女子学生の方が男子学生より多く、大学は男女共学なので異性と知り合う機会も増え、西洋のような「恋愛結婚」も増大した。伝統的に「望ましい」とされる「結婚」と厳しい現実や自分の理想との狭間で苦悩する女性も多い。高学歴であればあるほど、結婚相手で妥協したくないという。

2010年11月18日付『朝日新聞』によると、電話やインターネットで入会できる結婚相談所が当時、急成長して全国で30カ所ほど存在し、1999年に設立された非営利の民間NGOでもある結婚相談所「若者の希望の家」では、会員1万6000人の7割は女性であった。うち大卒以上の高学歴女性が6割を占め、心理学などを学んだ相談員が会員の個人情報を手掛かりに適切な相手を紹介し、毎月10～15組が「結婚」するという。テヘラン西部にあるこの「若者の希望の家」には、例えば「27歳女性、語学の学士号を持っています。高学歴で29～32歳の男性を紹介して下さい。公務員だとなおいいです」というような依頼文が寄せられ、十数人の女性相談員が相談に応じている。

なお、2016年4月20日付『マルドムサーラーリー』紙3面「テレグラム上の婚活サイトは無認可」

という記事によれば、当時のスポーツ青年省結婚計画・家族向上局長が「結婚相手を見つけることを目的にテレグラム（Telegram）上で運営されているサイトはスポーツ青年省の認可を受けていないが、サイトの中には他の一部機関の許可を得ているものもある」「我々は結婚に特化した相談所を50カ所認可しており、それらは優良なサービスを提供し、中にはウェブサイトを運営しているものもある」などと述べた。現在の日本で普及するＬＩＮＥと類似のＳＮＳアプリケーションとして、イランではテレグラムというインスタント・メッセージ・システムが当時広く利用されていた。このようにＳＮＳやウェブサイトが近年、「結婚」相手を探す有効なツールとなっている。

以上のような女性の高学歴化や晩婚化の進展に関連して、近年のイラン社会の変容に伴い社会問題化している事象に、後納の婚資を払えず投獄される男性たちの増加がある。２０１６年12月10日付『朝日新聞』with news の「イランの刑務所にあふれる離婚男性──一夫多妻制の甘くない婚約事情」によれば、婚資に使用される金貨は1枚約８・1グラム、２０１６年12月の相場で3万円強であった。２０１０年の相場は金貨３００枚ほどだったが、その枚数は年々増加し、ヒジュラ太陽暦（イラン暦）での生まれ年を設定することが流行するようになり、２０１６年はイラン暦１３９５年であるため、１３９５枚となったという。婚約の際に「離婚するはずないから高額に設定してほしい」「他の女性の婚資は金貨１３００枚なのに私は５００枚なんて、私の価値が低いみたい」などと女性同士が張り合うこともあるという。結果として離婚に至り、婚資を払えない男性が急増した。イランでは、男性が約束した慰謝料や養育費を払わない場合、刑務所に収監される。そのため、イランの刑務所は離婚した男性であふれ、他の犯罪者を収容する場所が不足し社会問題化した。婚資目当てに離婚を繰り返す結婚詐欺師のような女性も出現した。ただし２０１３年の法改正で、婚資として請求できる金貨の上限は１１０枚までとされ、少なくとも1カ月に1枚の金貨を払い続ければ収監されることはなくなった。イラン大統領府女性・家族問題局によると、婚資で金貨の枚数にこだわらない女性が少しずつ増えてきたという。彼女たちはその代わりに、「結婚」後も会社や大学を続けることや、子どもの教育や親の介護で妻が不利にならないよう取り決めるなど、法律で認められていない権利を婚姻契約締結時に、「結婚」の条件に盛り込むのである。

3 「姦通」を禁忌とする「望ましい結婚」の理想と現実
――「白い結婚」や一時婚による「自由恋愛」の増加

女性の高学歴化に伴うイラン社会の「結婚」をめぐる変容として、以上のように離婚や晩婚化の増大があるが、加えて、未婚の男女の同棲「白い結婚」の増加が注目される。マフブービー（Elaheh Mahboobi 2016）や２０１６年4月17日付 GlobalVoices「危険を冒す恋人たち、イランで『罪』とされる同棲率が増加」によると、２００９年頃に首都テヘランで、独身の若い男女が同棲するという新しいライフスタイルが見られるようになった。本章の冒頭で述べたように、政府は当初、この事象を「白い結婚」と呼んでいたが、現在では「黒い同棲」と呼ぶよう求め、問題視している。政府は「白い結婚」の増加を「『イスラーム革命』の理想に対する脅威」と認識し、言論活動を通じて糾弾した。例えばサイード・レザー・サーレヒー・アミール大統領顧問は「イランは急激な社会変化を遂げているが、早急な変化は気がかりだとして「結婚率の減少は深刻な脅威である。残念なことに多くの若者が新種の『白い結婚』へと走り、家族的価値に計り知れない打撃を与えている」と述べた。司法府文化担当次官も「この不吉な現象について『白い結婚』ではなく『黒い同棲』と呼ぶ」ようにメディアに求めた。２０１５年夏に政府は、テヘラン州で「安定的な家族推進計画を実施する」と発表し、「白い結婚」を「イラン人家庭の調和と幸福にふさわしくない、国外から流入した思想」として対抗するとした（２０１６年4月17日付 GlobalVoices）。

前述のようにイランでは、役所での婚姻登録に加え、イスラーム法に従った婚姻契約を締結する必要があり、「姦通」を禁忌として「望ましい結婚」をすべきとする伝統的な考え方が根強い。こうした「望ましい結婚」の手続きがなされない場合、未婚で同棲していることになるが、イスラーム法に従うとこれは「姦通罪」に当たる。イラン革命後にイスラーム法の重要性が増した現在のイランでは、「姦通罪」もハッド刑として復活し死刑宣告を受ける可能性もあり、きわめて危険で、特に女性がより困難な状況に見舞われる現状がある。恋人から暴力を受けた場合も、女性には法的保護が与えられず、警察と司法当局から婚姻関係の有無を尋ねられ、正式に「結婚」していないと判明すると厳しい状況に陥る。未婚のままの同棲生活は、伝統を重んじる両親に秘密にされている場合が多く、女性が身体的・精神的暴力を受けていたとしても、家族に助けを求めることが難しい（２０１６年4月17日付 GlobalVoices）。

にもかかわらず最近のイランでは、「結婚」前に同棲する若い男女が増えている。「白い結婚」増加の背景には男女の社会経済的格差があるとされる。婚姻契約の際に結ばれる条件の多くは離婚の条件をはじめ男性に有利な内容で、旅行や教育、就職に関して決断する際も妻は夫の指示を仰ぐ必要があるなど、イランの法律では「結婚」した男女に平等な立場が認められていないため、未婚のままパートナーと共同生活を行う女性が増えているという。その前提として「白い結婚」を選択するカップルには、高等教育を受けた都市中間層の男女が多い。都市化が進み、西洋的なライフスタイルが広まり、離婚率も高まる中で、従来のような緊密な人間関係の構築を避ける者たちも増え、イラン社会に伝統的な「結婚」や「家族」の在り方は崩れつつあり、多様化している。「白い結婚」が増加している理由を整理すると、⑴伝統的に「望ましい」とされる結婚に関わる一連の儀式や、公的な「結婚」(役所での婚姻手続きとイスラーム法に従った婚姻契約締結)を行う経済的余裕がない、(2)「結婚」しても男女間の権利が不平等である、(3)大部分の地域コミュニティで離婚は「汚名」とされるため良いパートナーの不在や「結婚」生活が失敗することへの恐れがある、(4)「結婚」することで発生する長期にわたる責任を避ける、などがある(Elaheh Mahboobi 2016: 1283-1288)。

このように「姦通」を禁忌とする「望ましい結婚」という理想がある一方で、近年のイランでは「白い結婚(黒い同棲)」と呼ばれる婚前同棲の増加という現実があるわけだが、さらに「行きずり婚(Ezdevāj-e Khiyābānī)」や一時婚を利用した「自由恋愛」も増加している。『ジャーメ・ジャム』紙は2015年11月25日付「行きずりの交際」や2016年11月2日付「行きずり婚の苦い結末」といった記事で、「行きずり婚」の増加という現状とその弊害を報じている。「行きずりの交際」によれば、近年、少年少女の出会いは、インターネットのチャットやプライベートなパーティー、公園、通り、教育機関などで始まることが増えている。行きずりの「偽りの愛」で始まり一時の感情をきっかけとする男女間の秘められた関係の中で、女性たちは様々な被害を受け、特に若い女性に辛い思い出を残す。「行きずり婚の苦い結末」では、通りすがりの若い男性と知り合って交際し「結婚」したものの、彼の浮気や暴力に苦しみ、彼自身の生活や家族に関する話は全て嘘だった、というような逸話を示すことで、注意喚起がなされる。

十二イマーム派で認められる一時婚をめぐる状況も変化している。子どもが生まれても父親に認知されず福祉や義務教育の対象にならないなど問題が多いことから、イランの女性活動家たちは一時婚を批判しているものの、現実として貧しく困窮した女性を救済する場合もある(2012年3月15日付『毎日新聞』「イラン国会『一時婚』登録制を拒否」)。2015年12月22日付『マルドムサーラーリー』紙の「イランでは

10件の普通婚に対し一時婚は2件」によれば、イラン福祉庁社会病理予防局長（アッラーメ・タバータバーイー大学学術委員会委員も務める女性）は「イランでは家族構造や家族の機能に変化が生じている」として「子どものいない夫婦や独身を選択する人々が増加し、賃貸された部屋を与えられる一時婚での愛人など、以前は見られなかった現象も見られる」などと述べた。同局長によれば、世帯主となる女性の数も増加した。かつては、夫が死去した女性が世帯主となっていたが、最近では、価値観の変化により離婚した女性も世帯主となっている。ただし、離婚後、約8割の女性が再婚するという。

結びにかえて

かつて「ペルシャ」と呼ばれてきた同地は、初代国王レザー・シャー（在位1925〜1941）が国号を「イラン（アーリア人の地）」としたパフラヴィー朝期に、上からの官製ナショナリズムにより国民国家としての統合が進んだ。また、同地でサファヴィー朝（1501〜1736）がシーア派十二イマーム派を国教として以来、その領域下（現在のイラン、アゼルバイジャン、イラクなどを含む地域）の住民の圧倒的多数はシーア派となった。ただ、ペルシャ人やシーア派が多数派とはいっても、その他に、多民族や多言語、多宗教が共存してきたのが、この「歴史的ペルシャ地域」である。古代ペルシャ以来のゾロアスター教やユダヤ教を信じるペルシャ人がいる他、シーア派信徒であるテュルク系のアゼルバイジャン人、スンナ派信徒であるクルド人・アラブ人・バルーチー族などがおり、その他にペルシャ系部族のロル族やトルコ系のガシュガーイー族が存在する。歴史的に、中東には東方教会、中でも東方諸教会のキリスト教徒が存在してきたが、イラン国内ではキリスト教徒は概ね民族と結びついており、グルジア（ジョージア）人（グルジア正教会信徒）、インド・ヨーロッパ語族のアルメニア人（アルメニア教会の他、アルメニア・カトリックやアルメニア・プロテスタント信徒）やセム語族のアッシリア人（アッシリア教会信徒）がいる。

現在のイランを含む地域は「狭義のペルシャ」であれ、「広義のペルシャ」であれ、パフラヴィー朝以来統合が進んできた「国民国家イラン」であれ、多様な民族・宗教・言語が存在し、文化・社会の多様性に満ちている。そのため、様々な民族や宗教集団によって、多様な「結婚」に関わる儀式や儀礼、慣行が存在しており、「現代イランの結婚」と一口で言ったとしても、様々なかたちがあることに留意する必要がある。「狭義のペルシャ」に関しては、かつてのサファヴィー朝の領域が現在のシーア派信徒居住地域とほぼ重なっており、ガージャール朝の版図が今日のイラン・イスラーム共和国の領域となっている。「広義のペルシャ」は、イギリスの歴史学者トインビーの「ペルシャ文明圏」や羽田正の「東方イスラーム世界」の定義に現れているように、サーサーン朝ペルシャがアラブ・イスラームに征服された後、中央アジアからやってきたトルコ・モンゴル系遊牧騎馬民族が新たな支配層となった中央アジアや南アジアからアナトリア半島にかけての地域で、ペルシャ人が政治や科学、芸術分野で活躍し、ペルシャ語が宮廷語や神秘主義詩として用いられた文化圏を指す。

このように、古代から続くゾロアスター教のペルシャ帝国の要素、シーア派イスラームの要素、多様な民族や宗教、都市と農村の格差、宗教的保守派と改革派の違いなどによる「結婚」の多様性に加え、本章で検証したように、現代の特に都市部に住む人々の間では、近年の急激な社会変化に伴い、「結婚」のかたちも多様化し、変容を続けている。その多様化し変容し続ける現代イランの家族や「結婚」のありようについては、イランの映画や報道などのメディアを通してうかがい知ることができた。とりわけ昨今の都市人口の増加による生活様式の変化や、女性の高学歴化と社会進出の進展、晩婚化や離婚の増加など、様々な社会変容が見られる。依然として「姦通」を禁忌とする「望ましい結婚」が理想とされつつも、急激な社会変化に伴い「白い結婚」や一時婚による「自由恋愛」が増えるという現実がある。「結婚」をめぐってこうした理想と現実がせめぎ合っているのが、現代のイラン社会だと言えよう。

第9章

イトコ婚と遺伝病

細谷幸子

はじめに

近年、中東諸国では、結婚*前のカップルが遺伝病の検査をおこなうようになった。ある集団に対し、自覚症状がない疾病の検査をして罹患者や発症が予測される者などを選別する方法をスクリーニングと言う。中東諸国では、その地域で罹患率の高い遺伝病の保因者（遺伝子はもっているが発症しない人）を結婚前にスクリーニングするプログラムが地域的に、あるいは全国規模で展開されている。カップルの双方が対象となっている遺伝病の保因者だと特定されると、遺伝カウンセリングの場がカップルに提供され、保因者同士の妊娠・出産で遺伝病を発症する子が生まれる「リスク」が伝えられる。こうした対策は、結婚し、子を生み育てるという家族生活の将来設計に遺伝医学の価値判断が持ち込まれるという意味で、結婚の「医療化」現象の一つと言えるかもしれない。

遺伝病の保因者スクリーニングが導入された背景には、次のような社会的変化が関わっている。まず、衛生状態と医療へのアクセスが向上したことにより、感染症や低栄養で死亡する子どもが大幅に減少した。その結果、相対的に死因の上位にくるようになった先天性疾患をもつ新生児・乳幼児に注目が集まった。また、医療設備の充実や新しい技術の導入により、病気や障害をもって生まれた子の命が救われる可能性が増えた一方で、治療や看護に多額の費用がかかるようになり、医療費の増大が懸念されるようになった。そして、本書の第4章、第5章、特論1の第1節で触れられていたように、中東を中心とした地域ではイトコ婚が好まれており、これがある種の遺伝病をもった子を生むリスクを高めていると問題視されるようになった。

この章では、主に最後の点と関連して、イトコ婚と遺伝病について扱う。日本でもイトコ同士の結婚は見られていたが、戦後に急減し、2015年のデータでは婚姻関係にある夫婦の4％以下と報告されている（Bittles and Black 2015）。現在、多くの日本人にとってイトコを結婚相手に選ぶことは奇異に映るのかもしれない。そのためだろうか、学会や講演会などでイランの遺伝病対策について触れると、「イスラーム教徒は近親婚を好むので中東には障害者が多い」という論理を前提としたコメントや質問を受けることがある。筆者はこうした質問の背後に、「イスラーム」「近親婚」「中東」「障害者」それぞれに対するいくばくかの偏見や差別意識と不確かな情報とが絡まり合って生まれた態度があるのではないかと感じている。そこで、この章では、各々の情報をもう少し丁寧に整理し、結婚前のカップルが遺伝病の検査を実施するようになった経緯を振り返ることで、中東におけるイトコ婚を取り巻く状況を考えてみたい。

1　イスラーム教徒は近親婚を好むのか？

「イスラーム教徒は近親婚を好むので中東には障害者が多い」という文章をいくつかに分割して、それぞれを詳しく検討してみよう。まず「イスラーム教徒は近親婚を好む」という部分は正しいのだろうか？もし、この文章の〈イスラーム教徒〉を〈ムスリムが多数居住する中東を中心とした地域〉に、〈近親婚〉を〈イトコ婚（ここでは第一・第二イトコ＝日本語で言うところの、イトコ・マタイトコとの結婚）〉に言い換え、「ムスリムが多数居住する中東を中心とした地域ではイトコ婚が好まれている」とすれば、答えは「Yes」である。

イトコ婚のとらえ方は国や地域で大きく異なっている。イトコ婚を法律上禁止しているところもあれば、その割合が高い地域もある。Bittles と Black（2015）によると、世界でイトコ婚の割合が最も大きいのはパキスタンとサウジアラビアで、それぞれ50％を超えている。その他に、イトコ婚割合が10～50％と高い地域が北アフリカ、中東、南アジアに広がっている。アメリカ合衆国、北欧諸国、ロシア、オーストラリアは1％未満、カナダ、南米諸国、日本、中国は1～4％と報告されているので、比較すると中東とその周辺のイトコ婚の多さは一目瞭然である。

なぜ、この地域でイトコ婚が多いのかについては、いくつか異なる見解が存在している。この地域では、ムスリムに限らず、キリスト教徒・ユダヤ教徒・ヒンドゥー教徒においても親族内結婚の慣習がある。一方で、東欧や東アジアのムスリムの間にはイトコ婚が少ないと報告されている。これらの状況を根拠に、イトコ婚はイスラーム以前の地域の慣習に影響を受けているという意見がある。逆に、イスラーム以前のアラブでイトコ婚は一般的ではなかったが、イスラームが女性の相続を許可したため、女性が相続する財産が親族外に出ないように、イスラームを信仰する者の間でイトコ婚が増えたとする説もある。

本書の第5章でも触れられていたように、クルアーン*には結婚相手として選択できない者が明示されている。すなわち、イスラームでは親、祖父母、子、孫、キョウダイ、オジ・オバ、オイ・メイにあたる近親者との結婚を認めていない。この禁止項目の中にイトコは入っていない。預言者ムハンマドは血縁関係にあった2人の女性を妻として娶っており、娘のファーティマを父方のオジの息子にあたるアリーに嫁がせている。ムスリムはこれに倣ってイトコ婚を好むと解釈することもできるが、反対に、「子孫が生まれつき障害をもつかもしれないからイトコとの結婚はやめなさい」という預言者ムハンマドの言葉を引用して、イスラームはイトコ婚や部族内婚を避けるよう促しているとする立場もある。イトコとの結婚は許可されているものの、推奨されているわけではないという位置付けと、ムスリムでもイトコ婚の割合が低い地域もある状況を考慮すると、「イスラーム教徒が近親婚を好む」というよりは、「ムスリムが多い地域とイトコ婚が多い地域が重なっている」と見るほうが、より正確だろう。

どのイトコを配偶者とすることが最適とされるか、その考え方はそれぞれの宗教、宗派、民族・部族、地域、あるいは時代によって異なっている。ムスリムに限って言えば、エジプトや湾岸諸国、パキスタンのスンナ派ムスリムの間では父方平行イトコ婚（父親の兄弟の子）の割合が最も高い。筆者が調査地としているイランのシーア派ムスリムも父方平行イトコ婚を好むが、父方・母方平行イトコ（父母の同性キョウダイの子）も、父方・母方交差イトコ（父母の異性キョウダイの子）も結婚相手に選ばれてきた。しかし、近年では、女性が生涯に産む子の数が低下し、父方平行イトコにあたる者の人数が減るにしたがって、スンナ派でも母方平行イトコ、父方・母方交差イトコ、さらに遠い親族も結婚相手の選択肢に入るようになった。

2　なぜイトコ婚が好まれるのか？

19世紀後半ころまでは、イギリスや欧州の富裕な一族にもイトコ婚が見られていた。イトコ婚が減少した理由としては、遺伝医学的な要因よりも、女性の経済的自立による結婚相手選択の多様化が大きく影響したとされる。他の地域でも、女性の高学歴化、出生率の低下、都市化が進むことによって、イトコ婚は減少すると推測されていた。しかし、北アフリカ・中東・南アジアの国々では、予測されたほどの減少が見られていない（Shaw and Raz 2015: 11）。

イトコ婚率が1％に満たない文化をもつ欧米諸国に渡った当該国からの移民の二世、三世の間でも、イトコ婚の慣習は保持されていると考えられている。ノルウェーでは、パキスタン系移民の第一イトコ婚が48・3％から18・8％に大きく減少したというレポートがある（Grjibovski et al. 2009）。しかし、イギリスの一部のパキスタン系コミュニティでは現在でも、イトコとそれより遠い血縁者同士の結婚を合わせると59％に至ると報告されている（Sheridan et al. 2013）。移住先の居住国と出身国の間で、国境を超えたイトコ婚もおこなわれている。欧米で生まれ育った若者たちの中には、イトコと結婚して「恋に落ちたのが偶然にもイトコだった」と説明することで、非親族との恋愛結婚を理想とする居住国の文化と折り合いをつけようとする人もいる。

生活環境が変化してもイトコ婚が選択されるのなら、イトコ婚が好まれる強い動機付けがあるに違いない。これについては、遺伝学者や文化人類学者たちがさまざまな見解を残している。各々の文献を記すことは控えるが、たとえば、血統の純潔を守る、姻戚関係を通して親族の社会・経済・感情的連帯と団結を強める、財産を親族内で保持し蓄積する、婚資*が節約できる、文化・宗教的価値観の維持を重視する、嫁に行った先で女性が姑や夫の姉妹と安定した関係性を築きやすい、離婚や死別があっても子は親族内にとどまるので見放されず庇護を受けられる等の理由である。

3 近親婚を好む地域には障害者が多いのか?

次に、「近親婚を好むので中東には障害者が多い」という部分を検討してみよう。まず、〈障害者〉とされる人たちの中には、遺伝的要因とはまったく関わりなく、事故や災害、戦争などにより、人生の途中で機能障害をもつことになった人もいることを指摘しておく必要がある。筆者に対して投げかけられた質問やコメントでは、なぜか〈障害者〉と表現されていたが、これはより限定的に〈遺伝病をもつ人〉としたほうがよい。では「近親婚を好むので中東には遺伝病をもつ人が多い」と修正したとして、遺伝病とは何を指すのだろうか。そして、遺伝病をもつ人が多くなる近親婚とは、誰と結婚することなのか。この2点についても、若干の説明が必要になる。

(1) 遺伝病とは何か

遺伝病と言うと、そのすべてが親から子に受け継がれる病気だと思われがちだが、遺伝医学の定義では「遺伝要因が発症に関係している病気」のことを指し、これには遺伝要因だけでなく環境要因が関係している病気も含まれている。つまり、遺伝病には、一つの遺伝子の変異によって起こる単一遺伝子疾患の他に、染色体異常(ダウン症候群など)、環境要因が関わる多因子疾患(心筋梗塞、精神疾患、糖尿病、高血圧など）、ミトコンドリア遺伝病、体細胞遺伝病（がんなど）等、異なる種類の疾患がある（福嶋2015: 32）。一生のうちに心筋梗塞や高血圧、がんに罹患する人の多さを考えると、遺伝病は特別な家系の人だけが罹る病気ではないことがわかる。

先述の遺伝病のうち、単一遺伝子疾患は全人口の1％程度の頻度で発症すると言われている。単一遺伝子疾患は遺伝の仕方によって、常染色体優性遺伝病、常染色体劣性遺伝病、X連鎖遺伝病（伴性遺伝病と呼ばれることもある）に分けられる。通常、出生時に先天性疾患をもつ子を生む確率は2～3％とされ、近親婚ではこれが3～5％になる。だが、現在近親婚で生まれた子が発病する頻度の高さとの関連がはっきりわかっている遺伝病は、右記のうち単一遺伝子疾患の中の常染色体劣性遺伝病だけだとされている。常染色体劣性遺伝病とは、対になっている常染色体のどちらか一方に異常がある場合（ヘテロ接合体を持つ保因者）には病気の症状が出ないが、両方に異常がある場合（ホモ接合体）に発病する病気を指す。常染色体なので男女の性による影響は受けない（福嶋 2015: 73）。

（2）近親婚とは誰と結婚することか

ヒトは母から半分、父から半分の遺伝子を受け継ぐ。単一遺伝子疾患の常染色体劣性遺伝病の場合、両親から一つずつ受け継いだ対になっている常染色体の両方に異常がある（ホモ接合体）と発病する。近親婚で夫婦のそれぞれがその前の世代の遺伝子を共有する確率が高ければ高くなるほど、その子が夫婦それぞれから同じ異常をもつ遺伝子を受け継ぐ確率、すなわちホモ結合となる（＝発症する）確率が上がる。

遺伝医学においては、この確率を考慮した方がよい第二イトコ婚の範囲までを「近親婚（consanguineous marriage）」としている（Bittles 2001: 89）。ただし、比較的小規模のコミュニティの中で成員同士の結婚が数世代にわたって繰り返されているような地域では、血縁関係にないとされる者同士の結婚でも、同じ遺伝子を先祖から受け継ぎ共有している確率が実際の遺伝的近さから推測される確率より高くなる。

本章では、第一イトコ婚と第二イトコ婚を合わせて「イトコ婚」と呼ぶことにしていた。中東を中心とした地域では、イトコ婚の割合が10〜50%と他の地域をはるかに上回っていることの他に、言語、宗教・宗派を共有するコミュニティ内での結婚が世代を超えて繰り返されてきたことも考慮する必要がある。したがって「近親婚を好むので中東には障害者が多い」という文章は、〈イトコ婚〉と〈コミュニティ内婚〉が好まれるので、中東を中心とした地域では〈常染色体劣性遺伝病〉を発症する子が生まれる〈確率が高い〉と言い換えることならできそうだ。

4　イトコ婚の「リスク」とは何か?

「イスラーム教徒は近親婚を好むので中東には障害者が多い」という論理について、それぞれの言葉を実態に応じて検討したところ、「ムスリムが多数居住する中東を中心とした地域では、イトコ婚とコミュニティ内婚が好まれるので、常染色体劣性遺伝病を発症する子が生まれる確率が高い」という文章が導かれた。

ここで、間違ってはいけないポイントがある。これはあくまで確率の問題であり、遺伝病を発症する子が生まれる確率、つまり「リスク」が高いことと、子が遺伝病をもって生まれた原因、つまり因果関係は区別して考えなければならないという点だ。常染色体劣性遺伝病の保因者同士の結婚でも、カップルの間に生まれる子のすべてが発症するわけではない。イトコ婚でも何の問題もなく生まれる子がいる一方で、非血縁者同士の結婚でも遺伝病を発症する子がいる。しかしながら、時に「リスク」が強調されすぎて、あたかもそこに因果関係が示されているような誤解を与える報道もある。

イトコ婚が多く見られる地域から移民を受け入れてきた国々では、エスニック・マイノリティでもある彼らがイトコ婚を好むことと、彼らの居住地域で障害や病気をもつ子が出生する割合が高いことの関連に着目した研究が多数実施されてきた。しかし、その結果の取り上げられ方には、ムスリム移民に対する偏見と、遺伝病をもって生まれる子たちに対する差別的な視線が潜んでいる可能性を忘れてはならない。例えば、イギリスのパキスタン系の住民を対象にした調査結果に関するある記事には、「第一イトコ婚は出生異常を倍増させる」というセンセーショナルなタイトルがつけられている（Adetunji 2013）。しかし、この「倍増」は1・7％が3・5％になったという数値で、17％が35％になったという大きな変化ではない。また、この記事で扱っている調査地の先天性異常のリスク要因を確認すると（Sharidan et al. 2013）、同程度あるいはより大きなリスク上昇が見られた項目もあるのに、これらの点は記事の見出しになっていない。

ムスリム移民の慣習であるイトコ婚が「リスク」との関連で非難される事態は、実は遺伝病に限らず起こっている。イギリスやデンマークにおいて、イトコ婚は病気や障害をもった子を生む「リスク」があるだけでなく、強制婚である可能性が高いがゆえに倫理的な「リスク」もある危険な結婚だとされている（Shaw and Raz 2015: 21）。だが、子が遺伝病をもつリスク要因と、子が遺伝病をもって生まれた原因が必ずしも同じではないのと同様、強制婚として告発された中にパキスタンやバングラデシュなどイトコ婚の割合が高い地域の出身者が多かったからといって、すべてのイトコ婚は強制的な結婚であるに違いないと疑う理由にはならない。

そもそも、夫婦にとって「リスク」とは病気や障害をもった子を生むことばかりではない。病気や障害をもった子を生み育てることが「リスク＝危険」だとも限らない。人生には多種多様な危険が潜んでいる。事故や病気、失業だけでなく、災害や戦争に巻き込まれる可能性もある。女性の立場からしてみたら、かえって親族関係にない家に嫁ぐ方が、多くのリスクに自らを曝す選択になり得る。夫の家族にいじめられることがあるかもしれないし、離婚に至って婚家から追い出されるかもしれない。夫に先立たれて生活に困窮しても、血縁関係にない婚家の親族は助けてくれないかもしれない。こうした社会的なリスクを考慮したら、病気や障害をもった子が出生する3～5％のリスクを重視してイトコ婚を避けるより、親族間の密な交流が基盤にあるイトコ婚を選ぶ方が、自分にとっても子どもたちにとっても、安全な選択になるだろう。

5　健康的な近親婚

サラセミア（地中海性貧血）という重篤な貧血症状を呈する病気をご存知だろうか。日本には患者が非常に少ないので知られていないが、世界で最も多い遺伝性血液疾患の一つで、遺伝医学や血液疾患の教科書で必ず見かける病名である。地中海沿岸部～中東～中央アジア～インド亜大陸～東南アジアに保因者が多い地域が広がっている。多くの場合、サラセミアは常染色体劣性遺伝の形式をとると説明されている。保因者は軽度の貧血がある程度だが、重症型患者は定期的な輸血と合併症予防の服薬を一生涯継続する必要があり、一人の患者にかかる医療費が非常に高額になる。そのため、重症型サラセミア患者の増加は、グローバルな公衆衛生上の対策が必要な課題として位置付けられてきた。中東では、常染色体劣性遺伝病の発病者の割合が増えるイトコ婚が多いことから、サラセミア対策においてイトコ婚の問題に注目が集まった。

トルコやイランでは1980年代から90年代にかけて、また湾岸諸国では2000年代から、重症型サラセミア患者の出生数減少を目標とした対策が一部の地域で、あるいは国家規模で導入されるようになり、そこでイトコ婚の「悪影響」が強調された。イトコ婚が抑制できれば、保因者同士のカップルを減らすという意味で、重症型患者出生数の減少に寄与できるかもしれない。しかし、中東を中心とするエリアには、イトコ婚が50％を超える地域や、サウジアラビアやオマーンのように自国民や湾岸国以外の出身の非市民との結婚には政府の許可が必要となる国もあり、イトコ婚の割合をすぐに低下させることは難しいと推測された。また、サラセミアの保因者はトルコでは人口の約2％、サウジアラビアでは約3％、イランでは平均で4％、地域によっては9・5％に至るところもあり、近親婚でなくても保因者同士が結婚し、結果として子が重症型サラセミアを発病する例も少なくなかった（Miri et al. 2013:14-15）。

常染色体劣性遺伝病であるサラセミアの保因者同士のカップルでは、各妊娠において4分の1の確率で子が重症型になると説明される（メンデルの遺伝の法則を思い出してほしい）。この確率は保因者同士のカップルであるなら、イトコ婚でも非イトコ婚でも変わりがない。サラセミア対策でイトコ婚の問題が注目されたのは、あくまで、イトコ婚のカップルだと双方がサラセミアの保因者である確率が高いからである。そこで、イトコ婚かどうかに限らず結婚前に保因者のスクリーニングを実施し、カップルの双方が保因者だった場合には、結婚の再考を勧めるカウンセリングがおこなわれるようになった。

しかし、男女が共に保因者だとわかっても、結婚を取りやめるカップルは少なかった。婚姻登録に必要だといって血液検査に来る段階では、すでに双方の家族の間で結婚の契約が交わされていて、後戻りできない状況になっていたという要因が大きい。また、双方が保因者だからと婚約*を破棄したら、とくに女性の保因者は差別の対象になり、その後の結婚が困難になることも危惧された。一方で、保因者同士の夫婦が結婚し妊娠した場合、出生前診断や人工妊娠中絶を希望しても、それが可能な医療施設がない国や地域もあった。そして、出生前診断は実施可能でも、イスラームの規範に則り母親の生命を脅かす状況以外での堕胎が許可されておらず、重症型と診断された胎児の人工妊娠中絶ができない国もあった。こうした状況において、保因者同士のカップルは為す術がなかった。

イランのサラセミア対策でも同様の混乱が起こった。しかしイランでは、胎児が重症型サラセミアと診断された場合に人工妊娠中絶を認めるファトワー*を最高指導者が発行したことを受けて、重症型サラセミアをはじめとする疾患や障害をもつ胎児の出生前診断と人工妊娠中絶を制定法でも許可することになった。1978年のイラン革命後、人工妊娠中絶の厳罰化を進めていたイランにとって、これは大きな政策上の転換点であった。その後、施設・費用の面で出生前診断や人工妊娠中絶へのアクセシビリティが向上すると、重症型サラセミアを発病する子の出生数は大きく減少し、現在では年に数える程になった。イランのサラセミア対策は、人口の大きな国としては異例の成功として周辺国に知られている（詳しくは細谷 2017）。

国家的プログラムとして特定の遺伝病をもつ子の出生を抑制することの是非について、あるいは病気や障害をもつ胎児の人工妊娠中絶の是非については、それらが含む倫理的問題を慎重に論じる必要がある。しかし、夫婦が遺伝的に近い間柄にあることによってリスクが高くなるとされる常染色体劣性遺伝病の中には、安価な検査で保因者のスクリーニングができる疾患もある。そして、婚前保因者スクリーニングと出生前診断、人工妊娠中絶を組み合わせれば、根強く維持されてきたイトコ婚やコミュニティ内婚の文化を変えようとしなくても、重篤な病気をもつ子の出生を「予防」することが可能になると考える人たちもいる。イスラエルでは、こうした対策を「健康的な近親婚」あるいは「健康的なコミュニティ内婚」として、ムスリムのベドウィンと超正統派ユダヤ教徒の集団を対象に導入する動きが見られている（Raz 2005）。

おわりに

以上、本章では、イトコ婚と遺伝病について、一つ一つの言葉を現状をふまえて確認し、それが中東やイスラームとどう関連づけて扱われるのかという点も含めて検討した。現在、ヨルダンやオマーン、サウジアラビア、UAEなどの国々では、重症型のサラセミアをはじめとする遺伝病の胎児の人工妊娠中絶を許可していない。将来的にこれらの国々が、イランの成功例を参考にして、あるいは「健康的な近親婚」の概念を導入することで、イトコ婚の回避を勧めるのではなく、むしろ人工妊娠中絶を許可する方向に舵を切る可能性はあるだろうか。あるいは、医療技術の発展やグローバルな議論の影響を受けて、イトコ婚という結婚の慣習を維持することと、病気や障害をもつ子の生をめぐる倫理観との関連は、これから先どのように変化していくのだろうか。今後も目が離せないイシューである。

McKernan, Bethan. 2017. "Egyptian religious council rejects reform to law allowing men to verbally divorce their wives," *Independent*, 2017.2.6.　https://www.independent.co.uk/news/world/middle-east/egypt-religious-council-law-reform-verbal-divorce-men-wives-gender-equality-abdel-fattah-al-sisi-a7565306.html（2018年12月27日最終閲覧）
Zamon TV. *Ota oʻz oʻgʻliga yashirincha nikoh oʻqdi*　https://www.youtube.com/watch?v=cCoDce8Lsr8（2018年12月20日最終閲覧）
内閣府 2017『平成28年度 子供の貧困に関する新たな指標の開発に向けた調査研究報告書』 https://www8.cao.go.jp/kodomonohinkon/chousa/h28_kaihatsu/index.html（2019年6月20日最終閲覧）

Tolmacheva, Marina Aleksandrovna. 1993. "The Muslim Woman in Soviet Central Asia," *Central Asian Survey,* 12-3, 531-548.

Ünal, Mehmet. 1977. "Medeni Kanunun Kabulünden Önce Türk Aile Hukukuna İlişkin Düzenlemeler ve Özellikle 1917 Tarihli Hukuk-ı Aile Kararnamesi," *Ankara Üniversitesi Hukuk Fakültesi Dergisi,* 34-1, 195-231.

Welchman, Lynn. 2007. *Women and Muslim Family Laws in Arab States: A Comparative Overview of Textual Development and Advocacy*. Amsterdam: Amsterdam University Press.

Wichelen, Sonja van. 2009. "Polygamy Talk and the Politics of Feminism: Contestations over Masculinity in a New Muslim Indonesia," *Journal of International Women's Studies*, Vol. 11#1 November, 173-188.

〈ウェブサイト〉

Adetunji, Jo. 2013. "First Cousin Marriage Doubles Risk of Birth Defects in Children," *The Conversation* https://theconversation.com/first-cousin-marriage-doubles-risk-of-birth-defects-in-children-15779（2019年6月20日閲覧）

Administration of Muslim Law Act. 2018. https://sso.agc.gov.sg/Act/AMLA1966（2018年11月19日最終閲覧）

Aydın, M Akif. 1998. "Hukūk-ı Âile Karanâmesi 1917 Tarihli Osmanlı Aile Kanunu," *İslam Ansiklopedisi*. https://islamansiklopedisi.org.tr/hukuk-i-aile-kararnamesi（2019年7月1日最終閲覧）

Bittles A.H. and M.L. Black. 2015. *Global Patterns & Tables of Consanguinity* http://consang.net（2019年6月21日最終閲覧）

BBC Uzbek. 2018. *Ikkinchi xotinga nikoh o'qigan mulla jazolanadi* https://www.bbc.com/uzbek/uzbekistan-40302152（2018年12月20日最終閲覧）

Babadzhanov, Bakhtiyar. 1999. "The Fergana Valley: Source or Victim of Islamic Fundamentalism?" *Central Asia and the Caucasus: Journal of Social and Political Studies*, 5-4 https://www.ca-c.org/dataeng/10.babadzh.shtml（2014年6月25日閲覧）

Darakchi. 2018. *O'z o'g'liga shar'iy nikoh o'qigan ota jozoga tortildi* http://darakchi.uz/oz/60089（2018年12月20日最終閲覧）

Egypt Today. 2018. "Controversy over New Proposed Law to Criminalize 'Urfi Marriage," Aug. 21. 2018 http://www.egypttoday.com/Article/2/56345/Controversy-over-new-proposed-law-to-criminalize-%E2%80%98urfi-marriage（2018年12月31日最終閲覧）

Elaheh Mahboobi. 2016. "White Marriage" in Contemporary Iran," *Imperial Journal of Interdisciplinary Research (IJIR)*, 2-12, 1283-1288 https://www.onlinejournal.in/IJIRV2I12/195.pdf（2019年1月13日最終閲覧）

Gavin W, Chee Heng Leng, Maznah Mohamad (eds.), *Muslim-Non-Muslim Marriage: Political and Cultural Contestations in Southeast Asia*, Singapore: Institute of Southeast Asian Studies, 283-317.

Northrop, Douglas. 2004. *Veiled Empire: Gender & Power in Stalinist Central Asia*, Ithaca and London: Cornell University Press.

Öke, M. Sadık and Fatih Bayhan. 2011.*Teyzem Latife,* Pegasus: İstanbul.

Otaxo'jayev, Fozil Maqsudvich va Shoira Rahmatovna Yo'ldasheva. 2007. *Oila huquqi*, Toshkent: Adolat.

Otto, Jan Michiel (ed.) 2010. *Sharia Incoporated: A Comparative Overview of the Legal Systems of Twelve Muslim Countries in Past and Present,* Leiden: Leiden University Press.

Rapoport, Yossef. 2005. *Marriage, Money and Divorce in Medieval Islamic Society*, Cambridge University Press.

Raz, Avid E. 2005. *The Gene And The Genie: Tradition, Medicalization, and Genetic Counseling in a Bedouin Community in Israel*, Durham, North Carolina: Duke University Press.

Sartori, Paolo. 2010. "What Went Wrong? The Failure of Soviet Policy on Sharī'a Courts in Turkestan, 1917-1923," *Die Welt des Islams*, 50-3, 397-434.

Shaw, Alison and Aviad Raz (eds.) 2015. *Cousin Marriages: Between Tradition, Genetic Risk and Cultural Change*, NY and Oxford: Berghahn Books.

Sheridan, Eamonn et al. 2013. "Risk Factors for Congenital Anomaly in a Multiethnic Birth Cohort: An Analysis of the Born in Bradford Study," *Lancet*, 382, 1350–1359.

Singerman, Diane and Barbara Ibrahim. 2001. "The Cost of Marriage in Egypt: A Hidden Variable in the New Arab Demography," Nicholas S. Hopkins (ed.), *The New Arab Family* (Cairo Papers in Social Science 24, 1-2), Cairo: American University in Cairo, 80-116.

Singerman, Diane. 2005. "Rewriting Divorce in Egypt: Reclaiming Islam, Legal Activism, and Coalition Politics," Robert W. Hefner (ed.), *Remaking Muslim Politics: Pluralism, Contestation, Democratization*, Princeton: Princeton University Press, 161-188.

Sonneveld, Nadia. 2012. *Khul'Divorce in Egypt: Public Debates, Judicial Practices, and Everyday Life*, Cairo: American University in Cairo.

Suhadi. 2006. *Kawin Lintas Agama: Perspektif Kritik Nalar Islam*, Yogjakarta: LkiS, 130-137.

Talbi, Muḥammad. 1998. "Everyday Life in the Cities of Islam," Abdelwahab Bouhdiba & Muhammad Ma'ruf al-Dawalibi (eds.), *The Individual and Society in Islam* (The Different Aspects of Islamic Culture Volume II), Paris: UNESCO, 379-460.

Rights & Islamic Family Law: Perspectives on Reform, London and New York: Zed Books, 15-91.

Grjibovski, Andrej M., P. Magnus and C. Stoltenberg. 2009. "Decrease in Consanguinity among Parents of Children Born in Norway to Women of Pakistani Origin: A Registry-Based Study," *Scandinavian Journal of Public Health*, 37-3, 232-238.

Haeri, Shahla. 1989. *Law of Desire: Temporary Marriage in Shi'i Iran,* Syracuse, New York: Syracuse University Press.

Hidayah Amin. 2014. *Malay Weddings Don't Cost $50 and Other Facts about Malay Culture*, Singapore: Helang Books.

Ibn Rushd al-Qurṭubī, Abū al-Walīd Muḥammad b. Aḥmad b. Muḥammad b. Ahmad. 2002. *Bidāyat al-Mujtahid wa-Nihāyat al-Muqtaṣid*, Beirut: Dār al-Kutub al-ʿIlmīyah.

Koğacıoğlu, Dicle. 2005. "Law: Modern Family Law, Turkey," *Family, Law and Politics*, Encyclopedia of Women & Islamic Cultures, vol. 2 Leiden: Brill.

Larguèche, Dalenda. 2011. *Monogamie en Islam: l'exception kairouanaise*, Manouba (Tunisia): Centre de publication universitaire.

Lobacheva, Nina Petrovna. 1999. "Makhr," *Islam na teritorii byvshei Rossiiskoi imperii - Entsiklopedicheskii slovar'. Vypsuk*, 2, Moskva: Izdatel'skaya firma «Vostochnaya literatura», RAN, 63-64.

Majlis Ugama Islam Singapura. 1991. *Kumpulan Fatwa.*

al-Majma' al-'Arabī al-Qānūnī (ed.) n.d. *al-Mawsū'a al-Qānūnīya al-Shāmila li-Dawla Miṣr* (DVD). Cairo: al-Majma' al-'Arabī al-Qānūnī.

Maqsudxo'ja ibn Mansurxo'ja [Shayx Abdulaziz Mansur (mas'ul muharrir)]. 2015. *Majma'-ul maqsud: Muxtasar ul-Vikoyaning o'zbekcha sharhi 2-kitob* (Huquqiy me'rosimiz xazinasidan), Toshkent: Sharq.

Maznah Mohamad, Zarizana Aziz and Chin Oy Sim. 2009. "Private Lives, Public Contention: Muslim-non-Muslim Family Disputes in Malaysia," Gavin W. Jones, Chee Heng Leng and Maznah Mohamad (eds.), *Muslim-Non-Muslim Marriage: Political and Cultural Contestations in Southeast Asia*, Singapore: Institute of Southeast Asian Studies, 59-101.

Miri, Seyed Mohammad et al. 2013. "Thalassemia in Iran in Last Twenty Years: The Carrier Rates and the Births Trend," *Iranian Journal of Blood and Cancer*, 6-1, 11-18.

Moṭahhari, Morteżā. 2007. *Neẓam-e Ḥoqūq-e Zan dar Islam,* Qom: Sadra

Muhammad Yusuf, Muhammad Sodiq. 2012. *Baxtiyor oila*, Toshkent: SEMURG' MEDIA [CD].

Nalivkin, Vladimir i Mariya Nalivkina. 1886. *Ocherk byta zhenshchini osyodlogo tuzemnogo naseleniya Fergany*, Kazan: Tipografiya imperatorskogo universiteta.

Noor Aisha Abdul Rahman. 2009. "Muslim-Non-Muslim Marriage in Singapore," Jones,

学東南アジア地域研究研究所、25–44頁。

〈外国語〉

‘Allāf, Aḥmad Ḥilmt al-. 1983. *Dimashq fī Matla‘ al-qarn al-‘Ishrīn*, edited by ‘Ali Iamīl Na‘isa, 2nd ed., Dimashq: Dār Dimashq.

Amin, Galal. 2000. *Whatever Happened to the Egyptians?: Changes in Egyptian Society from 1850 to the Present*, Cairo: The American University in Cairo Press.

‘Amrūsī, Anwar al-. 2000. *Mawsū‘a al-Aḥwāl al-Shakhṣīya li-l-Muslimīn: al-Nuṣūṣ, wa-al-Fiqh, wa-al-Mabādi’ al-Qaḍā’* (al-Juz’ al-Thālith), Alexandria: Dār al-Fikr al-Jāmi‘ī.

Anderson, J.N.D. 1951. “Recent Developments in Sharī‘a Law III: The Contract of Marriage,” *Muslim World*, 41-3, 113-126.

Atho Mudzhar. 1993. *Fatwa-Fatwa Majlis Ulama Indonesia: Sebuah Studi tentang Pemikiran Hukum Islam di Indonesia 1975-1988*, edisi dwi bahasa, INIS.

‘Aṭṭār, ‘Adnān al-. n.d. *Taqālīd al-Zawāj al-Dimashqī: al-Badawī wa-al-Rīfī wa-al-Ḥaḍarī*, Dimashq: Dār Sa‘d al-Dīn.

Bittles, Alan. 2001. “Consanguinity and its Relevance to Clinical Genetics,” *Clinical Genetics*, 60, 89-98.

Black, Ann. 2012. “Lessons from Singapore: An Evaluation of the Singapore Model of Legal Pluralism,” *Working Paper Series*, 26, Asian Law Institute, The University of Queensland, Australia.

Çalışlar, İpek. 2006. *Latife Hanım*, Everest: İstanbul.

Chammack, Mark. 2009. “Legal Aspects of Mulsim-Non-Muslim Marriage in Indonesia,” Gavin W Jones, Chee Heng Leng and Maznah Mohamad (eds.), *Muslim-Non-Muslim Marriage: Political and Cultural Contestations in Southeast Asia*, Singapore: Institute of Southeast Asian Studies. 102-138.

Department of Statistics (Singapore). 2016. *General Household Survey 2015*.

Department of Statistics (Singapore). 2018. *Statistic on Marriages and Divorces 2017*.

Departemen Agama. 2008. *Rancangan Undang-Undang Hukum Materiil Peradilan Agama Bidang Perkawinan*.

Duben, Alan and Cem Behar. 1991. *Istanbul Households: Marriage, Family and Fertility, 1880-1940*, Cambridge: Cambridge University Press.

Euis Nurlaewati. 2010. *Modernization, Tradition and Identity: The Kompilasi Hukum Islam and Legal Practice in the Indonesian Religious Courts*, Amsterdam: Amsterdam University Press.

Fawzy, Essam. 2004. “Muslim Personal Status Law in Egypt: The Current Situation and Possibilities of Reform through Internal Initiatives,” Lynn Welchman (ed.), *Women's*

スラーム地域研究叢書2)』東京大学出版会、167-193頁。
廣岡正久 1988『ソヴィエト政治と宗教――呪縛された社会主義』未來社。
フーコー、ミシェル（小林康夫、石田英敬、松浦寿輝訳編）2006『性・真理（フーコー・コレクション５）』筑摩書房。
福嶋義光監修 2015『遺伝医学やさしい系統講義18講』メディカル・サイエンス・インターナショナル。
細谷幸子 2017「イランの『治療的人工妊娠中絶法』をめぐる議論」『生命倫理』27-1、72-78頁。
堀井聡江 2004『イスラーム法通史』山川出版社。
堀井聡江 2016「ムスリム家族法の変容――南アジア」アジア法学会・孝忠延夫・高見澤磨・堀井聡江編『現代のイスラーム法』成文堂、79-81頁。
嶺崎寛子 2015『イスラーム復興とジェンダー――現代エジプト社会を生きる女性たち』昭和堂。
嶺崎寛子 2016「宗教言説を使う、開く――エジプトのムスリム女性とイスラーム」川橋範子・小松加代子編『宗教とジェンダーのポリティクス――フェミニスト人類学のまなざし』昭和堂、69-100頁。
嶺崎寛子 2018「ローカルをグローバルに生きる――アフマディーヤ・ムスリムの結婚と国際移動」『社会人類学年報』44、79-109頁。
嶺崎寛子 2019「ムスリムとは誰か――ムスリムの周縁をめぐる試論」『お茶の水史学』62、245-258頁。
森田豊子 2013「現代イランの『家族保護法案』についての覚書」『イスラーム地域研究ジャーナル』5、92-95頁。
柳橋博之 2001『イスラーム家族法――婚姻・親子・親族』創文社。
柳橋博之 2003「シャリーア――生活の指針」佐藤次高編『キーワードで読むイスラーム――歴史と現在』山川出版社、78-96頁。
山崎和美 2017「Review：映画『セールスマン』が映し出す現代イランの家族と女性」スターサンズ・高橋諭吉・平井直子編『セールスマン（公式プログラム）』スターサンズ、18-19頁。
リー、クアンユー（小牧利寿訳）2000『リー・クアンユー回顧録（上）――ザ・シンガポール・ストーリー』日本経済新聞社。
和崎聖日 2015「中央アジア定住ムスリムの婚姻と離婚――シャリーアと家族法の現在」藤本透子編『現代アジアの宗教――社会主義を経た地域を読む』春風社、70-123頁。
和崎聖日 2017「マフルの是非をめぐる知識人のまなざし―― 1950-1970年代ソ連中央アジア南部地域における反イスラーム宣伝と現代」帯谷知可編『社会主義的近代とイスラーム・ジェンダー・家族１（CIRAS Discussion Paper No. 69)』京都大

大塚和夫 1983「下エジプトのムスリムにおける結婚の成立過程——カリュービーヤ県ベンハー市とその周辺農村の事例を中心に」『国立民族学博物館研究報告』10-2、273-307頁。
小野仁美 2010「女性の地位と一夫一婦制——斬新な家族法」鷹木恵子編著『チュニジアを知るための60章（エリア・スタディーズ81）』明石書店、230-234頁。
小野仁美 2019『イスラーム法の子ども観——ジェンダーの視点でみる子育てと家族』慶應義塾大学出版会。
帯谷知可 2004「宗教と政治——イスラーム復興と世俗主義の調和を求めて」岩崎一郎・宇山智彦・小松久男編著『現代中央アジア論——変貌する政治・経済の深層』日本評論社、103-128頁。
カッザーフィー、ムアンマル・アル（藤田進訳）2011『緑の書』第三書館（第4版）。
小杉泰「シャリーア」大塚和夫ほか編 2002『岩波イスラーム辞典』岩波書店、466頁。
後藤絵美 2012「『結婚したい』『離婚したい』女性たち——社会通念・宗教・国家制度のはざまで」鈴木恵美編著『現代エジプトを知るための60章（エリア・スタディーズ107）』明石書店、226-231頁。
後藤絵美 2014「エジプト——二つの『婚活』物語にみる現代の結婚難」『アジ研ワールド・トレンド（2014年8月号 特集：途上国の出会いと結婚）』226、IDE-JETRO、32-35頁。
小松久男 1994「中央アジアの変動とイスラーム復興」『国際問題』411、44-55頁。
佐藤次高 2009『イスラーム——知の営み（イスラームを知る1）』山川出版社。
真田芳憲・松村明 2000『イスラーム身分関係法』中央大学出版部.
竹村和朗 2016「現代エジプトのファラハ——ブハイラ県バドル郡における結婚の祝宴の報告」『アジア・アフリカ言語文化研究』91、5-40頁。
タバータバーイー、モハンマド＝ホセイン（森本一夫訳）2007『シーア派の自画像——歴史・思想・教義』慶應義塾大学出版会。
田村慶子 2000『シンガポールの国家建設——ナショナリズム、エスニシティ、ジェンダー（明石ライブラリー18）』明石書店。
中田考 2015『イスラーム法とは何か？』作品社。
中村光男 1999「イスラム」石井米雄ほか監修、桃木至朗ほか編『新訂増補 東南アジアを知る事典』平凡社、17-20頁。
貫井万里・森田豊子 2014「1979年革命後のイラン女性と社会変化——2013年成立家族保護法をめぐって」福原裕二・吉村慎太郎編『現代アジアの女性たち——グローバル化社会を生きる』新水社、75-100頁。
ババジャノフ、バフティヤール（小松久男訳）2003「ソ連解体後の中央アジア——再イスラーム化の波動」小松久男・小杉泰編『現代イスラーム思想と政治運動（イ

参考文献

〈日本語〉

アイケルマン、D・F（大塚和夫訳）1988『中東――人類学的考察』岩波書店。

新井政美 2001『トルコ近現代史――イスラム国家から国民国家へ』みすず書房。

磯貝健一 2014「シャリーア法廷裁判文書の作成システム――帝政期中央アジアのカーディーと『タズキラ』」堀川徹・大江泰一郎・磯貝健一編『シャリーアとロシア帝国――近代中央ユーラシアの法と社会』臨川書店、130–165頁。

磯貝真澄 2014「ヴォルガ・ウラル地域におけるムスリムの遺産分割――その制度と事例」堀川徹・大江泰一郎・磯貝健一編『シャリーアとロシア帝国――近代中央ユーラシアの法と社会』臨川書店、103–129、xviii–xx 頁。

磯貝真澄 2018「ヴォルガ・ウラル地域テュルク系ムスリム家族の法社会史研究の試み――19世紀末の婚姻簿から」『日本中央アジア学会報』14、29–31頁。

市岡卓 2018『シンガポールのムスリム――宗教の管理と社会的包摂・排除』明石書店。

伊藤弘子 2016「国際私法における南アジアのムスリム家族法適用上の問題」アジア法学会・孝忠延夫・高見澤磨・堀井聡江編『現代のイスラーム法』成文堂、103–146頁。

大形里美 2003「インドネシアにおけるイスラーム家族法とジェンダー」『九州国際大学国際商学論集』14–2、1–34頁。

大形里美 2005「インドネシアにおけるジェンダー状況・3 ――一夫多妻をめぐる状況」『インドネシア ニュースレター』54、日本インドネシアNGOネットワーク(JANNI)、35–42頁。

大形里美 2009「ジェンダー平等の視点からイスラム法学を再構築する試み」『イスラム科学研究』第5号、29–42頁。

大形里美 2010「インドネシアにおけるイスラーム教徒のイスラーム教義理解とその実践、及びジェンダー規範――意識調査の分析（その２）」『九州国際大学 国際関係学論集』5–1/2、97–136頁。

大河原知樹 2007「歴史人口学で見たシリアの都市社会――ダマスカスの結婚性向の計量分析」『東洋史研究』65–4、41–71頁。

大河原知樹・堀井聡江 2015『イスラーム法の「変容」――近代との邂逅（イスラームを知る17)』山川出版社。

〈各国の法律に関するもの〉

●**家族法**

本書では時代にかかわらず、結婚、離婚、養育、相続などに関わる法律全般を指す。前近代においては法典として統一されていなかったが、近代以降は各国でそれぞれの法典が作られた。それらは、イスラーム法の法規定を取捨選択する形で取り入れてはいるが、イスラーム法そのものではない。とくに結婚と離婚の届け出に関しては、イスラーム法においては義務ではなく、本書において「民事婚」（1章、特論2-2)、「法律婚」（2章)、「世俗婚」（4章)、「公式婚」（コラム9）として説明されているように、各国の法律でそれぞれの規則がある。［4章、特論1-3、特論2-1、コラム6、コラム8］

●**家族保護法**　イラン qānūn-e ḥamāyat-e khēnevāde (P)

1963年に、イスラーム法の規定を取捨選択してイランで作られた家族法法典の名称。1975年および2013年に改正された。［特論2-3、コラム10、8章］

●**身分関係法**　エジプト qānūn al-aḥwāl al-shakhṣīya (A)、チュニジア majallat al-aḥwāl al-shakhṣīya (A)

20世期以降に、イスラーム法の規定を取捨選択して作られた各国の家族法法典の名称。［コラム6、特論2-2］

シャーフィイー派、ハンバル派の4法学派が主要法学派として権威をもち、シーア派でも十二イマーム派（ジャアファル派）を主流として複数の法学派がある。前近代において、それらは一つに統一されることなく併存した。近代以降の法制度改革や教育改革の結果、法学派の意義は大幅に縮小している。［2章、4章、5章、コラム6、特論2-2、8章］。

●**ウラマー**　ʻulamāʼ (A) / ʻolamāʼ (P) / ulama (In, Ml)

イスラーム諸学（法学、神学、クルアーン解釈学、ハディース学など）の知識をもつ人（アーリム）の複数形。イスラーム法学者のことを指すことが多い。［2章、コラム2、5章、特論1-3、コラム6、特論2-3、6章、コラム10、8章］

●**ファトワー**　fatwā (A) / fatvā (P) / fatwa (In, Ml)

イスラーム法学者が、質問について回答する形で出される法学見解。質問は、君主からのものも、一般の人からのものもある。ファトワーを発行する法学者をムフティーという。［2章、3章、コラム2、4章、6章、9章］

●**カーディー**　qāḍī (A) ／**カーズィー** qāżī (P) ／**カディ** kadi, qadi (Ml)

イスラーム法にもとづく裁判を行う裁判官。近代以降においては、婚姻登録を行う宗教行政官［3章］や、婚姻や相続を扱う宗務協議会メンバー［特論1－3］の名称などにも使用される。近代法にもとづく裁判官のことを指すこともある。［3章、4章、特論1-3］インドネシアでは、ハキム・アガマ（hakim agama (In)）と呼ばれる。

●**マーズーン**　maʼdhūn (A)

婚姻公証人。双方ともエジプト人ムスリムである男女が結婚するときに婚姻契約を届け出る相手のこと。［1章、2章］

●**シャリーア法廷／シャリーア裁判所**　maḥkama sharʻīya (A) / dadgah-e sharʻ ī (P)

イスラーム法に基づいた裁判を行う法廷のこと。「シャリーア裁判所」という呼称はオスマン朝時代より見られたが、近代化の過程において、ヨーロッパ法をモデルに制定された法律を扱う裁判所ができると、主に家族法などイスラーム法を扱う裁判所の名称として使用された。現在は、シャリーア法廷を国家の正式な法制度として採用する国や地域は少ないが、ムスリムに関わる事案を審理するための法廷が、新たに設けられることもある。［1章、3章、4章、特論1-1、特論2前文、特論2-1、2-2］なお、インドネシアでは、1989年に「宗教裁判所 pengadilan agama (In)」として制度的に確立した。［コラム2、6章］

●**成人**

かつてはイスラーム法にもとづいて、成人（bāligh (A, P) / baligh (In, Ml)）となることは、身体的成熟（bulūgh (A)）によって判断されていた。身体的な兆候が見られない場合には、二次的に年齢が基準となり、15歳から18歳ぐらいまで、性別や法学派による相違があった。男性は成人すると婚姻後見から外れるが、財産管理能力（rushd (A) / roshd (P)）がなければ、ひきつづき財産後見下に置かれた。［５章］現代ムスリム諸国には、成人年齢（sinn al-rushd (A)）が具体的年齢で明確に定められている国（エジプトでは21歳、チュニジアでは18歳など）もある。

〈イスラーム法に関するもの〉

●**シャリーア**　sharīʿa (A) (P) / syariah/ syariat (In, Ml)

神が命じた人間の行為規範。日本語ではイスラーム法と訳されることが多い。［１章、２章、コラム２、４章、５章、コラム５、特論１－１、特論２－１、８章］

●**フィクフ**　fiqh (A) (P) / fiqih, fikih (In) / fiqh (Ml)

シャリーアを理解するための学問（コラム５参照）およびその内容。日本語でイスラーム法といわれているものはフィクフの内容を指していることが多い。［５章、コラム５］

●**クルアーン**　al-Qur'ān (A) (P) / al-Qur'an, Alquran (In, Ml)

イスラームの聖典。西暦610～632年に預言者ムハンマドが天使ガブリエルを通じて神から授かった言葉を、弟子たちが記録し、650年頃に一冊の書物としてまとめたもの。イスラーム法の主要な法源。［３章、４章、５章、コラム５、特論１－１、１－２、コラム６、６章、９章］

●**ハディース**　ḥadīth (A) (P) / Hadits, Hadith (In, Ml)

預言者ムハンマドの言行（スンナ）を伝承・記録したもの。ムハンマドや周囲の人々の日常生活や信仰にかかわる事柄が数多く含まれ、ムスリムの行為規範を導いている。クルアーンのように一冊の書物にまとめられることはなかったが、ハディース学者たちによって真正なハディースが厳選され、複数のハディース集成が伝えられている。イスラーム法の主要な法源。［４章、５章、コラム５、特論１－２、６章］

●**法学派**　madhhab (A) (P) / mazhab, madhab (In, Ml)

フィクフの体系を継承する学派。スンナ派では、ハナフィー派、マーリク派、

-3、特論2-2、コラム7]

●フルウ離婚（身請け離婚） khulʿ (A) / kholʿ (P) / khuluk (In, Ml)

妻の側から離婚後の諸権利（後払いの婚資、待婚期間中の扶養料、子の扶養料請求権など）を放棄することを条件に成立させることができる離婚。[2章、4章、5章、特論1-3、特論2-2]

●待婚期間 ʿidda (A) / ʿedde (P) / iddah (In) / idah (Ml)

離婚後に、女性の再婚ができない期間。待婚期間中は夫が扶養料を支払う義務がある。イスラーム法では3度の月経までなどの規定があるが、現代ムスリム諸国の法律では、具体的な期間が定められていることが多い。[2章、4章、5章、特論2-2、6章]

●復縁 rujūʿ (A) / rojūʿ (P) / rujuk (In, Ml)

離婚した夫婦が待婚期間中に元の結婚生活に戻ること。ただし、3回目の離婚宣言の後には、待婚期間中であっても復縁できない。[1章、2章、5章]

〈子どもに関するもの〉

●後見 wilāya (A) / velāyat (P) / perwalian (In, Ml)

後見には、婚姻後見と財産後見の2種類がある。婚姻後見は、父を最優先とする男性父系血族が権利を持つことが多い。未成年の子の財産を管理する財産後見は、イスラーム法では父親もしくは父親の父親（父親がいない場合には、父親が指定した管財人）が権利を持っていたとされるが、現代においては国によって異なる規定がある。日本の親権には後見権と監護権の二つが含まれているが、イスラーム法では両者を分けて考える。[1章、コラム4、5章]

●監護 ḥaḍāna (A) / ḥeżānat (P) / hadhanah (In) / hadanah (Ml)

子に対して、家での保護や身の回りの世話、しつけなどを行うこと。イスラーム法では、母にその権利が最優先される。監護期間は、法学派により異なり、男児は2歳、女児は7歳までとするシーア派から、男児は成人まで、女児は結婚して婚家入りするまでとされるマーリク派まで、見解に幅がある。現代ムスリム諸国の法律においては、国によって監護者の資格や期間が異なっている。[1章、4章、コラム4、5章、特論2-2、コラム8]

が義務づけられているため、実際に２人以上の妻を娶ることのできる男性は限られている。また、現代ムスリム諸国の法律では、ほとんどの国で、２人目の妻を娶る場合には裁判所の許可を得るなどの制約があり、一夫多妻婚を禁じている国（トルコ、チュニジア）もある。［１章、３章、４章、コラム６、特論２-１、６章、８章］

●結婚披露宴　faraḥ, walīma (ḥafla) al-ʿurs (zawāj) (A) / marāsem-e ʿarūsī/ezdevāj (P) / resepsi pernikahan, perkawinan (In) / resepsi pernikahan, perkahwinan (Ml)

結婚を親族や周囲の人々に知らせるための祝宴。地域や時代による慣習の違いが大きいが、多くの費用が費やされるのが一般的であり、異なる種類の祝宴が連日行われる地域もある。２人の関係が姦通ではないことを広く知らせる意味も持ち、イスラーム法では推奨行為とされる。現代ムスリム諸国の法律で義務づけられることはないが、社会的に重要視されている。［１章、３章、５章、８章］

●床入り　dukhūl (A) / dokhūl (P) / dukhul (In, Ml)

婚姻契約後に初めて夫婦が性的関係を結ぶこと。［５章、特論１-１、特論２-２、９章］

●一時婚　mutʿa (A) / sīghe, ezdvāj-e movaqqat, motʿe (P) / kawin/ nikah mut'ah (In)

数時間から99年までの期間を限定した婚姻契約を結ぶ婚姻。シーア派で認められ、スンナ派では禁じられている。［特論１-２、６章、コラム10、８章］

●ウルフィー婚　zawāj ʿurfī (A)

慣習（ウルフ）にもとづく結婚を意味し、宗教婚として成立してはいるが、法律婚の要件は満たさないものを指すことが多い。その実態はさまざまで、イスラーム法の規定の下で婚姻契約を済ませただけの夫婦がいる一方で、ウルフィー婚独自の登録制度がある国（エジプトなど）では、国家への登録を行う夫婦もいる［１章、２章］。近年は、イスラーム法の規定すら満たさずに同棲するカップルが自分たちの関係をウルフィー婚と称する場合もある。［１章、２章、コラム９］インドネシアの秘密婚（kawin/ nikah sirih (In)）もほぼ同様の結婚形態である。［６章］

〈離婚に関するもの〉

●タラーク（タラク）離婚　ṭalāq (A, P) / talak (In, Ml)

夫からの一方的な離婚宣言によって婚姻契約が解消される形式の離婚。２度目の離婚宣言までは復縁が可能であるが、３度目の離婚宣言により離婚が確定する。妻には離婚宣言をする権利が認められていない。［２章、コラム２、４章、５章、特論１

● **婚姻契約**　ʿaqd al-nikāḥ, ʿaqd al-zawāj (A) / ʿaqd-e ezdevāj, ʿaqd-e nekāḥ (P) / akad nikah (In, Ml)

結婚する男性と女性（多くの場合は後見人）が、証人２人の前で交わす契約のこと。現代ムスリム諸国の法律においては、婚姻契約のほかに、所定の方式で行政機関への届け出が必要とされることがほとんどである。婚姻契約式は、その後に行われる結婚披露宴に比べて簡素な場合が多い。結婚披露宴についての話し合いは、契約締結後に行われる。［1章、2章、3章、4章、5章、特論1-1、1-2、1-3、コラム6、特論2-2、コラム9、7章、コラム10、8章］

● **婚資**　mahr, ṣadāq (A) / mehrīye (P) / mahar, mas kawin (In) / mas kahwin, emas kahwin (Ml)

婚姻に際して、夫から妻に支払われる物品や金品、不動産。婚姻契約の締結前にその内容を決める。婚姻契約締結時に支払われる前払いの婚資と、離婚の際に支払われる後払いの婚資がある。婚資の額や前払いと後払いの配分は、それぞれの社会において異なる。婚資が形式的に支払われる地域もあれば、離婚時に多額の婚資が支払われる地域もある。婚資の額や引き渡しの時期は、その社会における女性の位置づけを反映している。［1章、2章、4章、5章、特論1-1、1-2、1-3、特論2-2、2-3、6章、7章、コラム10、8章、9章］

● **後見人**　walī (A) / valī (P) / wali (In, Ml)

未成年者や、婚姻の際の女性の後見を行う人。婚姻契約においては、通常、女性には後見人が必要である（ハナフィー派のみは、成人女性が自身で婚姻契約を有効に締結することができるとしている）。［1章、2章、3章、4章、5章、特論1-1、1-2、6章］

● **婚姻障害**　mawāniʻ al-nikāʻḥ/mawāniʻ al-zawāj (A) / mawāniʻezdevāj (P) / penghalang perkawinan/mawani' an-nikah (In) / penghalang perkahwinan/mawani' an-nikah (Ml)

婚姻契約を結ぶことのできない事由のことで、イスラーム法では、血縁関係、乳親族関係、姻戚関係、宗教、5人以上の妻などがある。現代ムスリム諸国の法律では、それらの規定を取捨選択しつつ、少しずつ異なる婚姻障害規定が定められている。また、婚姻可能な年齢の規定も現代に特有のものである。［1章、5章］

● **一夫多妻婚（複婚）**　taʿaddud al-zawjāt (A) / ezdevāj-e mojadad (P) / poligami/permaduan (In) / poligami (Ml)

クルアーン第4章第3節に基づき、イスラーム法では一人の男性が同時に4人まで妻を娶ることができるとされてきた。しかし、夫はすべての妻を平等に扱うこと

用語解説

ムスリム諸国における結婚や離婚に関連する用語は、アラビア語に由来するものが多い。それらは、各国で使用されている言語によって少しずつ発音や表記が異なることもある。この用語解説では、それらの言語の中から、アラビア語（A）、ペルシャ語（P）、インドネシア語、マレー語（シンガポール）（In, Ml）について原綴（ローマ字表記）を示し、それぞれの用語を簡単に説明する。なお、項目末尾［ ］内は、本書での言及箇所を示し、本文では各章、コラムの初出の語に＊マークを付している。

〈結婚に関するもの〉

●結婚　nikāḥ, zawāj, ‘urs (A) / nekāḥ, ezdevāj, ‘arūsī (P) / nikah, pernikahan, perkawinan (In, Ml)

婚姻契約にもとづく男女の関係のみを、イスラーム法では正式な結婚とみなす。結婚することで、姦通という大罪を避けることができると考えられた。アラビア語のニカーフは、もともとは性交渉そのものを指す言葉だったとされるが、イスラームは合法な性交渉の形を婚姻契約という制度として精緻に作りあげていった。現代ムスリム諸国の法律は、イスラーム法の影響を受けつつも、それぞれが異なる法規定をもっている。日本語の「結婚」には、法律上の届け出によって生じる婚姻関係のほかに事実婚も含まれるが、ムスリム諸国においても、近年は、さまざまな形の結婚が見られる。本書でも、法律婚だけではなく、広い意味の「結婚」を紹介している。［1章、2章、コラム1、3章、4章、コラム3、5章、特論1-1、コラム6、特論2-1、2-2、2-3、コラム7、コラム8、6章、コラム9、7章、コラム10、8章、9章］

●婚約　khuṭūba (A) / nāmzadī (P) / pertunangan (In, Ml)

男性側からの求婚と、女性側からの受諾によって、イスラーム法上の婚約は成立する。婚約式を行う慣習をもつ地域もある。婚約が整うと、婚資の額や嫁入り道具などについて、両者の家族を交えて話し合われるのが普通で、二人がお付き合いすることもできるようになる。［1章、3章、7章、8章、9章］

Contents

山崎和美（やまざき・かずみ）［第８章］
横浜市立大学国際教養学部・都市社会文化研究科 准教授
専攻：イラン近現代史（女性史、教育史、家族史）
主な著作：「慈善行為と孤児の救済──近代イランの女性による教育活動」（沢山美果子・橋本伸也編『保護と遺棄の子ども史』昭和堂、2014年）、「『セディーゲ・ドウラターバーディー作品集』──女子教育推進に尽力した近代イランの女性知識人と社会の反応」（柳橋博之編『イスラーム 知の遺産』東京大学出版会、2014年）、「Review：映画『セールスマン』が映し出す現代イランの家族と女性」（スターサンズ・高橋諭吉・平井直子編『セールスマン（公式プログラム）』スターサンズ、2017年６月）。

和崎聖日（わざき・せいか）［第４章］
中部大学人文学部 講師
専攻：中央アジア地域研究、人類学
主な著作：『ウズベキスタンを知るための60章』（明石書店、2018年、分担執筆18、19、21、25、42、59章）、“Jahri Zikr by Women in Post-Soviet Uzbekistan: Survival of a Sufi Traditional Ritual through Soviet Policies and Its Uncertain Future,” in Chika Obiya (ed.), *Islam and Gender in Central Asia: Soviet Modernization and Today's Society* (CIAS Discussion Paper No.63), (Kyoto: CIAS, Kyoto University, 2016)、「旧ソ連・中央アジアのウラマー一族と『英知集』」（『歴史評論──特集／歴史資料をつなぐ人々』歴史科学協議会、7月号（782号）、2015年）。

60章)、『「女性をつくりかえる」という思想』(明石書店、2009年、共訳)など。

田中友紀(たなか・ゆき)[コラム8]
九州大学比較社会文化学府博士後期課程単位取得満期退学
専攻:国際関係論
主な著作:「現代リビア政治における「部族」と「地域」――カッザーフィー政権移行期の支配アクターに着目して」(『イスラーム世界研究』第10号、2017年3月)。

鳥山純子(とりやま・じゅんこ)[コラム9]
立命館大学国際関係学部・国際関係研究科 准教授
専攻:中東ジェンダー学、文化人類学
主な著作:『大学生・社会人のためのイスラーム講座』(ナカニシヤ書店、2018年、分担執筆12章)、『不妊治療の時代の中東――家族をつくる、家族を生きる』(アジア経済研究所、2018年、分担執筆3章)、「中東ジェンダー研究の挑戦――ジェンダー化されたオリエンタリズムを超えて」(『国際ジェンダー学会誌』Vol.16、2018年)。

細谷幸子(ほそや・さちこ)[第9章]
国際医療福祉大学成田看護学部 准教授
専攻:イラン地域研究、障害学
主な著作:*Thalassemia and Three Iranian Patient Activists: Their Pursuit of Advocacy,* (Tokyo: Center for Islamic Studies, Sophia University, SIAS Working Paper Series, 29, 2019)、「イランにおける第三者がかかわる生殖補助技術の活用に関する倫理的議論と実践」(『東洋学術研究』57(1)、2018年)、「イランの『治療的人工妊娠中絶法』をめぐる議論」(『生命倫理』27(1)、2017年)。

嶺崎寛子(みねさき・ひろこ)[第2章、コラム1、コラム3]
愛知教育大学教育学部 准教授
専攻:文化人類学、ジェンダー学
主な著作:『イスラーム復興とジェンダー――現代エジプト社会を生きる女性たち』(昭和堂、2015年)、「宗教言説を使う、開く」(川橋範子・小松加代子編『宗教とジェンダーのポリティクス――フェミニスト人類学のまなざし』昭和堂、2016年)、"Gender Strategy and Authority in Islamic Discourses: Female Preachers in Contemporary Egypt," in Masooda Bano and Hilary Kalmbach (eds.), *Women, Leadership and Mosques: Changes in Contemporary Islamic Authority* (Leiden: Brill, 2012).

村上 薫(むらかみ・かおる)[特論2-1]
日本貿易振興機構アジア経済研究所 主任研究員
専攻:トルコ地域研究、ジェンダー研究
主な著作:『不妊治療の時代の中東――家族をつくる、家族を生きる』(編著、アジア経済研究所、2018年)、「名誉解釈の多様化と暴力――イスタンブルの移住者社会の日常生活をめぐって」(『文化人類学』第82巻3号、2017年)。

＊**森田豊子**(もりた・とよこ)[特論2-3、コラム10]
編著者紹介を参照。

専攻：インドネシアのイスラム研究
主な著作：「インドネシアにおけるイスラーム家族法とジェンダー」（『九州国際大学国際商学論集』第13巻第２号、2003年）、「インドネシアの女性運動とジェンダーの主流化」（田村慶子・織田由紀子編著『東南アジアのNGOとジェンダー』明石書店、2004年）、「ジェンダー」「イスラム急進派の動向」「イスラーム防衛戦線――『イスラーム服を着たチンピラ』」（間瀬明子・佐伯奈津子・村井吉敬編著『現代インドネシアを知るための60章』明石書店、2013年）。

大河原知樹（おおかわら・ともき）［特論１－１］
東北大学大学院国際文化研究科 教授
専攻：中東近代史、オスマン朝史、シリア史
主な著作：「イスラーム家族史」（比較家族史学会編『現代家族ペディア』弘文堂、2015年）、『イスラーム法の「変容」――近代との邂逅』（堀井聡江との共著、山川出版社、2014年）、「オスマン帝国時代末期のダマスカスの世帯――イスタンブルとの比較分析」（比較家族史学会監修、落合恵美子・小島宏・八木透編『歴史人口学と比較家族史（シリーズ比較家族 第Ⅲ期）』早稲田大学出版部、2009年）、「歴史人口学で見たシリアの都市社会――ダマスカスの結婚性向の計量分析」（『東洋史研究』65-4、2007年）．

＊**小野仁美**（おの・ひとみ）［第５章、コラム５、コラム６］
編著者紹介を参照。

後藤絵美（ごとう・えみ）［特論２－２、第７章］
東京大学日本・アジアに関する教育研究ネットワーク 特任准教授／東洋文化研究所准教授（兼務）
専攻：現代イスラーム研究、ジェンダー研究
主な著作：『神のためにまとうヴェール――現代エジプトの女性とイスラーム』（中央公論新社、2014年）、『イスラームってなに？ イスラームのおしえ』（かもがわ出版、2017年）、松山洋平編、後藤絵美他著『クルアーン入門』（作品社、2018年）。

小林寧子（こばやし・やすこ）［コラム２］
南山大学アジア・太平洋研究センター 客員研究員
専攻：インドネシア近現代史
主な著作：『インドネシア 展開するイスラーム』（名古屋大学出版会、2008年）、「国家・英雄・ジェンダー――カルティニ像の変遷」（小泉順子編『歴史の生成――叙述と沈黙のヒストリオグラフィ』京都大学学術出版会、2018年）、"Ulama's Changing Perspectives on Women's Social Status: Nahdatul Ulama's Legal Opinions," Ota Atsushi, Okamoto Masaaki and Ahmad Suaedy (eds.), *Islam in Contention: Rethinking Islam and State in Indonesia* (Jakarta: The Wahid Institute, 2010).

竹村和朗（たけむら・かずあき）［第１章］
高千穂大学人間科学部 准教授
専攻：地域研究（中東・エジプト）、文化人類学
主な著作：『現代エジプトの沙漠開発――土地の所有と利用をめぐる民族誌』（風響社、2019年）、『現代エジプトを知るための60章』（明石書店、2012年、分担執筆32、41、46、

◉ **執筆者紹介**（50音順、＊は編著者、［　］内は担当章）

阿部尚史（あべ・なおふみ）［特論１－２］
お茶の水女子大学文教育学部 助教
専攻：イラン史、とくに家族の歴史
主 な 著 作：“Preserving a Qājār Estate: Analysis of Fatḥ-‘Alī Khān Donbolī’s ‘Property Retention Tactics’,” (*Studia Iranica*, 43, 2014); “The Ambivalent Position of the Landlord: A Dispute over Ownership of an Iranian Village in the 19th century,” (*Islamic Law and Society*, 23-1, 2016); “The Politics of Poetics in Early Qājār Iran: Writing Royal-Commissioned *Tazkera*s at Fath-‘Ali Shāh’s Court,” (*Journal of Persianate Studies*, 10-2, 2017).

磯貝真澄（いそがい・ますみ）［特論１－３］
東北大学東北アジア研究センター 助教
専攻：中央ユーラシア近現代史・地域研究
主な著作：「ロシアのウラマーとイスラーム教育網に関する試論――19世紀前半まで」（『史林』第101巻1号、2018年）、「19世紀後半ロシア帝国ヴォルガ・ウラル地域のムスリムの遺産分割争い――オレンブルグ・ムスリム宗務協議会による『裁判』とイスラーム法」（『東洋史研究』第74巻2号、2015年）、「ヴォルガ・ウラル地域のテュルク系ムスリム知識人と女性の啓蒙・教育」（橋本伸也編『ロシア帝国の民族知識人――大学・学知・ネットワーク』昭和堂、2014年）。

市岡　卓（いちおか・たかし）［第３章］
法政大学大学院国際文化研究科 兼任講師
専攻：民族と宗教の政治社会学
主な著作：『シンガポールのムスリム――宗教の管理と社会的包摂・排除』（明石書店、2018年）、「マレー系シンガポール人――近代都市国家のムスリム・マイノリティ」（田村慶子編著『シンガポールを知るための65章【第４版】』明石書店、2016年）。

宇野陽子（うの・ようこ）［コラム７］
独立研究者
専攻：トルコ近現代史、国際関係論
主な著作：「アタテュルクと女性たち――妻と養女と『女性解放』」（『国際関係研究所報』第46号、2011年）、「『アタ』テュルク体制研究にジェンダー視点を持ち込むこと――個人的研究歴から」（長沢栄治編『イスラーム・ジェンダー学の構築に向けて』日本学術振興会科学研究費基盤研究（A）イスラーム・ジェンダー学の構築のための基礎的総合的研究、2017年）、「セーヴル条約からローザンヌ条約へ――クルディスタンの分断と国際関係」（山口昭彦編著『クルド人を知るための55章』明石書店、2019年）。

浦野修平（うらの・しゅうへい）［コラム４］
弁護士

大形里美（おおがた・さとみ）［第６章］
九州国際大学現代ビジネス学部国際社会学科 教授

◉ 監修者紹介

長沢栄治（ながさわ・えいじ）
東京外国語大学アジア・アフリカ言語文化研究所シニア・リサーチフェロー、東京大学名誉教授
専攻：中東地域研究、近代エジプト社会経済史
主な著作：『アラブ革命の遺産――エジプトのユダヤ系マルクス主義者とシオニズム』（平凡社、2012年）、『エジプトの自画像――ナイルの思想と地域研究』（平凡社、2013年）、『現代中東を読み解く――アラブ革命後の政治秩序とイスラーム』（後藤晃との共編著、明石書店、2016年）、『近代エジプト家族の社会史』（東京大学出版会、2019年）。

◉ 編著者紹介

森田豊子（もりた・とよこ）
鹿児島大学グローバルセンター 特任准教授
専攻：イラン地域研究
主な著作：「現代イランにおける家族保護法の展開――成立・廃止・新法案」（『日本国際政治学会年報』13号、2011年）、「1979年革命後のイラン女性と社会変化―― 2013年家族保護法をめぐって」（福原裕二・吉村慎太郎編『現代アジアの女性たち――グローバル化社会を生きる』新水社、2014年）。

小野仁美（おの・ひとみ）
東京大学研究員、神奈川大学、立教大学、多摩美術大学 非常勤講師
専攻：イスラーム法、チュニジア地域研究
主な著作：『イスラーム法の子ども観――ジェンダーの視点でみる子育てと家族』（慶應義塾大学出版会、2019年）、「『家族』概念と近代的ジェンダー規範――イブン・アーシュールの著作を通して」（『ジェンダー研究』第21号、2019年）、「現代チュニジアにおけるシャリーアと女性 ――ラーシド・ガンヌーシーのイスラーム的女性解放論」（『イスラム世界』第83号、2015年）。

＊監修者・編著者紹介および執筆者紹介の内容は、第１刷発行当時のものである。

イスラーム・ジェンダー・スタディーズ1
結婚と離婚

2019年11月30日　初版第1刷発行
2024年 4 月 1 日　初版第2刷発行

監修者　長沢栄治
編著者　森田豊子
　　　　小野仁美
発行者　大江道雅
発行所　株式会社明石書店
〒101-0021 東京都千代田区外神田6-9-5
電話 03（5818）1171
FAX 03（5818）1174
振替　00100-7-24505
http://www.akashi.co.jp/
装丁／組版　明石書店デザイン室
印刷／製本　モリモト印刷株式会社

（定価はカバーに表示してあります）　ISBN978-4-7503-4938-1

現代エジプトを知るための60章
エリア・スタディーズ 107 鈴木恵美編著 ◎2000円

シンガポールを知るための65章【第5版】
エリア・スタディーズ 17 田村慶子編著 ◎2000円

現代インドネシアを知るための60章
エリア・スタディーズ 113 村井吉敬、佐伯奈津子、間瀬朋子編著 ◎2000円

ウズベキスタンを知るための60章
エリア・スタディーズ 164 帯谷知可編著 ◎2000円

現代ロシアを知るための60章【第2版】
エリア・スタディーズ 21 下斗米伸夫、島田博編著 ◎2000円

チュニジアを知るための60章
エリア・スタディーズ 81 鷹木恵子編著 ◎2000円

トルコを知るための53章
エリア・スタディーズ 95 大村幸弘、永田雄三、内藤正典編著 ◎2000円

マレーシアを知るための56章
エリア・スタディーズ 199 鳥居高編著 ◎2000円

現代中東を読み解く　アラブ革命後の政治秩序とイスラーム
後藤晃、長沢栄治編著 ◎2600円

変容するアジアの家族　シンガポール、台湾、ネパール、スリランカの現場から
田村慶子、佐野麻由子編著 ◎2800円

イスラーム文明とは何か　現代科学技術と文化の礎
塩尻和子著 ◎2500円

現代イランの社会と政治　つながる人びとと国家の挑戦
山岸智子編著 ◎2800円

中東・イスラーム世界の歴史・宗教・政治　多様なアプローチが織りなす地域研究の現在
高岡豊、白谷望、溝渕正季編著 ◎3600円

中東・イスラーム研究概説　政治学・経済学・社会学・地域研究のテーマと理論
私市正年、浜中新吾、横田貴之編著 ◎2800円

地図でみる世界の地域格差　都市集中と地域発展の国際比較
OECD地域指標2022年版
OECD編著　中澤高志監訳　オールカラー版 ◎5400円

図表でみる世界の保健医療　オールカラー版
OECDインディケータ(2021年版)
OECD編著　村澤秀樹訳 ◎6800円

〈価格は本体価格です〉